KB001633

개인맞춤
영양의 시대가 온다

THE ERA OF PERSONALIZED NUTRITION

개인맞춤
영양의 시대가 온다

김경철 김지영 김해영 지음

클라우드나인
CLOUD 9

개인맞춤 영양의 시대가 온다

다른 사람에게 좋은 영양소가 나에게도 좋은 것은 아니다

평범한 가정의학과 전문의로 일반 병원에서 봉직의로 지내다가 우연한 기회로 2005년 미국 시사주간지 『뉴스위크』에서 「다이어트와 유전자Diet and Genes」라는 기사를 읽고 나서 유전체와 개인맞춤 영양에 대해 눈을 뜨게 되었다. 이듬해 그 기사에 소개된 보스턴 근교의 터프츠대학교의 영양유전체 연구소에 연수를 가게 되었고 그곳에서 2년간 유전학 기반의 개인맞춤 영양과 후성유전학을 배울 수 있었다. 당시만 해도 '인간 게놈 프로젝트'가 완성된 지 얼마 안 되어 국내에 유전체를 전공하거나 임상을 한 전문의가 많지 않았지만 개인마다 다르게 음식을 처방한다는 명제만큼은 시대의 흐름이 되고 있었다.

그 후 차의과대학교의 차움 라이프센터로 직장을 옮기면서 기능의학에 대해 배우게 되었고 많은 데이터를 기반으로 질병을 예방하고 기능 이상을 치료하는 진료를 경험했다. 이는 지금도 웰케어 클리닉을 통해 예방의학 클리닉으로 이어지고 있다. 10여 년간 개인맞춤 영양에 대한 진료를 하며 많은 고객이 아프기 전에 건강을 위해 비용과 시간을 쓴다는 것을 알게 되었다. 그중 핵심은 매일 먹는 건강한 음식과 함께 다양한 목적으로 복용하는 건강기능식품임을 알게 되었다. 그러나 홍삼이 모두에게 맞지 않고 남에게 좋은 영양제가 나에게 좋은 것이 아닌 것처럼 개인마다 다른 영양소가 필요하다. 그래서 다양한 바이오마커를 분석하였고 이를 기반으로 훨씬 효율적으로 처방할 수 있었다. 그 후에 유전체 회사 테라젠이텍스와 이원다이애그노믹스에서 각각 부사장으로 근무하며 서비스 개발을 직접 진두지휘하고 고객들에게 교육하면서 실제 시장의 수요를 파악하게 되었다. 다양한 국가 과제도 진행했다. 이때 멀티오믹스 유전체 데이터와 디지털 헬스케어 등의 데이터를 수집하면서 모든 데이터는 연결되어 있음을 알 수 있었다.

이 책은 이런 연구와 임상과 산업계의 경험이 바탕이 되어 좋은 공저자들과 함께 낸 책이어서 뜻깊고 또한 영광이라고 생각한다. 이 책이 건강한 100세를 꿈꾸는 독자들에게 실제적인 도움이 되고 헬스케어 기업들에도 좋은 가이드가 되길 기대한다.

(김경철, 웰케어클리닉 대표원장)

우리가 먹는 것이 질병에 맞서는 저항 능력을 갖게 한다

고려대학교에서 생명과학부(식품공학)를 졸업하고 미국으로 건너가 조지아대학교 수의과대학 생리약리학과에서 예방약학(독성학)을 전공했다. 박사후연수연구원으로 일했던 위스콘신대학교 매디슨캠

퍼스 약학대학에서 퇴행성신경계질환, 특히 치매의 발병 기전과 이의 보호 기전을 연구하며 외부 스트레스에 대한 세포의 저항능력 기전을 연구하였다. 그러면서 우리가 흔히 먹는 식물 유래 성분들이 세포의 활성화를 유도하고 질병 저항능력을 갖게 하는 데 기여함을 알게 되었다.

그 후 세포 및 동물 모델에서 영양 및 식물 유래 성분의 질병 예방 기전을 15년 넘게 연구해왔고 항치매 천연물 신약 개발에도 관심을 가지고 있다. 서울대학교 식품바이오융합연구소 영양생리약리전공 연구교수로 일하며 2019년 『뉴욕타임스』에 오피니언으로 실린 에릭 토폴Eric Topol의 「인공지능 식이The A.I. Diet」에 고무되어 2019년, 2020년 'AI 식이 심포지엄'을 총괄했고 2021년에는 '서울대학교 맞춤형 식이 설계 인공지능 식이AI Diet 플랫폼 개발 연구단 컨소시엄'을 운영했다. 국내 최대 규모의 식품 및 영양 관련 학회인 한국식품영양과학회 개인맞춤영양분과 위원장을 맡아 개인맞춤 영양 연구와 산업의 동향과 미래 비전을 제시하고 있다. 식품의약품안전처 식생활영양정책과 개인맞춤 영양 정책, 산업통상자원부 개인맞춤형 건강기능식품 소분 판매 기술기준안 개발 관련 자문에 응해 국내에 올바른 개인맞춤 영양 정책이 만들어지고 건강한 시장이 형성되도록 일하고 있다.

그 외에도 GS리테일, 잇마플, 오뚜기, 광동제약, 현대그린푸드, 프레시코드, 디보션푸드, 위드포지티브 등에 개인맞춤 영양 서비스 관련 자문에도 응해왔다. '개인맞춤형 식이 제안 플랫폼 제공 시스템 및 방법'을 특허 출원을 하고 등록을 준비하고 있다. 개인맞춤 영양의 첫 모델로 아마존웹서비스Amazon Web Service의 도움을 받아 식이에 어려움을 겪는 자폐 아동과 그 양육자를 혁신 디지털 기술로 돕기 위해 '자폐 영유아동의 디지털 식이 개선 챌린지Autism Diet Digital Challenge'를 수행하고 있다. 그간 연구해 온 개인맞춤 영양 플랫폼의 시장 구현을 위해 창업을 준비하고 있으며, 타이드 인비전 유니버시티Tide Envision University TEU-MED 의료혁신가 과정2기에 참여하여 대상을 수상했다. 서울대학교 창업지원단 창업클럽 교내경진대회에서 최우수상을 받았으며 '개인맞춤 케어푸드'에 대한 미친 아이디어로 세상을 바꿀 연구와 창업에 임하고 있다.

(김지영, 서울대학교 식품바이오융합연구소 연구교수)

약뿐 아니라 라이프스타일과 영양을 같이 관리해야 한다

나는 어릴 때는 체력이 좋았다. 그런데 20대 중후반 바쁜 대학병원의 레지던트 수련 과정에서 수없이 밤을 새우고 가공식품으로 끼니를 때우는 생활을 수년간 하면서 심한 만성 피로를 경험했다. 설상가상으로 다리까지 다쳐 통증 때문에 고통스러웠지만 신체 기능과 의욕 저하로 일상을 유지하기가 어려웠다. 환자를 치료하는 의사가 되고자 공부하고 수련을 하고 있으면서 정작 내 몸은 어떻게 돌봐야 할지 몰랐다. 고민이 깊어지던 시기에 운 좋게도 가정의학과 교수님을 통해 기능의학과 개인맞춤 영양 치료에 눈을 뜨게 되었고 서서히 건강을 회복할 수 있었다.

의과대학을 다닐 때는 음식과 영양의 중요성에 대해 잘 배우지 않아 몰랐다. 단순히 영양제는 식사를 잘하면 굳이 필요하지 않다고 여

겼다. 하지만 여러 질병을 겪으면서 현대의학으로도 잘 해결되지 않아 골골대야 했던 괴로운 증상들이 나에게 맞는 균형 잡힌 식사, 영양제, 기능의학 치료로 호전되는 것을 경험하면서 생각이 완전히 바뀌었다. 약으로만 치료하던 의사에서 환자의 라이프스타일과 영양을 같이 보는 의사로 180도 시각이 전환된 것이다. 그때부터 환자에게 맞는 맞춤형 영양 보충과 생활습관 교정을 할 수 있는 검사결과와 데이터가 무엇이고 어떻게 질병을 미리 예방할 수 있을지 고민이 생겼고 계속 정보를 찾아가며 공부하게 되었다. 그러면서 관심 영역이 우리가 먹는 음식과 연관이 많은 마이크로바이옴과 장, 기능성 식품과 메디푸드, 개인맞춤 건강기능식품으로 이어졌다. 지금도 웰케어 클리닉에서 혈액, 대소변, 모발, 타액 등으로 유전자 검사를 하여 얻은 각종 기능의학 및 유전자 데이터와 웨어러블 기기를 통해 수집한 데이터 등을 분석하여 개인에게 가장 잘 맞는 영양을 처방하기 위해 늘 고심하고 있다.

이 책을 집필하기 위해 관련 정보들을 하나하나 찾고 정리하면서 빠르게 발전하는 개인맞춤 영양 분야를 발맞춰 따라가기도 어렵지만, 특히 논문으로 근거가 확실하게 정립된 성분들 외에 아직 밝혀지지 않은 영역이 더 넓다는 것을 더 깊이 느끼게 되었다. 사랑하는 가족과 친구 그리고 환자가 온전한 건강 상태에 이를 수 있도록 돕고, 나 또한 할머니가 되어서도 건강하게 살기 위해 계속 공부해나가고 싶다. 나에게 필요한 올바른 영양을 찾아가는 공부는 질병 예방을 가능케 하며 실제적인 도움을 주는 아주 보람차고 재미있는 여정이다.

(김해영, 웰케어클리닉 원장)

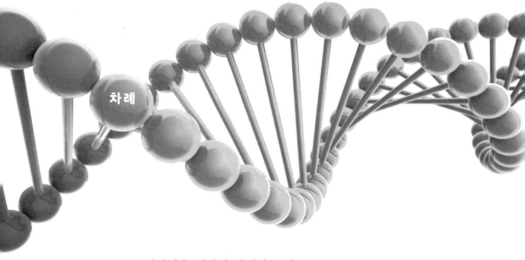

차례

4장 기능의학 데이터로 개인맞춤 질병 예방을 한다_김경철

5장 개인맞춤 영양으로 질병을 치료한다
_ 김해영

1장

개인맞춤 영양 연구는
어디까지 발전했는가

김지영

1

개인맞춤 영양, 인공지능을 만나다

━━━ 이른 새벽 시간. 아직은 깜깜한 세상에 혼자 일어나 조용히 커피를 내린다. 나는 한 조각의 다크초콜릿을 막 내린 커피와 먹으며 유튜브 뮤직으로 음악을 듣는 것을 좋아한다. 유튜브 뮤직은 내가 좋아하는, 나만을 위한 '맞춤 믹스'를 들려주는데 나름 취향을 예측하는 것 같다.

나의 아침 루틴은 커피를 마시며 음악을 듣는 것 외에 하나가 더 있다. 나의 건강 정보를 스마트폰 앱에 입력하고 확인하는 것이다. 아침에 화장실을 다녀온 뒤 잰 오늘의 체중, 지난밤 수면 내용, 어제의 걸음 수, 활동량, 먹은 것, 마신 것, 배변 등을 기록하거나 확인하고 어제, 지난주, 지난 달, 1년의 기록을 훑어보며 오늘은 나의 건강을 어떻게 관리할 것인지 건강 목표를 스스로 설정해본다.

또 건강을 위해 '나는 무엇을 먹어야 하는가?'라는 나의 연구 주제는 일상생활과 연결되어 항상 함께하는 주제다. 전염병 시대에 살고

개인이 스스로 수집할 수 있는 건강 관련 데이터 앱

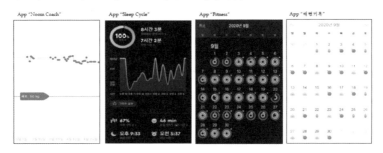

『뉴욕타임스』에 실린 에릭 토폴의 오피니언 기사 (2019년 3월 2일)

The New York Times

Opinion

The A.I. Diet

Forget government-issued food pyramids. Let an algorithm tell you how to eat.

By Eric Topol
Dr. Topol is a cardiologist.

March 2, 2019

Some months ago, I participated in a two-week experiment that involved using a smartphone app to track every morsel of food I ate, every beverage I drank and every medication I took, as well as how much I slept and exercised. I wore a sensor that monitored my blood-glucose levels, and I sent in a sample of my stool for an assessment of my gut microbiome. All of my data, amassed with similar input from more than a thousand other people, was analyzed by artificial intelligence to create a personalized diet algorithm. The point was to find out what kind of food I should be eating to live a longer and healthier life.

있으니 면역 기능에 도움이 될 식재료와 나와 가족의 건강 목표를 생각하며 우리 가족에게 맞춘 아침 식탁을 차리고 부족한 영양소는 영양제로 채운다. 떨어진 식재료와 영양제는 지금 연구실에서 만들고 있는 개인맞춤 영양 데이터베이스를 확인하며 온라인으로 주문한다.

온라인 상점 안의 나의 식재료와 영양제 구매 데이터는 나와 우리 가족이 무엇을 먹는지, 건강한 선택을 하는지, 그렇지 않은 선택을 하는지 등을 나름대로 가늠할 수 있는 수단이 된다. 바로 '나는 누구인가? 우리는 누구인가? 나는 그리고 우리는 무엇을 먹어야 하는가?'를 알려준다.

2019년 3월 2일 『뉴욕타임스』에는 '인공지능 식이 – 정부가 발행한 식품 피라미드는 잊어버리세요. 알고리즘이 먹는 방법을 알려줍니다The A.I. Diet– Forget government-issued food pyramids. Let an algorithm tell you how to eat'라는 제목으로 에릭 토폴이 쓴 오피니언 기사가 소개되었다.[1] 다소 놀라운, 정부기관 관계자라면 사실 좀 깜짝 놀랄 이 오피니언 기사의 저자는 미국 캘리포니아주 라호야에 위치한 스크립스중개과학연구소Scripps Translational Science Institute의 설립자이자 소장이며 유전학 교수이자 심장내과 전문의다. 개인 유전체와 디지털 기술을 사용하여 개별화된 의학individualized medicine, 즉 생물학적, 생리학적 세부 수준에서 각 사람을 이해하여 적절한 치료법과 예방을 결정하기 위한 연구를 주로 하며 디지털 헬스케어와 미래의학을 선도하고 있다.

그는 스스로 앱을 이용해 2주간 참여한 흥미로운 실험에 관해 소개했는데 먹은 모든 음식, 마신 모든 음료, 복용한 모든 약, 수면과 운동량을 기록했다. 혈당 수치를 연속으로 모니터링하는 연속혈당측정기 애보트Abbott의 프리스타일 리브레Libre를 부착하고 장내미생물군집microbiome 평가를 위해 대변 샘플을 분석기관에 보냈다. 그의 데이터는 수천여 명의 사람에게서 수집된 유사한 데이터들을 기반으로 만들어진 알고리즘에서 개인맞춤 식이personalized diet가 추천될 수 있도록 인공지능으로 분석되었다.

2주간 연속혈당측정이 가능한 애보트의 비채혈 프리스타일 리브레

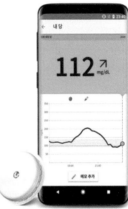

국내에서는 2020년 12월부터 4세 이상 1형 당뇨병 환자를 대상으로 건강보험급여 승인을 받았으며 일반 개인도 판매처를 통해 구입할 수 있다. 스마트폰 스캔만으로 당 수치결과와 분석 그래프를 앱을 통해 실시간으로 제공받는다.

(출처: 프리스타일 리브레 공식 AS 온라인몰 아델라)

　　에릭 토폴은 실험에 참여한 후 흥미로운 결과를 얻게 되었다. 우선 스낵류 및 사탕류 카테고리에서 그가 먹어야 할 음식으로 놀랍게도 치즈케이크가 통밀 무화과 바보다 더 높게 추천되었다. 자몽보다는 딸기, 베지(채식) 버거보다는 혼합 견과류가 혈당관리에 도움이 될 식품으로 추천되었다. 그에게 권장된 음식을 살펴보면 그는 혈당 반응에서 탄수화물에 매우 민감하지만 지방에는 그다지 민감하지 않은 것으로 보였다.[2]

　　에릭 토폴은 2019년 기계학습과 의료기술의 미래를 다룬 저서 『딥메디슨』에서 이스라엘 바이츠만과학연구소의 개인맞춤 영양 연구PNP, Personalized Nutrition Project의 내용과 이를 기반으로 하는 개인맞춤 영양 기업 데이투DayTwo 서비스에 참여하여 그 체험담을 소개하였다. 그는 개인맞춤 영양 연구PNP가 개인의 생물학적, 생리학적

에릭 토폴을 위한 맞춤형 권장 식품 목록과 각 식품의 등급[2]

빵, 시리얼, 쌀, 파스타

항목	등급
프렌치토스트 찰라(challah) 빵	A
그래놀라	A-
크래커	B+
카망베르 치즈 바게트	B
우유와 오트밀	B
버터 바른 통밀빵	B
퀴노아	B
두유와 통밀 플레이크	B-
올리브오일가 들어간 무 글루텐 곡물 빵	B-
옥수수 토르티야	C+
잡곡 크래커	C+
오트밀	C+
조리된 메밀	C
우유와 바나나 너트 크런치 시리얼	C
아보카도를 넣은 치아버터 빵	C
치토스	C-
무 글루텐 빵	C-
이탈리아 허브 포카치아 빵	C-
잡곡 쌀밥	C-
소금간 된 쌀밥	C-

콩류, 두부, 견과류

항목	등급
아몬드 버터	A+
브라질 너트	A+
혼합 견과류	A+
해바라기 씨	A+
타히니(tahini) 스프레드	A+
팟뚱	A
우유 트레일 믹스	A
견과류, 씨드, 건포도 트레일 믹스	A
스곤긴 된 볶은 호박씨	B+
베리 혼합 트레일 믹스	B+
집에서 만든 후무스hummus	B
콩 버거	C+
매운 검은콩 버거	C+
볶은 밤	C
렌틸 베지 버거	C
베지 버거	C

유제품 및 대용 유제품

항목	등급
아몬드 우유	A+
블루치즈	A+
염소 우유	A+
고우다 치즈	A+
콩 체다 치즈	A+
(지방을 빼지않은) 플레인 요구르트	A
(지방을 빼지 않은) 전유	A
그리스 요구르트	B+
두유	B+
베리 두유 요구르트	B-
딸기 우유	B-
두유 요구르트	C+
무가당 베리 요구르트	C-
초콜릿 우유	C-
무가당 요구르트	C-

야채류

항목	등급
조리한 브로콜리	A+
조리한 콜리플라워	A+
김치	A+
노란콩	A+
(쌀에) 준비한 콜리플라워	A+
아티초크	A
비트	B+
겨울호박	B
조리한 마늘 양배추	B
구운 고구마	B-
리마 콩	B-
얌	B-
구운 호박	C+
노란 파장	C
찐 김치	C-
셀러리 뿌리	C-
초절임 무	C-

과일류

항목	등급
스타 프루트	A+
딸기	A+
무가당 코코넛	A+
블랙베리	A-
아시아 배	A-
구아바	A-
산딸기	A-
천도복숭아	B+
서양배	B-
자두	B-
석류	B-
귤	B-
바나나	C+
체리	C+
건체리	C+
고지 베리	C+
오렌지	C+
멜론	C
건포도	C
흰포도	C
건파파야	C-
모링가	C-

음료수

항목	등급
디카페인 인스턴트 커피	A+
순한 맥주	A+
마티니	A+
카푸치노	A
피냐콜라다	A
미국식 페일 라거	A-
가당 바닐라 커피	A-
콜라	B-
크랜베리 쥬스	B-
오렌지 쥬스	B-
과일 펀치	C+
구아버 패션 프룻 쥬스	C+
스파이시 애플 사이다	C+

고기, 생선, 달걀

항목	등급
조리한 송아지 브라트부르스트	A+
완숙 삶은 달걀	A+
훈제 연어	A+
빵가루 입힌 송아지 커틀릿	A
송어 튀김	A
구운 닭 가슴살	A
매운 새우 세비체	A
대구 케이크	A
절인 대서양 청어	A-
연어회	A-
오징어 튀김	B+
피쉬 스틱	C-

스낵류 및 사탕류

항목	등급
치즈 대니쉬	A
치즈케이크	A
섬유질 아몬드 브라우니 바	A-
단백질 아몬드 브라우니 바	A-
가루 설탕을 뿌린 덩근 케이크	B+
산딸기 초이트 초콜릿 머핀	B+
초콜릿 크림 샌드위치 쿠키	B+
아몬드 건포도 스나센 대니쉬	B
사과, 시나몬, 건포도, 딸기 대니쉬	B
커피 케이크	B
산딸기 대니쉬	B
화이트 초콜릿 마카다미아 쿠키	B
미니 초코칩 머핀	B
복숭아 파이	B
파칸 파이	B
과일과 헤이즐넛 바	C+
아이스크림 샌드위치	C+
딸기 프로즌 요구르트	C+
사과 시나몬 머핀	C
초콜릿 케이크 쿠키	C
벌꿀 그레이엄 크래커	C
바나나 너트 머핀	C-
딸기잼 건포도 머핀	C-
통밀 무화과 바	C-

개인맞춤 영양 기업 데이투가 에릭 토폴을 위한 알고리즘에 기반해
추천한 맞춤형 권장 식품 목록과 각 식품의 등급이다.

차이, 즉 신진대사, 미생물체, 환경 등에서 크게 이질성과 개별성으로 대표되는 개인의 고유성을 기계학습을 이용해 데이터를 중심으로 편향되지 않도록 접근했다. 사상 최초로 같은 음식에 대한 혈당 반응 결과가 개인마다 다름을 이해하게 했고 개인의 혈당 반응에 따

른 최적의 식이를 예측하는 데 중요한 역할을 했음을 고무적으로 서술하고 있다.[2]

　리사 페티그루Lisa Pettigrew는 "우리가 하루 여러 번에 걸쳐 복용하는 약 중 개인맞춤이 가장 필요한 것은 바로 음식이다."라고 말했다 과학적으로 검증된 개인맞춤 식사를 하기까지 오랜 시간이 필요할 것이다. 하지만 이러한 과정은 개인의 생물학적, 환경적 다양성이 고려되지 않은 획일화된 권장 식단을 고수하게 하는 것에 비해 더 나은 결과로 이어질 가능성이 크고 미래 인공지능이 개인맞춤 식단에 영향을 미치는 것을 넘어 어떻게 고객 개인의 건강 증진에 기여할 것인지를 다루고 있다.

2

이스라엘은 개인별 식후혈당예측
알고리즘을 개발했다

───── 에릭 토폴이 참여한 실험에 기반이 된 개인맞춤 영양 연구는 2015년 이스라엘 바이츠만과학연구소의 에란 시걸Eran Segal과 에란 엘리나브Eran Elinav를 중심으로 한 연구진이 생명과학 분야에서 최고의 수준을 자랑하는 학술지 『셀Cell』에 「혈당 반응 예측에 의한 개인맞춤 영양Personalized Nutrition by Prediction of Glycemic Responses」이라는 획기적인 논문을 발표하며 세상에 알려졌다.[3]

에란 시걸은 텔아비브대학교를 거쳐 스탠퍼드대학교에서 컴퓨터과학과 유전학으로 박사학위를 받고 바이츠만과학연구소의 컴퓨터과학과 응용수학부 교수로서 컴퓨터와 시스템생물학 부분의 과학자들로 구성된 다학제연구단을 이끌고 있다. 그는 기계학습, 전산생물학, 통계모형, 대규모 데이터 분석에 대한 방대한 경험을 바탕으로 영양학, 유전학, 장내미생물군집, 유전자 조절 등이 건강과 질병에 미치는 영향에 관해 연구하고 있다.

학술지『셀』에 실린 바이츠만과학연구소의 「혈당 반응 예측에 의한 개인맞춤 영양」 논문[3]

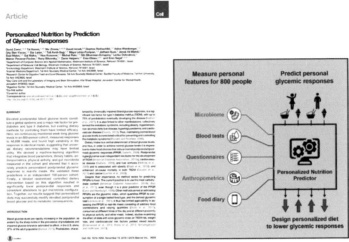

Article

Personalized Nutrition by Prediction of Glycemic Responses

에란 엘리나브는 바이츠만과학연구소의 교수이자 전문의이며 히브로대학교에서 의학 학위과정을 마친 후 텔아비브소화기내과연구소에서 임상의와 연구의로 종사하다가 바이츠만과학연구소에서 면역학 박사학위를 받은 뒤 예일대학교 의대에서 박사 후 펠로십을 거쳤다. 에란 엘리나브는 바이츠만과학연구소에서 면역학자, 미생물학자, 대사 전문가, 전산생물학자 등 30여 명으로 구성된 다학제연구단을 이끌고 있다. 개인맞춤 의학과 영양학을 목표로 숙주-장내미생물군집 상호작용의 분자학적 근거와 이들이 건강과 질병에 미치는 영향을 연구하는 데 집중하고 있다.

에란 시걸과 에란 엘리나브가 주도한 개인맞춤 영양 연구PNP에서는 당뇨 증상이 없는 800여 명 개인의 식사 시간, 식음료의 양과 내용, 신체 활동, 키, 체중, 수면 정보를 포함하여 혈액과 장내미생물군집(마이크로바이옴)을 분석하여 조사하였고 혈당 변화도 일주일 동안

학술지 『셀』 저널이 최첨단 프리뷰로 소개한 개인맞춤 영양 연구[4]

Leading Edge
Previews

Cell

Siri, What Should I Eat?

Reiner Jumpertz von Schwartzenberg[1,2] and Peter J. Turnbaugh[1,*]
[1]University of California, San Francisco, Department of Microbiology and Immunology, G.W. Hooper Research Foundation, 513 Parnassus Avenue, HSE 1001F, San Francisco, CA 94143-0552, USA
[2]Charité Universitätsmedizin Berlin, Department of Endocrinology and Metabolic Diseases, Charitéplatz 1, 10117 Berlin, Germany
*Correspondence: peter.turnbaugh@ucsf.edu
https://dx.doi.org/10.1016/j.cell.2015.11.012

Zoevi et al. report that extensive monitoring of a human cohort for variations in dietary intake, lifestyle, host phenotype, and the gut microbiome has enabled the development of a machine-learning algorithm that accurately predicts the individual glycemic response to meals, providing an important first step toward personalized nutrition.

Nearly 1 in 10 adult Americans now suffers from type 2 diabetes (T2D), placing it among the top ten leading causes of death (National Diabetes Statistics Report, 2014). Insulin resistance and impaired insulin secretion characterize T2D, ultimately leading to persistent dysregulation of plasma glucose. Besides testing glucose levels, post-meal glucose levels are increasingly recognized as important risk factors for the development of cardiovascular disease and mortality (Cavalot et al., 2011), and the introduction of continuous glucose monitoring has improved glycemic control; for example in type 1 diabetics (Juvenile Diabetes Research Foundation Continuous Glucose Monitoring Study Group et al., 2008).

The post-meal rise in plasma glucose levels after ingestion of carbohydrates is reflected by a food's glycemic index (the area under the curve of plasma glucose levels relative to a pure glucose load); however, the combination with other macronutrients on a meal adds substantial variation. For example, meals with high fat content may impair glycemic response by delayed gastric emptying. Numerous additional factors, such as anthropometrics, meal times, sleep-wake cycle, physical activity, intestinal disorders, insulin sensitivity/resistance, lifestyle, and the trillions of microbes residing in the gastrointestinal tract (the gut microbiome), among other variables, may all contribute to the high degree of inter-individual variation of glycemic response to a given food (Dodd et al., 2011). In fact, one person may exhibit an exaggerated glucose response to a meal that results in a flat or even negative glucose curve in others. Thus, prediction of individual glucose responses is fraught with issues, and given the substantial health burden of glycemic disorders and associated secondary diseases, improved predictions represent a grand challenge for modern medicine.

In this issue of Cell, Zoevi et al. (2015) provide a framework to systematically address this challenge. The authors collected extensive phenotypic data from 800 individuals, which were then used to train a machine-learning algorithm that could accurately predict glycemic response to various meals. Their remote data collection is enabled by a smartphone "app," providing a glimpse into a brave new world wherein our mobile devices, trained with extensive host and microbiome data, provide real-time advice on our dietary consumption and other lifestyle choices (Figure 1).

The resulting algorithm integrates many variables, including well-established contributors to glycemic response, such as carbohydrate intake or anthropometrics, but also various other traits like sleep-wake cycle, physical activity, age, HbA1c, calories, time of meal ingestion, and preceding measurements of glycemic response via continuous glucose monitors. The authors also include data on the gut microbiome, based on prior human studies showing that caloric intake and macro-nutrient composition can rapidly alter gut microbial community structure (e.g., David et al., 2014; Jumpertz et al., 2011) and that the gut microbiome is correlated with glucose regulation (Qin et al.,

2012). The algorithm accurately predicts glycemic response in a separate validation cohort and in a follow-up dietary intervention study. Notably, it also yields similar, if not markedly more accurate, predictions of glycemic response compared with an expert nutritionist.

This study provides a generalizable framework for the unbiased development of algorithms that predict other clinically relevant phenotypes. However, in part due to the complexity of the model, many critical questions remain to be addressed. What are the major data-points responsible for the accurate prediction of glycemic response? Could this be improved by including information on each carbohydrate's glycemic index and/or susceptibility to host versus microbial digestion? Finally, what contribution did the gut microbiome make to these predictions and to what degree does this represent a causal versus casual link to glucose regulation? The answers to these questions are not just scientifically intriguing but will also be critical to translate these findings into a cost effective strategy for predicting glucose levels in patients.

모니터링했다.[3] 800여 명이 5,107개의 표준화된 식사를 먹고 난 후 연속 혈당을 측정하여 4만 6,898건에 대한 식후 혈당 반응 정보를 비교했다. 그 결과 개인마다 동일한 특정 식사에 대한 반응이 다르고 평균적인 식사 제안이 한계가 있음을 확인하였다. 관련하여 수집된 빅데이터를 기반으로 식후 혈당 기계학습 알고리즘이 만들어졌고 각 개인에게서 특정 식품에 대한 혈당 반응의 예측에 사용되는 137가지 요인이 확인되었다.

이렇게 만들어진 알고리즘은 추가로 독립된 100명을 대상으로 타당성 검토 연구와 최종 26명을 대상으로 한 식이 중재dietary intervention 연구를 통해 기계학습으로 도출된 알고리즘의 예측에 따른 개인

Standardized meals (50g available carbohydrates)

Day 1 Day 2 Day 3 Day 4 Day 5 Day 6 Day 7

Bread Bread Bread & Bread & Glucose Glucose Fructose
              butter   butter

이스라엘의 개인맞춤 영양 연구PNP에서 동일하게 제공된 특정 식품에 대한 개인 내 변화와 개인 간 차이를 이해하기 위한 실험 디자인의 예[3]

맞춤 식이 상담 결과가 평균적인 식이 상담 결과보다 혈당관리에 효과적인 것으로 확인되었다. 학술지『셀』은 '시리야, 나는 무엇을 먹어야겠니?Siri, What Should I Eat?'라는 제목으로 이들의 연구 내용을 다음과 같이 소개하고 있다.[4]

"이스라엘의 개인맞춤 영양 연구PNP는 개인의 식이 섭취, 생활방식, 숙주 표현형 및 장내미생물군집 유전체의 변화에 대한 인간 집단의 광범위한 모니터링을 하고 식사에 대한 개별 혈당 반응을 정확하게 예측하는 기계학습 알고리즘을 개발함으로써 개인맞춤 영양을 향한 중요한 첫 단계를 제공했다."

이스라엘의 개인맞춤 영양 연구PNP는 인간이 건강을 관리하는 데 왜 개인맞춤 영양과 식품이 중요한지에 대해 강조하는 여러 재미있는 연구결과를 소개하였다. 동일하게 제공된 특정 식품에 대한 개인 내within subject 변화와 개인 간intrasubject 차이를 알아보고자 모든 참가자에게 세 가지 유형의 표준화된 식사(빵, 빵과 버터, 포도당)를 두 번 제공한 결과, 개인 내에서는 식후 혈당 반응이 비슷했지만 개인 간에는 동일한 식사(빵)에 대한 식후 혈당 반응이 다름을 확인했다.

그리고 참가자들이 동량의 탄수화물 포도당과 일반 빵을 섭취하

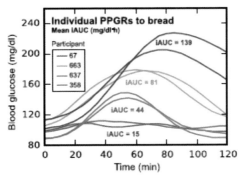

이스라엘의 개인맞춤 영양 연구PNP에서 4명의 참가자(67번, 663번, 637번, 358번)의 동일한 식품(빵)에 대한 식후 혈당 반응. 개인 내 변화는 작은 반면 개인 간 차이는 큰 것을 확인할 수 있다. 공복혈당 정상참고치는 100mg/dL 미만, 식후 2시간 혈당 정상참고치는 140mg/dL 미만으로 알려져 있다.[3]

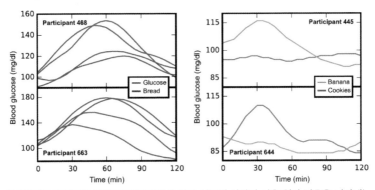

이스라엘의 개인맞춤 영양 연구PNP에서 같은 식품에 상반된 식후 혈당 반응을 나타내는 예. 왼쪽은 포도당과 빵에 상반된 혈당 반응을 보인 참가자 두 명(468번, 663번)의 그래프. 상단 그래프의 참가자(468번)는 혈당반응치가 포도당에 높게 나왔고 빵에는 낮게 나왔다. 두 참가자 모두 개인 내 포도당과 빵에 대한 혈당 반응은 크게 다르지 않았다. 오른쪽은 바나나와 쿠키에 상반된 혈당 반응을 보인 참가자 두 명(445번, 644번)의 그래프. 상단 그래프의 참가자(445번)는 혈당반응치가 바나나에 높게 나왔고 쿠키에는 낮게 나왔다.[3]

였을 때 개인 간 혈당 반응이 상당히 다름을 볼 수 있다. 어떤 이는 일반 빵 섭취 후 혈당이 급상승하고 포도당 섭취 후 혈당 수치에 변화가 없는 반면에 또 다른 이는 포도당 섭취 후 혈당이 급상승하고 일반 빵 섭취 후 혈당 수치에 변화가 크지 않았다. 또 어떤 이는 쿠키 섭취 후 혈당 수치에 변화가 없고 바나나 섭취 후 혈당 수치가 급상 승한 반면에 또 다른 이는 바나나 섭취 후 혈당 수치에 변화가 없고 쿠키 섭취 후 혈당이 급상승하는 결과를 보여주었다.

일반적으로 식품에 대한 식후 혈당을 예측하는 방법으로 단일 식 품 내 탄수화물(당) 함량을 사용하거나 혈당지수glycemic index를 사용 하곤 한다. 포도당 섭취 후 식후 혈당 상승폭을 100이라고 했을 때 특정 음식을 먹고 난 뒤 어느 정도 올라가는지를 상대적으로 표시한 값이 혈당지수다. 에란 시걸과 에란 엘리나브는 개인맞춤 영양 연구 PNP 논문에서 기존에 혈당지수가 있는 식품의 경우 평균 혈당반응치 와 일치하였다고 서술했다(다음 그림). 하지만 이는 평균값일 뿐이고 개인 간 같은 식품에 대한 혈당 반응의 차이는 상당히 컸다. 개인의 생리학적 또는 생화학적 차이, 섭취하는 식사 중 식품의 조합, 식사 의 양, 하루 중 식사 시간 등이 모두 개인의 식후 혈당 반응에 차이를 일으키는 원인이 되어 혈당지수를 기준으로 개인의 식사에 대한 식 후 혈당을 예측하는 데는 한계가 있음을 시사하였다. 쿠키의 혈당지 수가 낮은 줄 알고 먹었는데 혈당이 급상승할 수도 있고 시리얼의 혈 당지수가 높은 줄 알고 자제했는데 실제로 상승하지 않을 수도 있다 는 것이다. 우리가 알고 있는 식품에 대한 평균적 지식이 개인에 따 라 매우 다를 수 있음을 증명했다.

본 연구에서 에란 시걸과 에란 엘리나브는 연구에서 음식의 구성 성분이 혈당 반응의 주요 동인이 아니며 장내미생물군집의 박테리 아종이 각 개인의 식사에 대한 혈당 반응을 결정하는 중요한 요인이 라고 밝혔다. 일부 균은 혈당 조절을 어렵게 하는 것으로 나타났다. 예를 들어 비만과 관계가 있는 것으로 보고된 파라박테로이데스 디

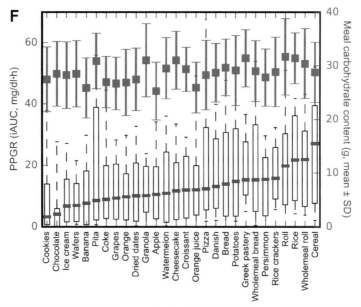

여러 음식에 대한 혈당상승치(파란색)와 소비된 탄수화물의 양(녹색). 탄수화물 양이 동일한 다양한 식품에 대한 혈당상승치를 평균순으로 나열했다. 박스 그래프는 25~75퍼센타일, 수염은 10~90퍼센타일을 의미한다.[3]

스타소니스Parabacteroides distasonis,[5] 박테로이데스데스 테타이오타 오미크론Bacteroides thetaiotaomicron[6]과 같은 균은 일반적으로 식후 혈당의 높은 상승과 상관관계가 있었다. 탄수화물과 섬유질을 발효하여 사람에게 유용한 대사산물을 생성하는 것으로 알려진 유박테리움 렉탈레Eubacterium rectale[7]는 식후 혈당의 낮은 상승과 관련이 있었다. 박테로이데스 도레이Bacteroides dorei의 경우도 식후 혈당의 낮은 상승과 관련이 있었다. 에릭 토폴은 이들의 연구에 대해 다음과 같이 평하고 있다.[2]

인간은 개인마다 장내미생물군집이 수천 종이고 집단세포는 4,000만 개로 이루어져 있어 음식 섭취에 대한 반응에 상당히 큰 역할을 한다. 이스라엘의 바이츠만과학연구소의 연구진은 혈당 반응에 대한 개별화된 패턴(어떤 사람은 지방에 민감하고, 어떤 사람은 섬유질에 반응성이 높고, 어떤 사람은 나트륨에 민감하고, 어떤 사람은 수면에 영향을 매우 많이 받음)이 의심할 여지 없이 장내미생물군집과 연관되어 있는데 기계학습 알고리즘을 통해 그 복잡성을 파악하고, 모델링하고, 예측할 수 있음을 보여주었다.

식후 혈당 증가는 음식 섭취 후 우리 몸에 나타나는 주요한 생리학적 반응으로 최근에는 프리스타일 리브레와 같이 개인이 구입하여 사용할 수 있는 연속혈당측정기로 약 2주간 혈당 변화를 연속적으로 기록할 수 있다. 무언가를 먹으면 우리 몸에 들어온 탄수화물은 단순당으로 분해되고 인슐린이 분비되어 포도당을 세포와 간에 전달한다. 간에서는 이 포도당을 글리코겐으로 저장하고 여러 장기에 전달된 초과된 여분의 당은 지방으로 변환되는데 이는 체중이 늘어나는 원인이 된다. 무언가를 먹고 혈당이 급격히 높아지면 인슐린이 과잉 분비되어 혈당 수치가 급격히 떨어져 음식을 섭취하기 전의 수치보다 낮아지기도 한다. 그럴 경우 심한 허기를 느끼게 되어 우리 몸은 이미 충분하게 섭취하여 필요한 에너지를 충당했음에도 불구하고 충동적으로 음식을 더 먹게 된다.

식후 혈당이 급격히 상승하면 인슐린이 급격히 분비되고 다시 혈당이 정상으로 돌아가는 과정에서 일부 사람들은 몸 상태가 저하된다. 식후 혈당의 급상승은 당뇨병, 심혈관계질환, 암 등 여러 질환의 위험 요소이기도 하다. 이러한 내용은 에란 시걸과 에란 엘리나브가 2017년 출간한 공저 『내 몸에 딱 맞는 맞춤식단 혁명: 혈당과 체중 관리를 위해 꼭 알아야 할 식이요법의 비밀』에 담겨 있다. 국내에는

일반적인 식후 혈당 반응[8]

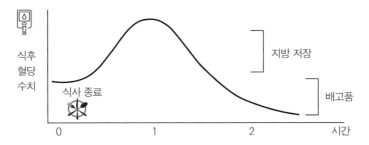

과도한 식후 혈당 상승과 건강 관련성[8]

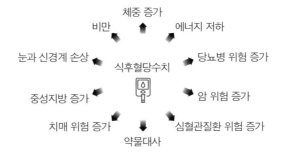

2019년에 서울대학교 의과대학 조영민 교수 등이 번역해 출간됐다. 이 책에서 2015년 학술지 『셀』에 실린 논문의 연구 내용을 좀 더 자세히 설명하고 있다.[8]

식후 혈당의 현저한 상승은 체중 증가, 에너지 저하, 당뇨병 위험 증가, 암 위험 증가, 심혈관질환 위험 증가, 약물대사, 치매 위험 증가, 중성지방 증가, 눈과 신경계 손상, 비만 등과 연관되어 항상 우려가 제기된다. 하지만 건강한 사람에게 나타나는 혈당 상승과 질병 사이의 명확한 연관관계는 현재까지 확인되지 않았다. 또한 손가락을 찌르는 불편함 없이도 일상 중 혈당 수준을 평가할 수 있는 연속혈당측정기는 매우 실용적인 연구 도구이지만 그 정확성이 비당뇨병 환경에서 문제가 될 수도 있다.[9] 연속혈당측정기 제조업체 애보트가 자금을 지원한 연구에서는 연속혈당측정과 자가혈당측정의 일치도는 90%였다.[10] 두 개의 동일한[11] 또는 두 개의 다른[12] 측정기를 통해 식후 혈당 반응을 동시에 측정한 결과 비당뇨병 환자의 개인 내 변화도 관찰되었다. 이러한 차이는 측정기 간의 차이 또는 다른 해부학적 위치에서 혈당 역학의 차이에서 비롯될 수 있다.[9]

에릭 토폴은 이스라엘의 개인맞춤 영양 연구PNP에서 만들어진 알고리즘이 실제로 유의미한 차이를 만들어내는지 증명하기 위해서는 대규모의 시험이 필요하고 시험 대상자의 반은 알고리즘을 사용하고 나머지 반은 사용하지 않은 상태로 1년 이상 추적 관찰해 임상 경과의 차이가 있는지 확인해야 한다고 서술했다.[2] 또한 본인이 수산화칼슘calcium oxalate 결석 때문에 저수산염 식사요법을 해야 하는데 이스라엘의 개인맞춤 영양 연구PNP에 기반한 데이투 알고리즘의 권장 식품에 수산염의 함량이 높았다고 지적했다. 그가 피해야 하는 식품들이 A+ 권장 식품으로 제시되어 있는 등 개인의 특수한 건강 상태를 고려하지 않고 만들어진 알고리즘의 한계성도 서술했다.

그럼에도 불구하고 이 연구는 미국 메이요클리닉Mayo Clinic을 중심으로 미네소타(n=318)와 플로리다(n=9) 지역의 당뇨 증상이 없는 성인 코호트 327명을 대상으로 검증되어 2019년 미국의학협회에서 발간하는 『미국의사협회 저널 네트워크 오픈JAMA Network Open』과 『미국임상영양학회저널American Journal of Clinical Nutrition』에 그 연구결과가 발표되었다(Mendes－Soares 등, 2019a; Mendes－Soares 등, 2019b). 이 코호트 연구에서는 개인의 임상적 특성, 생리학적 변수, 장내미생물군집과 같은 고유한 특징을 고려하는 개인맞춤 식후 혈

스타트업 데이투의 대규모 개인 데이터 연구를 기반으로 구현되는 식후 혈당 예측을 통한 개인맞춤 식이 제안 서비스

당 예측 모델이 식이의 칼로리 또는 탄수화물 함량에만 초점을 맞춘 현재의 식후 혈당 예측 접근법보다 우수하다는 결론을 냈다. 이스라엘의 개인맞춤 영양 연구PNP 결과가 미국 미네소타와 플로리다 지역에 거주하는 성인에게도 적용됨을 확인한 것으로, 다수 개인의 빅데이터와 이를 기반으로 하는 인공지능 알고리즘을 이용한 식후 혈당 예측 과학에 대한 신뢰도를 높였다고 할 수 있다.

　이스라엘의 개인맞춤 영양 연구PNP 내용은 현재 개인의 장내미생물군집 샘플을 채취하고 분석하여 이를 기반으로 알고리즘이 식후 혈당 반응을 예측하고 개인맞춤 영양 솔루션을 제공하는 스타트업 데이투(이스라엘 창업, 미국 진출)를 통해 시장에서 구현되고 있다. 에란 시걸과 에란 엘리나브는 이 연구 이후 장내미생물군집과 개인맞춤 의학,[13] 다발성 경화증에서 장내미생물군집 대사체의 잠재적 역할,[14] 근위축성 측삭 경화증(루게릭병)의 복잡성에서 장내미생물군집의 핵심 역할,[15] 건강과 질병에서 미생물과 면역의 상호작용[16] 등을 연구하고 있다.

3

영국은 개인의 식후 중성지방 반응도 기계학습으로 예측한다

━━ 2020년 6월 의학저널 『네이처 메디신』은 영국 킹스칼리지 런던, 노팅엄대학교, 이탈리아 트렌토대학교를 중심으로 한 프리딕트 1PREDICT1, Personalized Responses to Dietary Composition 1 연구를 통해 개인이 다양한 식사에 반응하는 방식(혈당, 중성지방, 인슐린)에서 개인 간의 차이를 안정적으로 예측하여 개인맞춤 영양을 가능하게 할 수 있다는 연구 내용을 실었다.[1] 인간은 포만 상태에서 많은 시간을 보낼 뿐만 아니라 혈당과 중성지방의 반복적인 급상승은 대사질환과 심혈관질환의 위험을 높이는 것으로 알려져 있다.[17,18]

연구진은 일란성 및 이란성 쌍둥이와 영국에 거주하는 유전적으로 관련되지 않은 건강한 성인 1,002명을 대상으로 다량영양소(지방, 탄수화물, 단백질, 식이섬유)로 구성된 다양한 식사에 대한 반응을 연구했다. 연구에 수백 명의 쌍둥이를 포함하여 식후 반응의 차이가 유전적 요인인지 환경적 요인인지 분리했다. 2주 동안 피실험군에 식

ARTICLES
https://doi.org/10.1038/s41591-020-0934-0

Check for updates

Human postprandial responses to food and potential for precision nutrition

Sarah E. Berry[1,18], Ana M. Valdes[2,3,18], David A. Drew[4], Francesco Asnicar[5], Mohsen Mazidi[6], Jonathan Wolf[7], Joan Capdevila[7], George Hadjigeorgiou[7], Richard Davies[7], Haya Al Khatib[1,7], Christopher Bonnett[7], Sajaysurya Ganesh[7], Elco Bakker[7], Deborah Hart[4], Massimo Mangino[4], Jordi Merino[8,9,10,11], Inbar Linenberg[7], Patrick Wyatt[7], Jose M. Ordovas[12,13], Christopher D. Gardner[14], Linda M. Delahanty[15], Andrew T. Chan[4], Nicola Segata[5,18], Paul W. Franks[6,16,17,18] and Tim D. Spector[6,18]

Metabolic responses to food influence risk of cardiometabolic disease, but large-scale high-resolution studies are lacking. We recruited n = 1,002 twins and unrelated healthy adults in the United Kingdom to the PREDICT 1 study and assessed postprandial metabolic responses in a clinical setting and at home. We observed large inter-individual variability (as measured by the population coefficient of variation (s.d./mean, %)) in postprandial responses of blood triglyceride (103%), glucose (68%) and insulin (59%) following identical meals. Person-specific factors, such as gut microbiome, had a greater influence (7.1% of variance) than did meal macronutrients (3.6%) for postprandial lipemia, but not for postprandial glycemia (6.0% and 15.4%, respectively); genetic variants had a modest impact on predictions (9.5% for glucose, 0.8% for triglyceride, 0.2% for C-peptide). Findings were independently validated in a US cohort (n = 100 people). We developed a machine-learning model that predicted both triglyceride (r = 0.47) and glycemic (r = 0.77) responses to food intake. These findings may be informative for developing personalized diet strategies. The ClinicalTrials.gov registration identifier is NCT03479866.

Effective prevention strategies are required to reduce the immense global burden of nutrition-related non-communicable diseases (NCDs). Nutritional research and the corresponding guidelines' focus on population averages. However, the high inter-person variability in response to foods and weight-loss diets' demands development of more personalized approaches. Precision nutrition is based on empirical evidence requires research using multidimensional, high-resolution time-series data from adequately powered studies. The application of technologies to accurately and precisely quantify many postprandial (non-fasting) traits in large cohorts and in real-world settings is extending capabilities in this field of research.

Although fasting blood assays are used in many clinical diagnoses, most people are predominantly in the postprandial state during waking hours. Postprandial lipid, glucose and insulin dyshomeostasis are independent risk factors for NCDs and obesity. Postprandial hyperglycemia raises the risk of cardiovascular disease (CVD), coronary heart disease (CHD) and cardiovascular mortality, even in individuals with normal fasting glucose, and postprandial triglyceride level is more predictive of CVD than are fasting concentrations, highlighting the relevance of diet and its metabolic consequences in cardiovascular risk.

A person's unique postprandial glycemic and lipidemic responses are likely attributable to their biological (for example, microbiome and nuclear DNA variation) and lifestyle characteristics, as has previously been demonstrated in research using specific meals. Although postprandial glycemic responses are important health determinants, glycemic control is just one part of a more complex metabolic equation involving triglyceride (the primary alimentary energy substrate to circulate) and insulin (which regulates glucose and triglyceride transport and metabolism). Thus, characterizing postprandial regulation of lipids and identifying the factors responsible for individual variation could help optimize diet recommendations to target broader improvements in cardiometabolic health.

The personalized responses to dietary composition (PREDICT) 1 clinical trial (NCT03479866) was designed to quantify and predict individual variations in postprandial triglyceride, glucose and insulin responses to standardized meals. PREDICT 1 enrolled twins and unrelated adults from the United Kingdom in whom genetic, metabolic, microbiome-composition, meal-composition and meal-context data were obtained to distinguish predictors of individual responses to meals. These predictions were validated in an independent cohort of adults from the United States.

'Department of Nutrition, King's College London, London, UK. 'School of Medicine, University of Nottingham, Nottingham, UK. 'Nottingham NIHR Biomedical Research Centre, Nottingham, UK. 'Clinical and Translational Epidemiology Unit and Division of Gastroenterology, Massachusetts General Hospital and Harvard Medical School, Boston, MA, USA. 'Department CIBIO, University of Trento, Trento, Italy. 'Department of Twins Research & Genetic Epidemiology, King's College London, London, UK. 'Zoe Global Ltd, London, UK. 'Diabetes Unit, Massachusetts General Hospital, Boston, MA, USA. 'Center for Genomic Medicine, Massachusetts General Hospital, Boston, MA, USA. 'Broad Institute of MIT and Harvard, Cambridge, MA, USA. "Institut d'Investigació Sanitària Pere Virgili, Universitat Rovira i Virgili, Reus, Spain. "JM-USDA-HNRCA at Tufts University, Boston, MA, USA. "IMDEA Food Institute, CEI UAM + CSIC, Madrid, Spain. "University of Stanford, Stanford, CA, USA. "Diabetes Unit, Massachusetts General Hospital and Harvard Medical School, Boston, MA, USA. "Department of Clinical Sciences, Lund University, Malmö, Sweden. "Department of Nutrition, Harvard T.H. Chan School of Public Health, Boston, MA, USA. "These authors contributed equally. Sarah E. Berry, Ana M. Valdes, Nicola Segata, Paul W. Franks, Tim D. Spector. ✉e-mail: ana.valdes@nottingham.ac.uk; tim.spector@kcl.ac.uk

2020년 『네이처 메디신』에 실린 논문 「음식에 대한 인간의 식후 반응과 정밀 영양의 가능성」은 영국의 프리딕트1 연구결과를 소개하였다.[11]

단을 정해주거나 자유롭게 음식을 먹게 하고 혈당, 중성지방, 인슐린과 같은 임상 생화학적 지표의 변화뿐만 아니라 유전체 및 미생물 군집 분석, 식사 구성, 음식물 섭취 순서, 식사 시간, 각 식사 간 간격, 기분, 배고픔, 수면 패턴, 신체 활동에 관한 정보들을 수집했다. 13만 번의 식사와 특수 생산한 3만 2,000개의 머핀을 먹는 동안 200만 개의 연속혈당측정기를 활용해 데이터를 모으는 등 방대한 자료를 확보했다. 수집된 모든 데이터는 통합되어 기계학습에 사용되었고 그

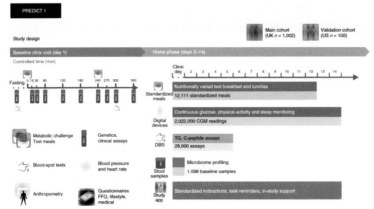

영국의 프리딕트1 연구 디자인. 프리딕트1은 1차 영국 기반 코호트(nmax=1,002) 와 독립적인 미국 기반 검증 코호트(nmax=100)로 구성되었다. FFQ(음식 빈도 설문지); CGM(연속혈당측정); TG(중성지방); DBS(건조혈반)[11]

렇게 만들어진 알고리즘은 미국에 있는 건강한 성인 100명을 대상 으로 한 실험에서 식이에 대한 혈당 반응과 중성지방 반응을 모두 예측할 수 있었다.

이스라엘의 개인맞춤 영양 연구PNP 결과와 마찬가지로 2020년 영국의 프리딕트1 연구에서도 같은 식품 섭취 후 개인 간 혈중 생화 학적 지표(혈당, 중성지방, 인슐린)의 차이가 상당히 컸다.

이들은 다변수 선형 회귀를 사용하여 어떠한 입력 변수가 개인의 식후 반응 예측에 중요하게 작용하는지 전반적인 정도를 평가했다. 이는 ① 나이, 성별, 임상 생화학(중성지방, 혈당, 기타 측정) 수치, 신체 수치 등 개인의 일반적인 특성, ② 유전자SNP, Single-Nucleotide Poly-morphism, ③ 장내미생물군집 특징, ④ 식품 섭취 빈도 설문지를 통해 조사한 식사 습관, ⑤ 수면, 이전 식사, 신체 활동, 식사 순서, 식사 시 간 등의 식사 상황, ⑥ 탄수화물, 당, 지방, 단백질, 식이섬유 등의 식

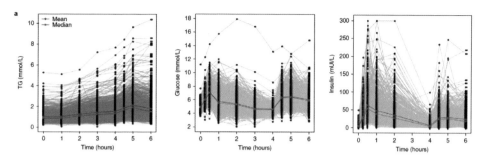

영국의 프레딕트1 연구에서 확인한 식후 중성지방(TG), 포도당(Glucose), 인슐린
(Insulin) 반응의 개인 간 차이(n=1,002)[11]

사 구성과 같은 변수로 개인에게서 수집된 정보들이다. 이들의 연구
결과에 따르면 식후 중성지방 반응 예측의 경우, 장내미생물군집의
특징이 식사 구성, 식사 상황보다 큰 영향력을 가지는 반면에 유전자
의 영향력은 그리 크지 않은 것으로 보였다. 식후 혈당 예측은 식사
구성(즉 식사에 포함된 탄수화물과 섬유질의 양)의 영향력이 상당히 컸
으며 그다음으로 유전자, 식사 상황(식사 순서, 이전 식사의 구성, 신체
활동, 수면과 같은 수정 가능한 요인), 장내미생물군집 특징 등의 순서였
다. 인슐린 반응 예측은 장내미생물군집의 영향이 컸으며 그다음으
로 식사 구성과 식사 상황의 순서대로 중요하게 작용하는 것으로 보
였고 반면 유전자에 의한 영향은 적어 보였다.

유전적 요인은 혈당, 인슐린, 중성지방의 식후 변동성의 각각 48%,
9%, 0%를 설명한 반면에 장내미생물군집은 혈당, 인슐린, 중성지방
의 식후 변동성의 6.4%, 5.8%, 7.5%을 설명했다. 혈당, 인슐린, 중성
지방의 식후 혈중 농도와 연관된 것으로 보고된 32개의 단기 염기
다형성SNP에 대해 본 코호트에서의 관련성 여부를 테스트했다. 여러
단기 염기 다형성SNP은 이러한 변수와 유의하게(P⟨0.05) 연관되었다.

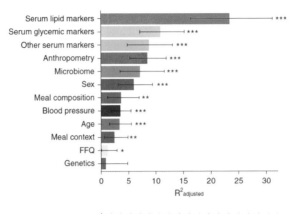

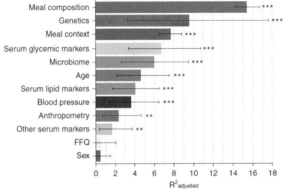

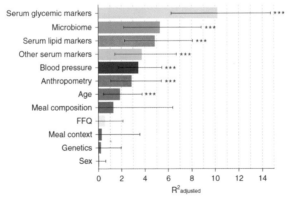

영국의 프리딕트1 연구결과 개인의 식후 반응 예측에 중요하게 작용하는
인자들의 비교[11]

영국의 프레딕트1 연구 결과 식후 측정치와 전장유전체 연관분석에서 확인되어 공개된 SNP들과의 연관성[11]

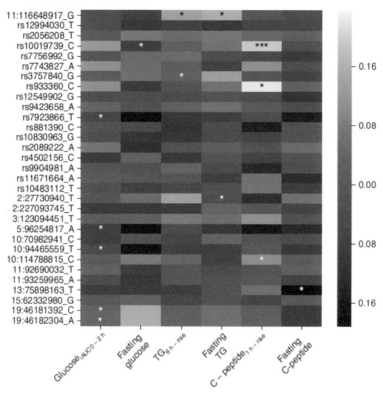

하지만 식후 혈당 반응에 있어 9% 정도를 설명했으며 식후 중성지방과 식후 인슐린에 대한 변화에서는 1% 미만으로 연관되어 있었다.

연구진은 예상했던 바와 달리 유전적 요인이 식후 혈당, 중성지방, 인슐린 반응에서 주요 요인이 아니었으며 공개적으로 이용 가능한 단기 염기 다형성SNP 데이터(www.type2diabetesgenetics.org)가 많음에도 불구하고, 혈청학적 특성에 대해 발표된 거의 모든 전장유전체 연관분석GWAS, Genome-Wide Association Study 데이터가 공복값에 초점

영국의 프레딕트1 연구에서 확인한 SNP들[11]

Position	rsID	gene
chr7:50690548 (GRCh38.p12)	rs933360	GRB10
chr11:92975544 (GRCh38.p12)	rs10830963	MTNR1B
chr10:92722319 (GRCh38.p12)	rs7923866	HHEX/IDE
chr6:20679478 (GRCh38.p12)	rs7756992	CDKAL1
chr19:45669020 (GRCh38.p12)	rs11671664	GIPR
chr15:62090956 (GRCh38.p12)	rs4502156	C2CD4A
chr7:44191617 (GRCh38.p12)	rs3757840	GCK
chr8:41651740 (GRCh38.p12)	rs12549902	ANK1
chr10:5566778 (GRCh38.p12)	rs9423658	LOC105376381
chr11:34292629 (GRCh38.p12)	rs881390	ABTB2
chr12:116564853 (GRCh38.p12)	rs2089222	MAP1LC3B2
chr17:80487606 (GRCh38.p12)	rs9904981	1341477:06:00
chr22:22372600 (GRCh38.p12)	rs10483112	372898:40:00
chr2:75456224 (GRCh38.p12)	rs12994030	1257605:44:00
chr2:76742252 (GRCh38.p12)	rs2056208	1279039:32:00
chr4:14806415 (GRCh38.p12)	rs10019739	LINC00504
chr6:114863133 (GRCh38.p12)	rs7743827	1914391:33:00
chr11:116778201 (GRCh38.p12)	rs964184	ZPR1
chr11:116778201 (GRCh38.p12)	rs964184	ZPR1
chr10:69223185 (GRCh38.p12)	rs4746822	HKDC1
chr10:92705802 (GRCh38.p12)	rs5015480	NA
chr11:93526799 (GRCh38.p12)	rs2248020	SMCO4
chr13:75324027 (GRCh38.p12)	rs7330796	TBC1D4
chr15:62040781 (GRCh38.p12)	rs17271305	VPS13C
chr1:46182305 – 46182317 (GRCh38.p12)	rs71062743	TSPAN1
chr2:226229029 (GRCh38.p12)	rs2943641	3770485:49:00
chr2:27508073 (GRCh38.p12)	rs1260326	GCKR
chr3:123375604 (GRCh38.p12)	rs2877716	ADCY5
chr5:96919113 (GRCh38.p12)	rs1019503	ERAP2 and 1

을 맞추고 있다 보니 특정 식후의 특성에 대한 확실한 데이터가 충분하지 않으며 많은 DTC~Direct-To-Consumer~(고객 직접 판매) 유전자 검사 회사가 수행하는 DNA 변이 데이터만 사용하는 예측 알고리즘이 불완전함을 설명하였다. 또한 이 연구에서는 식후 혈당 반응과 중성지방 반응 사이에 연관관계가 없으며 실생활 중에 중성지방의 변화를 연속적으로 추적할 방법이 현재 없어서 연속혈당측정만으로는 최적화된 식이 조언을 하기 어렵다는 점도 시사했다. 영국의 프리딕트1 연구의 주요 연구자인 팀 스펙터~Tim Spector~는 2020년 출판된 『지금 먹는 음식에 엉터리 과학이 숨겨져 있습니다~SPOON-FED~』를 통해 그가 참여한 정밀영양(개인맞춤 영양) 연구에 대해 일부 소개하고 있다.[19]

팀 스펙터는 영국 킹스칼리지 런던의 유전역학 교수이자 성토마스병원의 명예 컨설턴트 의사다. 900편이 넘는 과학 논문을 발표했는데 구글에서 선정한 세계에서 가장 많이 인용되는 과학자 120명 중 한 명이기도 하다. 개인맞춤 의학과 장내미생물군집의 전문가이다. 국내에는 그의 저서 중 『쌍둥인데 왜 다르지?~Identically Different~』와 『다이어트 신화~Diet Myth~』가 출간돼 있다. 그의 프리딕트1 연구는 영국뿐만 아니라 매사추세츠의 종합병원, 캘리포니아의 스탠퍼드대학교, 정밀영양 스타트업 조~ZOE~가 협력한 세계 최대 규모의 영양학 연구이다. 식품에 대한 개인의 독특한 반응을 유발하는 복합 상호작용 인자를 이해하는 데 목적이 있었다고 설명한다.

그는 이 연구의 참가자들이 음식을 섭취했을 때 단백질, 지방, 탄수화물의 비율에 따라 모든 사람이 저마다 다르게 반응한다는 사실을 알게 되었는데 그 편차가 너무 커서(최대 10배) '평균'이라는 단어로 뭉뚱그릴 수 없는 수준이었다고 서술했다. 식후 혈당, 인슐린, 중성지방은 평균과 비슷한 반응을 보였는데 평균과 정확하게 똑같은 반응을 보인 사람은 1퍼센트도 되지 않았다. 다시 말해 참가자의 99퍼센트는 평균에 부합하지 않았다. 유전자가 같고 성장 환경이 비슷한 일란성 쌍둥이 역시 차이가 발생했다. 일란성 쌍둥이는 위장에 사는 미생물종이 37퍼센트만 같았으며 이는 아무 관련 없는 사람들과 비교했을 때보다 조금 높은 수준이었다. 식품 반응의 상당 부분은 장내미생물군집, 유전자, 운동, 수면과 같은 생체리듬, 체내 시계 관련 요소들이 복합적으로 영향을 미쳤다. 연구진은 미국과 영국에서 수천 명의 자원자를 모집해 대규모 조사를 하고 있다. 연구 대상이 많을수록 많은 자료를 확보할 수 있어 예측 성공률을 개선하는 결과로 이어진다고 밝혔다.

그는 스탠퍼드대학교의 공동 연구자인 크리스토퍼 가드너Christoper Gardner가 진행한 대규모 연구DIETFITS Study에 대해서도 소개하였다. 2018년 『미국의학협회저널』에 실린 이 연구에서는 과체중 혹은 비만 지원자 609명을 대상으로 1년 동안 건강한 저지방 혹은 저탄수화물 식단을 제공했다. 두 집단 사이에서 의미 있는 차이는 나타나지 않았다.[20] 각 집단에서 지방이나 탄수화물 섭취량을 30~40%를 줄이자 평균 6킬로그램 정도 체중이 줄었지만 집단 평균이 아니라 개인 수준으로 살펴보면 체중 변화는 저마다 달랐으며 27킬로그램을 감량한 사람도 있었다. 하지만 반대로 9킬로그램이나 살이 찐 사람도 있었다. 가공하지 않은 건강한 음식을 먹는다고 해도 일부 사람에게는 탄수화물이나 지방을 줄이는 식의 식단 조정은 효과가 없었다.[20]

이스라엘의 개인맞춤 영양 연구PNP와 달리 영국의 프리딕트1 연

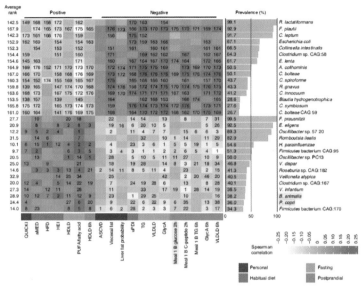

프리딕트1 연구에서 영양 및 심장대사 건강 지표들과 전반적인 연관관계를 보여준 장내미생물군집 30종의 패널. 심장대사 건강 지표와 건강한 식단 지표에 대해 다양한 긍정적, 부정적인 연관관계를 가진 최고 또는 최저 평균 순위 장내미생물군집 30종을 보여주고 있다. 각 미생물과 개별 지표와의 상관관계 순위는 유의미한 경우는 상자 안에 기록되었다 (P⟨0.05).[21]

구는 식후 혈당 외에 중성지방 수치와 인슐린 반응도 예측했으며 식후 대사 반응에 대한 유전의 기여도를 추정할 수 있도록 게놈 데이터가 있는 230쌍의 쌍둥이를 연구에 포함한 점에 대해 긍정적으로 평가되고 있다.[9]

영국의 프리딕트1 연구에서 식사의 다량 영양소 구성과 이전 식사, 수면, 운동과 관련된 타이밍은 식후 혈당 반응의 잘 확립된 요인이며 식후 혈당 반응 예측력에서 미생물군유전체를 능가하는 것으로 나타났다. 이 연구에서 개발된 예측 알고리즘은 입력 및 기계학습 접근법은 다르지만 이스라엘의 개인맞춤 영양 연구PNP와 유사한 식

프리딕트1의 대규모 개인 데이터 연구를 기반으로 구현된 스타트업 조ZOE의 개인맞춤
영양 제안 서비스(출처: joinjoe.com)

후 혈당 반응 예측 정확도에 도달했다. 두 연구 모두 환자 맞춤형으
로 식이 권장 사항이 최적화될 수 있다는 양질의 증거를 제공한다.

그 후 2021년 1월 『네이처 메디신』은 프리딕트1 연구 중 특정 영
양소, 식품, 식품군, 일반식이 지표와 장내미생물군집과 건강 사이의
연관성을 밝힌 논문을 실었다.[21] 연구에서는 영국과 미국의 프리딕
트1 연구 대상자 1,098명(UK, n=1,001; USA, n=97)의 1,203개의 표준
화된 식이에 대한 장내미생물군집과 심장 – 대사 혈액 바이오마커의
상세한 데이터를 수집하고 분석했다. 연구팀은 미생물의 유전체를
분석하는 메타유전체학metagenomics과 혈액 화학 프로파일링 기법을
사용했다.

연구결과 식물성 식품이 풍부한 건강한 음식(예: 시금치, 씨앗, 토마
토, 브로콜리)을 먹은 연구 대상자들이 많이 보유한 장내미생물군집
구성과 반대로 건강하지 않은 식품(예: 주스, 가당 음료, 정제된 곡물)이
많이 포함된 식단을 먹은 연구 대상자들이 보유한 장내미생물군집

구성이 뚜렷이 다름을 알게 되었다. 당뇨 또는 심장질환의 발생 위험을 낮추거나 높이는 각각 15개의 미생물군을 찾아냈다. 한 예로 장내미생물군집에 프레보텔라코프리Prevotellacopri와 블라스토시스티스Blastocystis 균종이 많으면 식후에 좀 더 좋은 혈당 수준을 유지할 수 있는 것으로 확인했다. 이러한 연구결과는 각 개인의 장내미생물군집을 검사해 건강에 유익한 개인맞춤 식단을 제공하는 데 활용될 수 있을 것으로 기대했다.

프리딕트1 연구 내용은 현재 스타트업 조를 통해 구현되고 있다. 참가자들은 집에서 조의 DTC 유전자 검사를 수행하여 자신의 장에 살고 있는 미생물군을 분석한 결과를 받고, 프리딕트1 연구에 참가한 1,000여 명의 결과와 비교해 우리 몸이 어떤 음식에 대해 어떤 반응을 보일지 기계학습을 통해 계산된 권장 식단을 앱을 통해 전달받고 있다.

4

유럽연합이 펀드하는 푸드포미는 식품과 유전자 발현의 관계를 연구한다

━━━ 2011년에 시작하여 유럽 8개국이 참여하는 유럽연합의 제7차 연구 및 기술개발 프레임워크 프로그램FP7인 푸드포미Food4Me[*]는 개인맞춤 영양 섭취의 가능성과 효과를 연구하기 위한 시도 중 하나다). 2000년 인간 게놈 서열의 완전한 매핑은 개인화된 영양을 포함한 개인화된 의학의 가능성을 도입했다. 이 기간 식품과 유전자 발현 사이의 관계를 조사하는 '영양유전체학' 분야가 등장했다. 많은 사람이 개인의 유전적 프로필을 기반으로 식이 권장 사항을 계획할 수 있을 것으로 기대했다.

2017년 『국제역학저널International Journal of Epidemiology』에 실린 푸드포미 연구 「개인맞춤 영양이 건강 관련 행동 변화에 미치는 영향: 유럽연합의 무작위대조시험 푸드포미의 증거」에 따르면 1,296명을 대상으로 6개월간 연구한 결과 개인맞춤 영양을 장기간 대규모로 실

* www.food4me.org/about

천한다면 영양 공급과 라이프스타일에 긍정적인 변화를 가져올 수 있으며 건강 관련 문제를 줄이는 데도 도움이 되는 것으로 밝혀졌다.[22] 푸드포미 연구는 개인맞춤 접근법이 기존의 일반적인 접근법보다 식이 행동에 더 지속적인 변화를 가져올 수 있으며 개인의 유전 정보(MTHFR, FTO, TCF7L2, APOE ε4, FADS1)보다는 식사 시간, 금식 기간, 개인의 생체 시계리듬과 같은 개별 일주기 특성을 고려하면 식후 반응의 예측을 개선할 수 있는 것으로 보고했다.

유럽연합의 푸드포미는 개인맞춤 영양 분야의 기회와 과제를 종합적으로 분석할 필요가 있고 개인맞춤 영양의 근본적인 질문 '음식, 유전자, 신체적 특성에 대한 현재의 이해를 어떻게 가장 잘 활용하여 각 개인에게 맞는 건강한 식단을 설계할 수 있는가?'에 대한 해답을 얻기 위해 국제 전문가 그룹을 모았다. 더블린대학교의 마이크 기브니Mike Gibney가 이끄는 푸드포미닷오알지Food4Me.org 컨소시엄은 12개 유럽 국가의 25개 파트너로 구성되어 있으며 생물학, 소비자 연구, 마케팅, 비즈니스 개발, IT 및 기술, 윤리 및 법률 산업, 커뮤니케이션 분야의 다학문팀을 구성하고 있다.

푸드포미의 전략적 목표

- 개인맞춤 영양을 적용하기 위해 적합한 비즈니스 모델을 개발하고, 기술 발전 연구를 하고, 개인맞춤 영양 조언을 전달하는 방법을 검증한다.
- 유럽연합기관, 식품산업, 기타 이해 관계자와 공유하기 위해 커뮤니케이션 전략과 윤리적 경계에 관한 모범사례를 포함하여 개인맞춤 영양에 대한 현재의 과학적 지식과 고객 이해를 수집

하여 체계적으로 정리한다.

푸드포미의 내용

- 미래의 개인맞춤 영양 비즈니스 모델의 기회와 과제에 대한 포괄적인 평가를 수행한다.
- 개인맞춤 영양을 위해 식이, 유전자, 표현형 데이터를 사용하는 새로운 과학 도구를 개발한다.
- 유럽연합 8개 국가에서 실시한 대규모 연구의 결과를 활용하여 다양한 수준의 개인맞춤 영양 조언(식이 요법 vs 표현형 vs 유전)이 고객에게 미치는 영향을 검증한다.
- 개인맞춤 영양의 모든 측면에서 유럽 고객의 생각과 신뢰에 대해 보고한다.
- 개인맞춤 영양의 윤리적, 법적 입장을 설명한다.
- 개인맞춤 영양에 관한 커뮤니케이션을 위해 모범사례 지침을 수립한다.

5

미국은 개인맞춤 정밀영양 연구에 대규모 투자를 하고 있다

———— 2021년 2월 『사이언스』는 1만 명의 미국인을 대상으로 하는 1억 5,600만 달러가 투자되는 정밀영양NPH, Nutrition for Precision Health 연구의 5개년 계획을 소개했다.[23] 미국 국립보건원NIH, National Institute of Health은 정밀의료를 목표로 미국 전역의 100만 명을 대상으로 개인의 생리학적, 환경적 데이터를 수집해 최적의 의료서비스를 제공하기 위한 '올 오브 어스 연구 프로그램All of Us Research Program'을 수행하고 있다. 이를 위해 조성한 국립보건원 공동기금NIH Common Fund으로 정밀영양 연구NPH를 함께 수행한다는 내용이다. 이 계획이 제시하는 내용은 다음과 같다.[24]

배경

현재 가능한 것보다 더 정확하고 역동적으로 인구 전반에 걸친 영양 권장 사항을 제공하기 위한 연구가 필요하다. 이것은 차례로 인간의 생물학적 시스템과 분자 경로가 건강상태에 영향을 미치는 식이 패턴과 환경, 사회, 행동 요인 간의 관계를 매개하거나 상호작용하는 방법에 대해 더 깊은 이해를 촉진할 것이다. 오믹스omics 기술과 모바일 장치의 발전을 통해 '올 오브 어스 연구 프로그램'의 다양하고 포괄적인 참가자 샘플, 기존 인프라, 인공지능의 혁신, 기계학습, 복잡한 생물학적 시스템의 계산, 수학적 모델링의 전례 없는 기회를 통해 식이 반응을 예측하고 건강과 삶의 질 향상을 목표로 하는 표적 식이요법을 설계한다.

목표

정밀영양NPH 연구 프로그램은 정밀영양 연구를 촉진하고 개인맞춤 식단을 예측하는 알고리즘을 설정하여 다양한 인구의 건강을 개선하고 만성질환을 줄이는 것을 목표로 한다. 1단계를 성공하면 2단계는 식단에 대한 반응을 예측하는 알고리즘을 검증하는 연구를 지원한다.

- 1단계: 식이, 유전자, 단백질, 미생물군집, 대사, 기타 개별 상황의 요인 간 상호작용을 연구하여 다양한 식이에 반응하는 개인의 차이를 관찰하고 조사한다.
- 2단계: 인공지능을 사용하여 음식과 식이 패턴에 대한 개별 반응을 예측하는 알고리즘을 개발한다.
- 3단계: 임상 적용을 위한 알고리즘을 검증한다.

Downloaded from http://science.sciencemag.org/ on March 11, 2021

A massive new National Institutes of Health precision nutrition study will give some volunteers controlled meals, like this one being prepared by a dietitian at the agency's metabolic research kitchen.

BIOMEDICINE

NIH's 'precision nutrition' bet aims for individualized diets

Effort will piggyback on giant genomics and health program

By Jocelyn Kaiser

There's no one-size-fits-all diet. If you want to avoid spiking your blood sugar with a snack, a banana may seem like a better choice than a sugary cookie. But some people in a 2018 study of 800 Israeli volunteers got their biggest blood sugar spike from bananas or bread instead of from sugar-laden baked goods. And as nutrition scientist Elizabeth Parks of the University of Missouri, Columbia, notes, "We all know people who lose weight easily, and others who don't."

Now, the U.S. National Institutes of Health (NIH) is making a major push to understand these individual differences. Last week, the agency announced it calls the largest study yet to probe "precision nutrition," a $156 million, 5-year effort to examine how 10,000 Americans process foods by collecting data ranging from continuous blood glucose levels to microbes in a person's gut.

The study "has the potential to truly transform the field of nutrition science," generating new tools, methods, and "a wealth of data to fuel discovery science for years to come," Griffin Rodgers, director of the National Institute of Diabetes and Digestive and Kidney Diseases (NIDDK), said last year at an NIH board meeting where he

introduced the project. Ultimately, it might enable nutritionists to tailor diets to an individual's genes and microbiome.

It is part of a broader push at NIH to boost nutrition science, a field sometimes viewed as "fuzzy" because "we are free-range eaters" and our diets are hard to control, notes Paul Coates, vice president of the American Society for Nutrition, who headed NIH's dietary supplements office until he retired in 2018.

In March 2020, NIH Director Francis Collins released the agency's first-ever 10-year strategic plan for nutrition science, acknowledging the importance of diet in chronic diseases such as heart disease and diabetes. The plan aims to fold in basic disciplines such as neurobiology, study the role of diet throughout life, consider how food can serve as medicine, and elevate precision nutrition. The concept recognizes that how the human body responds to food depends on factors from genetics to sleep habits, social environment, and gut microbes. For example, the Israeli study that found individual differences in the response to refined sugar versus fruit slowed the microbiome was largely responsible.

Now comes NIH's Nutrition for Precision Health, which will piggyback on All of Us, the agency's huge genomics and health

study, which has fully enrolled 272,000 of a planned 1 million participants, more than 50% from minority groups. "We realized it would be a really great fit" to take advantage of the All of Us data and infrastructure, says Holly Nicastro, a study coordinator and program director at NIH's nutrition office.

Some 10,000 All of Us participants who join the nutrition study will wear various monitors to track physical activity, blood sugar, and more, record what they eat, and visit a clinic to consume a specific meal and undergo clinical tests. A subset of up to 1500 will also follow three different diets at home or in the clinic, and then have the same tests. And 500 to 1000 volunteers will live at a clinical center for three 2-week stretches while eating three tightly prescribed diets. Such "controlled feeding" studies are the field's gold standard, but their high cost usually keeps them small. NIH has recently conducted some in its clinical center to explore, for example, the effects of ultraprocessed foods, but they involved only 20 people.

By collecting a wide range of personal data, from participants' DNA makeup to their ZIP code, "we are removing a lot of that 'noise' that we had for years, created by the factors that we were not measuring before," says Tufts University nutrition scientist José Ordovás who, with Parks, co-chaired a workshop last month to discuss the study. Artificial intelligence researchers will then use the collected data to create models that predict the best diet for an individual—an effort pioneered by the Israeli study, which spun off a company that developed an algorithm to tailor diets for people who are diabetic or trying to lose weight. A second, 5-year phase could test those models in clinical trials.

NIH is now inviting proposals for study components such as a data center, clinical centers, and a microbiome center. The aim is to begin enrolling volunteers by January 2023. "There's so much excitement" about the study, Parks says.

She and other nutritionists also welcome other signals of NIH's new focus. Its Office of Nutrition Research, once part of the NIH director's office, was demoted years ago to NIDDK. Last month, Collins announced it has been reinstated. Coates hopes that will mean a larger staff—the office now has just six people—and a modest budget to cofund studies with NIH institutes. "A lot [of nutrition science] falls between the cracks," he says—gaps he now hopes will close. ∎

2021년 2월 『사이언스』에 소개된 미국 국립보건원의
정밀영양 연구 프로그램 계획.[23]

이니셔티브

- 연구 조정 센터: 각각의 센터들에 대한 관리 및 조정

- 임상 센터(올 오브 어스 보건의료기관과 협력): 참가자 모집, 동의, 등록

- 데이터 생성 센터: ① 미생물군 메타게놈 분석과 전사체 분석. ② 대사와 단백질 표현형 분석. ③ 식이 평가 문제 해결

- 인공지능, 생물정보학, 데이터 모델링 센터: 수학 및 전산 모델링 구축, 알고리즘 개발과 데이터의 시각화 향상

- 바이오뱅크: 바이오 샘플과 메타데이터의 수신, 처리, 저장

결과물

- 식사 문제와 다양한 식이요법에 대한 개인의 생리, 대사 반응의 변동성 요인을 특성화한다.
- 여러 영양소 또는 식이요법에 대한 반응을 예측하는 알고리즘을 개발한다.
- 급성 식이 반응, 식후 혈당, 또는 혈압과 같은 만성질환 바이오마커를 각각 감소, 조절, 최적화하기 위한 식이 권장 사항을 개인화한다.
- 미래 예측 연구를 위해 영양 관련 유전자와 장내미생물군집 유전체의 식이 상호작용을 생물정보학적으로 식별하고 특성화한다.

6

한국은 정밀의료를 위한 국가 통합 바이오 빅데이터를 구축하고 있다

──── 우리나라는 아쉽게도 이스라엘의 개인맞춤 영양 연구PNP, 영국의 프리딕트1, 미국의 정밀영양연구NPH와 같은 개인의 생리학적, 환경적 차이에 따른 같은 식품에 대한 반응 차이를 알기 위한 연구가 부재한 상황이다. 다만, 국내에서는 정밀의료 기반 형성을 위한 국가 통합 바이오 빅데이터 구축 사업이 진행되고 있으며 희귀질환자와 일반인을 포함해 자발적인 건강 및 유전 정보 제공자 100만 명의 데이터 수집을 목표로 하고 있다.[25] 우리나라에서 제대로 된 개인맞춤 영양 연구가 진행되기 위해서는 국가 통합 바이오 빅데이터 구축 사업의 참여자들을 대상으로 동일한 식이에 대한 반응 데이터를 수집하고 그 기반으로 알고리즘을 설계하는 우리만의 정밀영양 연구 계획이 필요하다.

우리나라의 개인맞춤 영양 시장은 2020년 4월 건강기능식품의 맞춤형 소분 판매로 시작되었다. 식품의약품안전처는 풀무원건강생활,

아모레퍼시픽, 한국암웨이, 코스맥스엔비티, 한국허벌라이프, 빅썸, 모노랩스가 신청한 '개인맞춤형 건강기능식품 추천·판매'를 특례심의위원회에서 규제특례 대상으로 선정하고 규제샌드박스 시범사업으로 2년간 운영했다. 개인별 생활습관, 건강상태, 유전자정보 등을 바탕으로 건강기능식품을 소분 판매하여 고객은 자신에게 필요한 건강기능식품을 전문가에게 추천받아 여러 제품이 조합된 맞춤형 제품으로 구매할 수 있게 되었다.

시범사업은 건강기능식품의 효과 품질은 종전과 동일하게 유지하고 고객 안전을 최대한 보장할 수 있도록 개봉 시 품질 변화가 거의 없는 정제, 캡슐, 환, 편상, 바, 젤리의 6개 제형으로 제한하고 위생적으로 소분하고 포장할 수 있는 장치를 갖춘 경우만 허용했다. 또한 고객 신뢰 확보를 위해 건강과 영양 상담을 통한 제품 추천은 매장 내 약사, 영양사 등 전문가만 할 수 있도록 하였다. 식약처는 '개인맞춤형 건강기능식품'이 고령화 시대에 일상에서 건강을 챙기려는 수요에 부응하고, 공급자가 아니라 수요자 중심의 최근 소비 트렌드를 반영한 제도로 정착되고, 건강기능식품 과다섭취와 오남용으로부터 고객을 보호하고, 새로운 일자리 창출에도 기여할 것으로 기대하고 있다.[26] 현재 산업통상자원부는 '개인맞춤형 건강기능식품 소분·판매 기술기준(안) 개발 연구'를 시행하여 개인맞춤형 건강정보 측정기준(안), 비의료 건강관리 서비스 가이드라인, 전문인력 관리방안, 안전관리기준, 품질 검사항목 등 개발, 기술기준(안) 및 법적 개선사항을 마련하고 있다.

또한 식품의약품안전처는 고혈압과 당뇨병 등 생활습관병 환자와 고령층의 건강상태를 고려한 식단 및 영양관리 제품 개발과 서비스

활성화 지원 방안을 의료, 스마트 헬스케어, 식품영양, 급식 분야 등 각계 전문가와 함께 논의하고 있다. 맞춤형 식단 및 영양관리를 위한 제품 개발, 서비스의 활성화 지원 방안 등 맞춤형 건강관리에 필요한 정책과 지원 계획을 수립하고자 노력하고 있다. 특히 고령자와 암환자를 위한 새로운 유형의 특수 식품이 제조, 판매될 수 있도록 추진하고 있다.[27]

개인의 빅데이터로 개인맞춤 영양을 한다

구글의 검색 엔진, 유튜브 뮤직의 스트리밍 음악 서비스, 넷플릭스의 비디오 서비스, 아마존 온라인 쇼핑 사이트 등 세계를 주도하는 기업들의 서비스는 이미 개인들이 만들어내는 빅데이터와 인공지능을 기반으로 개인의 특성을 분석하고 개인이 원하는 것을 예측하여 서비스를 제공하고 있다. 이미 우리의 일상에 존재하는 빅데이터와 인공지능 기술은 인간 생활의 많은 영역을 변화시키며 개인맞춤 시대를 선도하고 있다. 구글의 에릭 슈미트Eric Schmidt 회장은 "개인화된 타깃팅의 힘 - 미래의 과학기술은 너무 좋아져서 사람들은 자신에게 맞춰지지 않은 것을 보거나 소비하려 하지 않을 것이다The power of individual targeting-the technology will be so good it will be very hard for people to watch or consume something that has not in some sense been tailored for them."라고 말했다.

인간은 생물학적으로 매우 다양하다. '인간 게놈 프로젝트'가 완료된 이후 사람들은 각자 다른 수많은 유전적 변이를 가지고 있음을 확인하게 되었고 개인마다 다른 질병에 대한 위험도에 영향을 미칠 것으로 연구되었다. 질병의 유전적 기초와 그로 인한 유전적 위험요인을 알게 되면서 유전자가 곧 개인의 건강과 의료에 혁명을 일으킬 것이라는 희망과 기대가 커지게 되었다. 개인의 유전자를 알면 기존의 '일률적인' 건강맞춤 영양 접근법과는 달리 개인마다 다른 질병에 대한 위험도를 더 정확하게 예측할 수 있고 개인맞춤 치료와 예방 전략을 처방할 수 있으리라 기대하고 있다.

미국의 오바마 전 대통령은 재직 당시 연구자, 환자, 의료서비스 제공자가 개인의 고유한 특성을 고려한 개인맞춤 치료를 개발하기 위해 협력할 수 있도록 '정밀의료 이니셔티브Precision Medicine Initia-tive'를 추진하였고 개인의 건강맞춤 영양에 있어 유전적 차이, 환경, 생활양식에 중점을 둔 의료 지원 정책을 펴기도 했다. 영양유전체를 기반으로 한 개인맞춤 영양 연구는 특정 영양소의 섭취와 대사에 영향을 미치는 유전적 변이를 확인하고 개인의 유전자에 따라 식이요법에 대한 반응이 다를 것이라는 전제하에 같은 영양 공급에 따른 개인의 차이를 예측하게 한다.

생명체를 이해하기 위한 생물학의 발전으로 생명체가 스스로를 표현하는 방식에 유전체genome, 전사체transcriptome, 단백질체pro-teome, 대사체metabolome, 후성유전체epigenome 등이 작용함을 알게 되었고,[28] 생물학과 전산학의 혁신적 진보로 개인을 표현하는 이러한 오믹스omics 정보의 분석이 가능해졌다. 인간은 각자가 유일무이한 독자적인 생물학적 오믹스 빅데이터를 가지고 있음을 알게 되었다. 최근 크게 진화한 오믹스 분석 기술은 개인이 부담할 수 있는 수준으로 비용이 낮아지고 있다. 이는 개인의 생물학적 데이터와 정보를

오믹스 기술을 이용한 영양과 개인 유전체(게놈) 간 상호작용 연구[28]

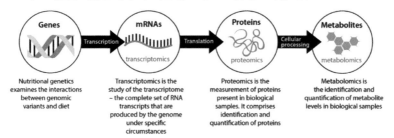

이용해 질병에 대한 위험도를 예측하고 개인맞춤 영양 처방으로 건강을 최상의 상태로 유지하는 예방 전략을 세울 수 있도록 전례 없는 기회를 제공하고 있다.

- 오믹스omics: 체내에 존재하는 모든 분자물질에 대한 정보. 오믹스 관련 학문은 체내에 존재하는 모든 분자물질에 대해 분석하고 생리학적 기능과 역할 그리고 질병과의 상관성을 연구한다.
- 유전체genome: DNA에 대한 정보
- 후성유전체epigenome: DNA 메틸레이션과 아세틸레이션 등의 유전체 수정modification에 대한 정보
- 전사체transcriptome: DNA에서 표현되는 RNA에 대한 정보
- 단백질체proteome: RNA에서 만들어지는 단백질에 대한 정보
- 대사체metabolome: 섭취한 음식물을 포함하여 외부에서 체내로 유입된 물질이 체내 여러 효소 반응(대사) 후 만들어내는 결과물에 대한 정보. 최근 인체 내 미생물(마이크로바이옴)이 체내 대사과정, 즉 대사체 형성에 매우 중요한 역할을 하는 것으로 알려졌다.

DNA피트의 인스타그램 광고

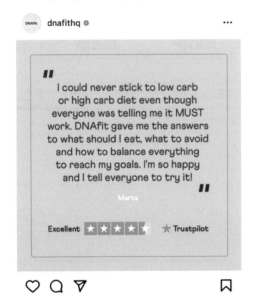

- 미생물군유전체microbiome · metagenome: 위, 장, 소변, 생식기, 비
  강, 구강, 피부 등에 서식하고 있는 미생물에 대한 정보

영양과 개인 유전체(게놈) 간 상호작용 연구는 인간의 유전 현상이 실제로 표현되는 과정에서 생성되는 전사체, 단백질체, 대사체 등의 오믹스와 영양 간 상호작용 연구로 이어진다. 오믹스 기술은 개인의 건강상태를 측정하거나 식이중재 후 변화된 건강상태를 확인하기 위한 바이오마커의 측정에 사용되고 있다. 오믹스 바이오마커들은 개인의 건강상태를 진단하기 위해 계속해서 연구되고 발굴되고 있다. 또한 개인맞춤 영양을 적용하기 위해 유전자 검사뿐만 아니라 후성유전체와 대사체까지 아우르는 여러 방식의 서비스가 개발되고

천랩(현 CJ바이오사이언스)이 과거 시도했던 장내미생물군집 분석 서비스(좌)와 프리바이오틱스 채소, 과일 꾸러미 배송 서비스(우)

시도되고 있다. 해외에서뿐만 아니라 국내에서도 DTC 유전자 검사 회사는 타액(침)이나 구강조직의 유전자를 분석해 식이, 영양, 신체 기능, 운동에 중점을 두고 여러 가지 서비스를 제공하고 있다. 고객의 유전자형 데이터를 기반으로 '유전자 매칭 식이'를 설계해 고객이 더 쉽게 체중을 감량하도록 돕고, 운동 중 신체가 선호하는 영양소가 무엇인지 알려주고, 어떤 유형의 운동이 가장 효과적인지 제안하기도 한다.

또한 최근 과학계에 커다란 이슈가 되는 몸속에 사는 미생물군집, 특히 장내미생물군집이 개인의 건강과 크게 연관된다는 연구보고가 쏟아져 나오면서 미생물군유전체 역시 한 개인의 생물학적, 생리학적 건강 표현에서 중요한 오믹스 요소로 떠오르고 있다. 인간의 건강과 질병이 개인의 장내미생물군집에 의해 크게 영향을 받으며 또한 영향을 주고 있다는 것이다. 특히 개인맞춤 영양에서 개인의 장내미생물군집의 차이는 특정 음식에 대한 대사 반응에 크게 작용하여 같은 식이에 대해 개인 간 반응 차이를 만든다. 앞서 소개한 같은 식단에 대한 혈당 반응이 개인의 장내미생물군집에 의해 예측될 수 있다는 우수한 연구결과들이 발표되면서 이에 대한 과학계의 관심이 몰리고 있다.[3, 29] 개인의 장내미생물군집을 분석해 그에 맞는 프로바이오틱스를 추천하기도 하고 장내미생물군집의 먹이를 공급하기 위한 프리바이오틱스가 되는 채소와 과일을 꾸러미 형태로 배송하는 서비스가 이루어지기도 했다. 또한 장내미생물군집의 대사산물인 포스트바이오틱스의 생리 활성 기능을 규명하고 이를 식품으로 개발하고자 하는 연구와 산업도 한창 진행되고 있다.

개인의 빅데이터 오믹스 내 생체분자물질은 사실 매우 복잡한 3차원의 그물과 같은 구조로 우리 몸속에 존재하며 개인의 질병에 대한 위험도나 건강과 연관된 생물학적 경로에서 특정 바이오마커의 선별을 가능하게 한다. 또 이러한 특정 바이오마커를 중심으로 개인의 특정 질병에 대한 위험도나 건강상태를 예측하고 진단할 수 있게 된다. 앞서 서술한 유전체학, 후성유전체학, 전사체학, 단백질체학, 대사체학, 그리고 최근 들어 미생물군집유전체학까지 개인 오믹스에 대한 통합된 이해가 가능해지면서 식품영양과학에 중요한 역할을 하게 되었고 식이중재에 따른 개인의 반응을 이해하는 데 적극적으로 활용되고 있다. 특히 대사체학은 식이중재 평가의 정확성을 높이기 위한 노력의 하나로 식품 섭취 후 이로 인한 신체(건강)의 변화를 판단하기 위한 바이오마커 개발에 핵심적인 역할을 하고 있다. 그리고 개인이 스스로 측정할 수 있도록 특정 건강상태의 지표로 사용될 수 있는 바이오마커 발굴이 요구되고 있다.

또한 개인마다 다른 환경의 차이는 인간의 다양성을 확장하는데 일란성 쌍둥이가 환경적 요인에 의해 서로 달리 성장하고 표현되는 예를 생각하면 쉽게 이해할 수 있다. 개인의 성별에 따라서 또 성장 과정 중 형성되었을 환경 요인, 종교, 거주지역, 직업, 식습관과 운동 습관을 포함하는 라이프스타일, 스트레스 상황, 외부세균, 환경오염, 화학물질 등에 대한 노출 정도는 생물학적으로 동일한 개체라도 개인을 건강적으로 달리 표현되게 하는 중요한 요소들이다.

이렇듯 인간은 생물학적으로, 환경적으로 매우 다양하다. 개인맞춤 영양은 이러한 유전적 배경, 장내미생물군집, 대사 능력, 노출된 환경과 같은 개인의 여러 가지 특성 중 하나 또는 이들의 조합을 바탕으로 한 식이 사항을 권장하여 건강한 삶을 유지하고 질병을 예방하며 관리하는 것을 목표로 하고 있다. 이는 개인의 유전자에 기반한 영양유전체학의 개념을 넘어 생리적, 환경적 차이에 따라 개인이 필요로 하는 영양소를 파악할 뿐만 아니라 동일한 식품과 영양소에 대한 개인의 반응을 디지털화하고 수집하여 알고리즘을 설계하는 것을 목표로 한다.

개인맞춤 영양을 실천하기 위해 기존의 연구 문헌, 공공 데이터베이스, 펍매드PubMed*에서 추출할 수 있는 광범위한 데이터를 정리하고 그것을 기반으로 해서 우리가 매일 먹는 농수축산물 – 식품(영양) – 건강(질병)의 연관관계를 연구하는 것이 매우 중요해졌다. 이를 위해서는 수천에서 수만 개의 성분으로 이루어진 식품복잡계foodome의 영양학과 약리학, 개인의 유전체, 후성유전체, 전사체, 단백질체, 대사체, 미생물군유전체로 구성되는 인체생리복잡계physiome와 환경노출복잡계exposome를 이해해야 한다. 그리고 이러한 빅데이터를 기

---

* 미국 국립보건원에서 제공하는 생물의학 분야 무료 검색 엔진

반으로 인공지능 기술을 활용한 특정 영양성분에 대한 반응군과 비반응군을 구분할 수 있어야 한다. 이는 개인에게 상당히 정교하게 맞춘 영양을 제안할 수 있을 것으로 기대하고 있다.

빅데이터와 인공지능을 기반으로 하는 맞춤형 식이 설계 기술 개발 연구가 이루어지고 있다. 개인에게 맞춘 또는 피해야 하는 농수축산물을 포함하는 일반 식품과 건강기능식품 등의 영양제뿐만 아니라 도시락, 가정간편식, 학교급식, 단체급식, 화장품, 스마트팜, 의약품, 한의학 등 다양한 영역의 연구와 산업으로 확장될 수 있다.

개인맞춤 영양 또는 정밀영양이라는 용어는 개인의 생물학적 차이(유전적 요소)를 바탕으로 질병에 대한 위험도와 이를 적용한 예방과 치료로서 정밀의학과 맞물린 개념으로 시작되었다. 하지만 최근 들어 개인의 영양관리에서 유전적 요소뿐만 아니라 환경과 생활습관 등 다양하고 독특한 환경적 요인이 함께 맞물려 중요하게 작용한다는 것이 연구로 밝혀졌고 개인맞춤 문화와 트렌드가 형성되면서 개인맞춤 영양 또는 정밀영양이 꼭 오믹스를 염두에 두기보다 개인의 생활패턴과 건강목표를 염두에 둔 용어로 크게 확장되어 사용되고 있다.

이에 따라 개인의 건강을 대표할 수 있는 다양한 요소들, 즉 개인 유전자, 장내미생물군집, 대사체, 생활패턴과 습관, 건강과 식이와 영양상태, 건강목표, 기호도와 선호도 등 따로 또는 같이 계산되어 다양한 형태의 개인맞춤 식품으로 서비스될 전망이다.

7

개인맞춤 영양 과학이 발전하기 위해 해결해야 할 숙제는 무엇인가

———— 건강한 삶을 유지하기 위한 산업과 연구에서 '먹는 것'만큼 중요한 것이 있을까? 인간은 하루에 세 끼를 먹고, 수시로 먹고, 때때로 먹고, 늘 항상 무언가를 먹고 마시며 완벽하게 스스로 먹은 것으로 구성되어 있다. 하지만 "나는 무엇을 먹어야 하는가?" 또는 "나에게 필요하거나 맞는 음식과 영양제는 무엇인가?"에 대한 질문에 대해 얼마나 잘 알고 있을까? 분명한 것은 모든 사람을 위한 단 하나의 최적의 식단은 없다는 것이다.

4P인 예측prediction, 예방prevention, 개인맞춤personalization, 참여participation에 중점을 둔 정밀 건강관리의 개념이 주목받고 있다. 이미 시장은 개인맞춤 식품과 영양을 제안하고 공급하기 위해 빅데이터와 인공지능 기술을 도입하여 개인의 질병을 예측하고 예방하고자 개인맞춤 서비스를 제공하고 개인의 참여를 유도하고 있다.

하지만 숨 가쁘게 형성되고 있는 개인맞춤 영양 서비스와 이에 대해 비현실적으로 높아진 기대치에 대한 관리는 학문적 연구와 과학적 검증이 동반되어야 할 필요가 있다. 개인맞춤 영양이 임상적으로 검증받고 공중보건 환경에서 널리 사용되기 위해서는 아직 많은 연구가 필요하다. 개인 식이의 질을 개선하고 개인의 질병을 예방하고 관리하기 위한 개인맞춤 영양이라는 분야와 공중보건 영양 분야의 균형을 맞추기 위한 연구를 지속해야 한다. 전문가들은 질병 예방을 위해 인구 전체 중 개인에게 맞춘 영양을 권장하기에는 아직 이르다고 판단하고 있다. 또한 사회적 취약 계층을 포함하는 공중보건 권장 사항에 반하여 실행해서는 안 될 것들을 권고하고 있다.[30, 31]

현재 개인맞춤 영양 연구와 이를 기반으로 형성되는 산업은 여전히 많은 비용을 요구하는 오믹스 분석과 질병별, 개인별 맞춤을 위한 바이오마커의 부재 등의 어려움이 있다. 특히 개인맞춤 영양 연구에서 일반적으로 나타나는 현상은 개인 내 오믹스 값은 변화가 크지 않은 반면에 개인 간 오믹스 값은 변화가 매우 커 결과를 해석하기가 어렵다는 점이다. 현재의 개인맞춤 영양은 연구 설계의 방법론적 문제, 고차원 데이터의 분석과 해석, 재현 가능한 결과의 부족 등 여러 문제에 직면해 있다. 전통적인 평균적 영양 개입 접근법을 넘어 개인맞춤 영양의 효능, 비용, 효율성, 추가 이점을 뒷받침하기 위한 충분한 증거도 필요하다.

많은 DTC 유전자 검사 회사들은 영양유전체학을 기반으로 한 DNA 검사가 어떤 음식을 먹어야 하는지에 대해 지침을 제공한다고 마케팅하지만 과학계에서는 이를 뒷받침할 높은 수준의 근거가 부족하다는 평가다.[11, 30] 이들 서비스는 목표하는 건강 결과를 얻기 위해 만들어진 알고리즘을 사용하는 실제 환경에서 식이 변화의 효능과 효과를 시험하는 잘 계획된 높은 수준의 무작위대조시험(예를 들어 이스라엘의 개인맞춤 영양 연구PNP와 같은 연구)의 증거가 기반이 되어야 한다. 그러나 이는 상당한 비용이 들 뿐만 아니라 서로 다른 라이프스타일을 가진 많은 사람이 정해진 식단을 오랜 기간 준수해야 하는 매우 어려운 연구다. 또한 산업계에서 이러한 연구들에 대한 자금을 지원받게 되면 아무래도 그 영향력에서 자유로워지기가 쉽지 않다. 그럼에도 불구하고 개인맞춤 영양 과학기술이 미래 사회에 매우 중요할 것임을 뒷받침할 증거들은 이미 충분하다.

디지털 웹 또는 앱을 기반으로 이제 막 시작된 개인맞춤 영양 서비스들은 개인의 건강정보를 수집하고 이에 대한 피드백을 제공하기 위해 개발되고 있다. 현재는 간단한 설문과 유전자검사 등으로 시작되고 있지만 개인맞춤 영양이 실제로 사람들에게 도움이 되려면 개인의 생리학, 식이와 약물, 환경 데이터를 모두 포함하는 매우 포괄적인 빅데이터와 정교한 인공지능이 개발되어야 한다. 그러나 이는 하나의 연구집단이나 기업이 감당할 수 있는 내용이 아니다. 인체 생리학, 영양학, 약리학, 식품학, 전산학, 의학을 아우르는 융합연구집단과 병원, 기업을 중심으로 구성된 거대한 컨소시엄이 잘 짜인 플랫폼 내에서 상호작용하며 협력할 때 가능하다.

완전한 과학은 없다. 개인맞춤 영양 과학은 차츰 '나는 누구인가?' '우리는 누구인가?'에 대한 생물학적, 환경적 해답을 얻기 위해 진보할 것이다. 그리고 아직 오믹스를 기반으로 하는 개인맞춤 영양의 과학적 증거가 완전하지 않더라도 관련 기술이 급성장하는 만큼 시행과 착오를 반복하며 발전해나갈 것은 분명하다. DTC 유전자 검사회사는 유전자 검사를 과학적 근거에 기반하여 분석, 해석하여 개인에게 유전 정보를 전달하고 개인의 전반적인 생활습관하에서 이러한 유전 정보에 근거하여 짜인 식이가 건강에 미칠 영향을 신중히 고려해야 한다. 다시 말해 충분한 과학적 근거에 기반한 유전 정보를 고객에게 제공할 수 있도록 지속적으로 깊이 있게 연구해야 한다.

스티브 잡스Steve Jobs는 "21세기의 가장 큰 혁신은 생물학과 기술의 교차점에 있으리라 생각한다. 새로운 시대가 시작되고 있다I think the biggest innovations of the 21st century will be at the intersection of biology and technology. A new era is beginning."라고 말했다. 우리는 이제 디지털과 생물학적 영역이 융합되는 시기에 도달하였다. 우리가 매일 마주하는 질문 '나는 무엇을 먹어야 하는가?'에 대한 답을 찾아가는 노력에서도 디지털과 생물학, 의약학, 식품학, 영양학은 반드시 융합되어야 한다.

2 장

개인맞춤 영양 산업은
어디까지 성장했는가

김해영

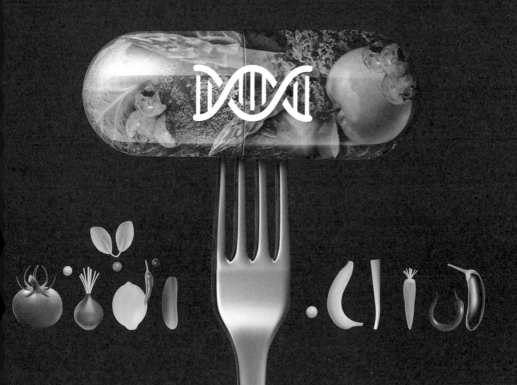

1

개인맞춤 건강기능식품 수요가
늘고 있다

2017~2018년 미국 질병통제예방센터cpc 통계를 보면 미국 20세 이상 성인의 약 60%가 지난 한 달 동안 건강기능식품을 복용한 것으로 나타난다. 여성은 64% 정도로 남성 51%에 비해 높게 관찰되었다. 특히 60세 이상 여성층은 80% 정도로 가장 많이 복용하는 것으로 보고되었다. 가장 흔한 건강기능식품은 비타민(특히 비타민 D), 미네랄 제제, 오메가3, 지방산 보충제였다.

매년 지속해서 증가하는 건강기능식품 섭취 트렌드는 오프라인 구매뿐만 아니라 이커머스의 발전에 힘입어 더욱 확장되었다. 특히 코로나19 시대를 거치면서 더욱 폭발적으로 성장하여 최근 통계에 따르면 미국인의 75%가 영양제를 복용한다고 한다. 미국 건강기능식품 시장 규모는 2021년에 484억 달러로 평가되었으며 2022~2030년까지 연평균 8.9% 성장할 것으로 전망된다.

건강기능식품을 구입해서 먹게 되는 가장 큰 이유 중의 하나는 면

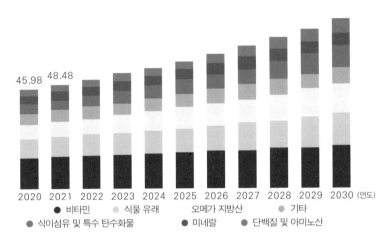

2020~2030년 건강기능식품 시장 규모와 트렌드 분석 리포트

(단위: 10억 달러)

45.98 48.48

2020 2021 2022 2023 2024 2025 2026 2027 2028 2029 2030 (연도)

● 비타민 　 식물 유래 　 오메가 지방산 　 ◆ 기타
● 식이섬유 및 특수 탄수화물 　 미네랄 　 ● 단백질 및 아미노산

역력이다. 코로나19 이전에도 주요 구입 동기였으나 코로나를 거치면서 더욱 관심이 커지고 있다. 또한 정신건강, 즉 우울감이나 불안 관련 수요나 불면증 관련 수요가 많았다. 그리고 전통적인 캡슐이나 태블릿 형태의 알약보다는 젤리, 액상, 파우더, 그래뉼, 설하정 등의 다양한 형태가 나오고 있다.

점점 더 많은 고객이 자신의 특정 건강과 웰빙 요구를 가장 잘 맞춘 건강기능식품을 찾고 있다. 이에 따라 DTC 맞춤형 건강기능식품 스타트업이 최근 몇 년간 급격히 발전하고 있다. 나에게 맞는 영양제는 무엇일까, 무엇을 먹어야 건강과 면역에 도움이 될까가 궁금하면서도 동시에 혹시 영양제를 과잉복용하게 되지 않을까 우려하는 고객의 니즈에 맞추어 설문과 검사를 통해 부족하지도 넘치지도 않게 개인맞춤 영양을 제공한다. 또한 트렌디한 디자인, 혁신적인 디지털 마케팅, 편리한 자사 웹사이트 구축, 매력적인 브랜딩을 앞세워서 고객을 끌어들이고 있다.

개인맞춤 영양Personalized Nutrition 또는 정밀영양Precision Nutrition 시장은 아직 산업화 초기 단계다. 하지만 앞으로 DTC 유전자 검사를 비롯하여 혈액 검사, 소변 검사, 장내미생물 검사 등이 활성화되고 모바일 앱을 통한 헬스케어 관리, 개인 라이프스타일 분석, 빅데이터 기반의 인공지능 알고리즘 고도화, 건강기능식품 시장의 성장 등이 동반되면서 지속해서 확장될 것으로 전망된다. 스타트업 중심으로 주도권을 확보하여 다양한 시도를 하며 발전해왔다. 최근에는 대기업도 적극적으로 관심을 가지고 앞다투어 진출하고 있다.

현재 고객은 비타민과 미네랄 등의 영양제 정보들이 복잡하고 많은 제품 중 어떤 제품의 신뢰도가 높고 효과가 좋은지 판단하기 어려워 광고나 지인 소개 등에 의존하여 건강기능식품을 구입하고 있다. 이러한 미충족 요구unmet needs가 고객의 건강과 영양 상태에 맞추어 추천하는 서비스로 충족될 것으로 기대된다.

기존 간단한 유전자 검사 등을 토대로 맞춤형 건강기능식품과 식품 추천을 시도했던 극 초기 업체들의 유전자 검사결과 정확도에 대한 불신과 알고리즘으로 추천받은 제품이 잘 맞지 않았던 경험, 복잡한 검사결과에 대한 이해 부족, 자가진단 결과 해석의 어려움 등으로 인해 초기 맞춤형 건강기능식품에 만족하지 않았던 고객까지도 아우를 수 있도록 추천의 정확성을 높이고 초개인맞춤화를 이루는 것이 필요하다.

빅데이터 기반의 고도화된 알고리즘을 통해 추천하는 것은 물론이고 앞으로는 웨어러블 데이터를 통한 고객 개개인의 생활패턴, 건강정보, 의사를 거치지 않고도 가능한 검사 중에 정확한 정보 제공과 해석이 가능한 것들을 잘 조합하여야 한다. 또한 고객 입장에서 정말 나에게 필요한 제품을 추천받았다는 만족감과 함께 실제로 섭취 후의 건강상태나 증상이 개선되는 긍정적인 피드백을 받을 수 있어야 구독 모델로서도 성공할 수 있다.

현재 해외에서 널리 알려진 맞춤형 건강기능식품들은 주로 설문 알고리즘, 유전자 검사, 혈액 검사, 장내미생물 분석 등을 통해 제공하고 있으며 드물게 소변 검사, 모발 검사, 대사체 분석 등을 활용하기도 한다.

해외 실제 상용화 사례

페르소나

2017년 워싱턴에서 시작한 페르소나Persona는 맞춤형 건강기능식품 회사로 의사와 전문 영양사가 만든 자세한 설문에 기반한 알고리즘으로 필요한 성분을 맞춤형으로 추천한다. 서비스 개시 4년 만에 100만 명의 설문 데이터를 모았으며 더 나아가 맞춤형 건강기능식품을 구독하는 고객 대상으로 전문 영양사의 조언도 제공한다. 실제 설문을 해보니 결과 화면에 무엇을 먹어야 하며 하루에 얼마를 투자하면 되는지 쉬운 표현으로 설명했고 한국 배송도 가능했다. 90개의 제품을 통해 약 5조 개의 맞춤형 제품 조합이 가능하며 월 3만~10만 원대로 제공하고 있다. 2019년 네슬레에 2,300억 원에 인수되었다.

페르소나

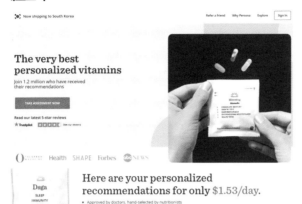

케어오브

케어오브_{Care/of}는 설문을 통해 맞춤형 건강기능식품과 단백질 셰이크를 비롯한 음식을 추천하는 회사로 2016년 설립되었으며 현재까지 약 700만 명의 사람들이 설문에 참여했다. 알고리즘 설문을 통해 개인에게 맞는 제품을 추천하여 집 앞까지 배달하며 다양한 상품군과 세련된 디자인으로 인기를 끌었다. 2020년 9월 바이엘에 약

케어오브

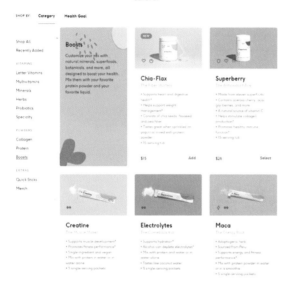

2,500억 원에 인수되었다.

베이즈

베이즈Baze는 혈액 검사를 통해서 비타민, 미네랄, 오메가3와 같은 영양소의 정도를 파악하여 부족 또는 과잉으로 인해 추후 발병할 수 있는 증상에 대하여 과학에 기반한 리포트를 제공한다. 그리고 결과

베이즈

에 따라 맞춤형 건강기능식품과 식품을 추천하여 고객의 건강목표 달성을 돕는다. 베이즈 앱에서 개인적으로 필요한 영양소를 확인하여 푸드가이드를 통해 맛있고 영양 높은 식사와 간식을 찾아 배달시킬 수 있다.

루틴

2018년 미국 테네시주에 설립된 루틴Rootine은 유전자 검사와 혈액 검사를 통해 맞춤형 건강기능식품을 추천한다. 유전자 검사 키트로 유전자 정보를 얻고 손가락 끝에서 채혈한 혈액을 통해 비타민 B, 비타민 D, 비타민 C, 오메가3, 호모시스테인과 수은, 카드뮴, 셀레늄, 아연, 구리, 마그네슘 등의 미네랄 수치, 염증 수치를 파악하여 부족

루틴

한 영양을 맞춤형으로 보충할 수 있도록 한다. 혈액으로 하는 비타민 검사는 총 220달러이며 DTC 유전자 검사는 99달러가 든다.

루틴은 마이크로비즈microbeads를 활용해 초개인화 맞춤형 영양제를 제공하고 있다. 비즈의 수를 조절하여 특정 영양소를 밀리그램에서 마이크로그램 단위로 투여할 수 있으며 고객의 검사결과에 맞춰 영양소를 미세조정하여 최적의 배합으로 제공한다. 복용 후 재검사를 하여 혈액의 영양소 레벨이 균형을 이룬 것을 확인할 수 있다. 필요한 영양소를 정확한 양으로 섭취하여 세포 활성화를 돕는 것을 모토로 한다.

바이옴

바이옴Viome은 장내미생물 검사에서 얻은 데이터를 인공지능으로

바이옴

분석하여 개인맞춤형 식품, 건강기능식품, 프리바이오틱스와 프로바이오틱스를 추천하는 영양유전체학 회사다. 개인의 독특한 미생물 생태계를 분석하여 어떤 식품을 현재 식단에 추가해야 하고 제외해야 하는지에 대한 정보와 이유를 제공하며 개인맞춤형 비타민과 미네랄을 추천하고 공급한다. 또한 장의 상태나 염증 정도에 대한 데이터를 같이 제공한다. 2016년에 설립되었으며 현재 약 40만 명의 고객이 검사를 진행하였다.

너리시드

너리시드Nourished는 맞춤형 건강기능식품으로 젤리를 추천하는 재미있는 회사다. 3D 프린팅을 이용하여 젤리의 레이어를 각각 다른 색상의 비타민, 미네랄 또는 기능성 유효 성분으로 제조한다. 젤리라는 특성에 맞추어 최근 어린이용 사업을 확장하였다. 맛과 성분을 직접 선택할 수 있고, 간단한 설문을 통해 추천받은 조합으로 젤리를 주문할 수도 있다.

설문 알고리즘이나 검사 기반의 맞춤형이 아니라 특정 상황을 타깃으로 한 맞춤형 제품도 있다. 남성 맞춤형, 여성 맞춤형과 같은 성별에 따른 주요 니즈를 분석한 제품, 생리전증후군과 같은 특정 상황을 돕기 위한 제품, 불면을 여러 단계로 나누어 개선을 돕는 맞춤형 제품 등이 있다. 또한 기존의 천편일률적인 원재료명 위주의 네이밍을 증상별로 바꿔서 브랜딩하기도 하고 알약 제형이 아니라 액상 파우치 형태나 씹어 먹을 수 있는 젤리나 환 형태로 증상별 맞춤형 제품을 제공하는 등 식품과 건강기능식품을 넘나드는 다양한 시도가 이루어지고 있다.

루틴

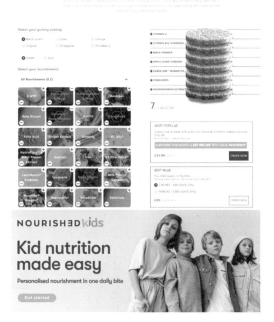

에프엘오

2018년 설립된 에프엘오FLO는 생리전증후군PMS, Premenstration Syndrome으로 고통받는 여성들을 타깃으로 만들어졌다. 에프엘오의 젤리를 복용함으로써 생리전증후군으로 힘들어하는 여성들이 매달 기복 없이 편안한 기분을 느끼도록 하는 것을 목표로 한다. 여성에게 에너지를 북돋아주고 능동적인 여성이 되도록 하고 셀프케어를 통

에프엘오

해 자신의 컨디션을 관리하면서도 재미를 잊지 않는 브랜드를 표방한다. 현재는 20~40대 여성들의 니즈에 맞추어 피부, 면역, 식이섬유(배변) 등으로 영역을 확장하고 있다. 핑크색 웹사이트로 감성 브랜딩을 하였고 제형은 알약이나 젤리 중 선택할 수 있도록 하였다. 생리전증후군은 매달 같은 주기로 경험하게 되므로 구독 서비스를 권유하고 있다.

프라퍼

프라퍼

　미국 인구의 11%가 만성 불면이고 70%는 최근 한 달간 불면을 경험하였다는 통계가 있다. 프라퍼Proper는 미국에 만연한 불면증 시장을 겨냥한 맞춤형 건강기능식품 회사로 수면에 도움이 되는 성분들을 여러 방식으로 배합하여 제품을 만들고 있다. 잠이 들기 어려운 불면인지, 유지가 어려운 불면인지, 불면 때문에 졸리고 힘든 시간이 오전인지 오후인지 등 불면과 관련된 여러 생활 문제들을 분류하여 그에 맞는 제품들을 구상하였다. 앱을 통해 수면 로깅 데이터를 수집하고 전담 수면 코치의 상담을 제공하는 양방향 소통으로 불면증을 해결하고자 한다.

래웰니스

2019년 설립된 래웰니스RAE wellness는 모든 사람의 웰빙을 표방하는 스타트업으로 형광색을 활용한 트렌디한 패키징에 비건과 유전자 조작하지 않았다Non GMO는 것을 내세우고 있다. 래웰니스의 설립자가 2018년에 영양제를 사러 갔다가 그 많은 영양제 중 자신의 기분과 상태를 대변해주는 것을 찾지 못해서 좌절한 경험을 바탕으로 고객의 니즈에 맞춘 제품을 만들고 있다. 그래서 영양제의 상품명이 비타민, 미네랄, 허브 등 영양분이나 원료의 이름이 아니라 에너지, 기분, 수면, 스트레스와 같이 필요에 맞게 고를 수 있도록 네이밍되어 있다. 전반적으로는 멀티비타민을 비롯하여 유산균 등 기본적인 라인업을 지니고 있다. 여기에 더해 멘털과 관련된 스트레스 완화, 무드, 수면 등의 제품과 여성들이 많이 선호하는 해독, 임신, 콜라겐, 이너뷰티 등의 제품을 보유하고 있다. 제형도 알약, 물약 등의 형태를 갖추고 있다. 특이하게 유산균을 포함한 프로바이오틱스 초콜릿이나 아슈와간다, 타이로신, 라벤더 등을 함유한 디스트레스 초콜릿 등을 개발해 기능성 식품도 같이 판매하고 있다.

젬

2018년 캘리포니아에서 시작된 젬GEM은 '음식이 약이다.'라는 슬로건 아래 식물 유래 원료로 사람들이 더 건강해질 수 있고 지속가

래웰니스

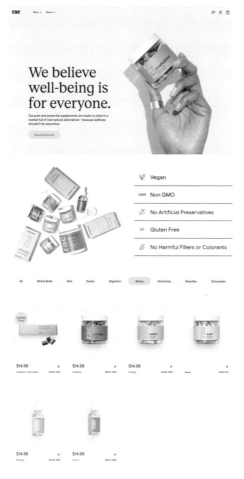

능한 영양이 가능하다고 믿는 스타트업이다. 이 회사는 많은 영양제가 부형제나 보존료 등을 넣는 것에 강한 의구심을 갖고 첨가물이 들어가지 않은 리얼 푸드 제조를 표방하고 있다. 가공되지 않은 다양한 홀푸드를 원료로 사용하며 홀리스틱한 디자인을 내세운다. 과도하게 가공되어 오히려 영양이 부족해진 정제된 음식에서 벗어나 세포

젬

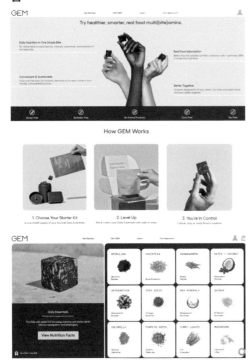

에 깊은 영양을 줄 수 있는 실제 음식을 큐브 형태로 압축하여 만들었다. 설립자는 캡슐이나 젤리 등 기존의 영양제 제형이 아니기 때문에 사실상 영양제라고 할 수는 없지만 건강한 천연 음식을 담고 있어서 영양제 이상의 가치를 지닌다고 믿는다고 말했다. 전통적인 보충제의 인공적이고 화학적인 성분에 민감한 설립자는 근본적으로 천연 음식에서 기원한 식물들로 밀도가 높은 압착 큐브 형태를 만들었다.

에이트그린

2015년 뉴욕에서 시작한 에이트그린8green은 대다수 미국인이 1일

에이트그린

권장량에 필요한 채소를 섭취하지 못한다는 사실에 기반하여 시작되었다. 건강에 좋은 성분과 다양한 채소로 구성된 보충제와 물에 타 먹는 정제, 젤리, 추어블, 사탕 등을 제조한다. 이 회사의 CEO는 20대의 젊은 나이에 3기 암 진단을 받은 후 좋은 영양의 필요성을 느껴서 회사를 설립하였다. "의사들이 더 이상 해결책이 없다고 했지만 저는 해결책을 찾아 나섰습니다. 운 좋게도 해결책을 찾았고 스마트 영양

의 가치를 발견하였습니다."라고 한다. 몸을 건강하게 회복해주는 스마트 영양에 우선순위를 두게 되어 가족과 지인에게 권유하게 되면서 비즈니스를 확장하였다. 어떤 인공적인 향이나 첨가물 없이 채소를 압축하여 파우더나 정제 등의 다양한 형태로 구성하였으며 시간과 장소에 구애 없이 편하게 8가지 채소를 어디서나 먹을 수 있게 하였다.

건강과 웰빙이 초점이 되는 시대가 가속화되고 있어서 이외에도 다양한 방법으로 맞춤형 건강기능식품을 제공하는 업체들이 많아지고 있다. 앞으로도 탄탄한 브랜딩과 혁신적인 비즈니스 모델을 가지고 독창적인 솔루션을 제공하는 새로운 스타트업이 계속 생겨나고 시장도 지속적으로 확장될 것으로 전망한다.

2

국내에서도 다양한 기업들이
준비하고 있다

━━━ 국내에서도 다양한 업체들에서 맞춤형 건강기능식품을 준비하고 있다. 한국건강기능식품협회에 따르면 2021년 국내 건강기능식품 규모는 약 5조 500억 원으로 최초로 5조 원을 돌파하였다. 특히 한국도 예외가 없이 전 세계를 강타한 코로나19의 영향으로 개인 면역, 건강관리, 웰빙에 대한 관심도가 증가하였고 건강기능식품 구매 증가로 이어졌다.

위드 코로나 시대가 되었지만 관심도가 줄어들지 않고 지속적으로 증가하여 질병 치료보다는 질병 예방에 관심을 가지는 고객이 늘어날 것이며 시장도 그에 맞춰 성장할 것으로 생각된다. 하지만 이미 많은 업체가 앞다투어 제품을 출시하고 있다. 최근에는 전문 의약품을 만드는 제약회사, 화장품을 만드는 뷰티 업계, 식품을 전문으로 하는 식품회사까지 건강기능식품 제조에 뛰어들고 있다. 기존의 대기업이나 건강기능식품 전문 업체 제품들과 경쟁에서 이기려면 충분한 시장조

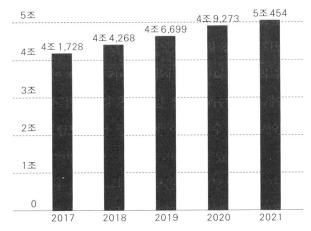

국내 건강기능식품 시장 규모 (단위: 억 원)

- 2017: 4조 1,728
- 2018: 4조 4,268
- 2019: 4조 6,699
- 2020: 4조 9,273
- 2021: 5조 454

(출처: 한국건강기능식품협회)

사와 고객의 니즈를 분석하여 발맞추어 나가는 것이 필요하다.

시간이 좀 걸리더라도 고시형 원료가 아니라 개별 인정형 원료를 확보하여 카피가 어려운 제품을 출시하거나, 좁고 정밀한 소비자 타깃팅을 통해 미충족 수요를 공략하거나, 탄탄한 브랜딩을 통해 차별화하거나 개인맞춤형 제품을 추천하는 등의 전략이 뒷받침되어야 한다.

국내에서는 2020년 7월부터 2년간 풀무원건강생활, 아모레퍼시픽, 한국암웨이, 코스맥스앤비티, 한국허벌라이프, 빅썸, 모노랩스 7개 업체의 152개 매장에서 개인의 생활습관, 건강상태, 유전자 정보 등을 바탕으로 한 맞춤형 건강기능식품을 소분해서 판매할 수 있도록 규제 샌드박스로 시범 운영되고 있다. 추후 한국야쿠르트, 한풍네이처팜, 녹십자웰빙, 누리텔레콤, 다원에이치앤비, 바이오일레븐, 온누리H&C, 유니바이오, 투비콘, 필로시스헬스케어 등 10개사가 추가로 승인되어서 총 17개사가 맞춤형 건기식 서비스를 만들 수 있게 되었다.

현재는 대부분 알고리즘 건강 설문 방식이나 유전자 검사 등을 토대로 맞춤형 제품을 추천하고 있다. 해외처럼 혈액, 소변, 모발, 대사체 검사를 통해 맞춤형 식단이나 건강기능식품을 추천하는 것은 여러 규제와 얽혀 있어 상용화되지 못하고 있다. 장내미생물 검사도 분석을 통해 개인의 장 상태에 맞는 맞춤형 유산균이 나오고 있다. 하지만 아직 장내미생물에 맞는 전반적인 건강기능식품이나 식품 추천까지 활용하지는 못하고 있다.

국내 실제 상용화 사례

핏타민

핏타민은 개인맞춤형 건강기능식품 추천 서비스로 약사와 일대일 상담을 통해 하루 1팩 건강기능식품을 설계하는 것이 가장 큰 특징이다. SCI급 논문 4,000여 편을 기반으로 설계된 알고리즘이 탑재된 설문으로 건강습관을 파악한 후 약사와 일대일 상담하여 최적의 개인맞춤형 건강기능식품을 추천한다.

건강기능식품을 개별로 구매해 섭취해야 했던 불편함을 개선해 정기구독 시 하루에 필요한 건강기능식품을 1팩씩 포장한 제품을 집으로 배달받는다. 알고리즘을 통해 불필요한 성분을 제외하고 영양성분과 약물의 상호작용을 고려하여 제품을 제공할 뿐만 아니라 약사와의 밀착상담을 더해 제품을 제공하기 때문에 건강기능식품의 오남용을 줄이고 안전한 섭취를 돕는다. 더불어 변화한 건강 컨디션

핏타민

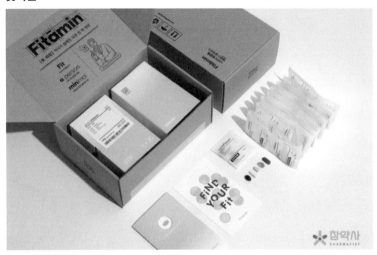

에 따른 재설문과 재상담으로 제품 구성 변경이 가능한 유연성도 갖추었다.

닥터팩

녹십자웰빙에서 만든 닥터팩Dr. Pack은 마이헬스체크라는 자가문진을 통해 고객이 자신의 건강상태를 체크하면 상담사가 직접 방문하거나 화상으로 맞춤 상담을 진행한 뒤 필요한 영양성분별 맞춤 팩을 구성하여 배달하는 형태로 진행하고 있다.

마이팩

암웨이의 마이팩My Pack도 자체 알고리즘을 기반으로 한 문진을 통해 소분된 건강기능식품을 추천하고 화상 상담을 통해 고객이 자신에게 맞는 제품을 선택할 수 있도록 돕고 있다.

마이팩

퍼팩

풀무원은 개인맞춤형 건강기능식품 소분판매 서비스인 퍼팩Per-pack을 론칭하여 송파구 올가직영점에서 1호 매장을 오픈했다. 퍼팩은 퍼스널 원 팩Personal One Pack의 약자로 퍼팩 알고리즘을 통해 개인에게 맞는 건강기능식품을 하루 1팩으로 제공하겠다는 의미를 담고 있다. 소속 영양사가 설문조사를 통해 개인의 건강상태, 생활습관, 유전자 분석 등을 참고하여 적절한 건강기능식품을 추천한다.

아이엠

모노랩스의 아이엠IAM은 의사가 설계한 빅데이터 기반의 설문을 통해 맞춤형 성분을 1팩씩 소분하여 담아 추천하고 있다. 전국 직영

퍼팩

아이엠

점과 제휴약국 약 20여 곳에서 오프라인 상담도 제공하여 영양제 추천과 정기배송을 시행하고 있다.

자회사인 집중력연구소는 2021년 9월 출범하여 공부할 때 먹는 젤(공먹젤)과 같은 스마트 스낵과 건강기능식품으로 확장하고 있다. 추후 어린이용 맞춤형 건강기능식품도 2022년 하반기를 목표로 출

에이미

시를 준비하고 있다.

에이미

에너지밸런스의 에이미Aimee는 건강정보의 비대칭을 해결하여 올바른 영양제를 추천하고자 설립되었다. 빅데이터 기반의 영양제 및 의약품 분석 서비스를 제공하고 있다. 또한 식품의약품안전처가 인정한 약 3만 개의 영양제 정보를 바탕으로 맞춤형 건강기능식품을 추천함으로써 스스로 건강한 삶을 만들 수 있도록 돕는다.

필리

케어위드가 운영하는 필리는 3분 정도 소요되는 건강 설문을 통해 자체 제작한 개인맞춤 영양제를 추천하며 정기구독을 통한 필리케어로 섭취를 관리한다. 2018년 론칭 후 개인맞춤 영양제 누적 건수가 60만 건에 이른다고 한다.

건강비밀

2018년 약사가 만든 인공지능 개인맞춤 영양제 추천 플랫폼인 건강비밀은 고객의 연령, 성별, 식습관 등의 특성을 설문 알고리즘을 통해 분석하여 추천한다. 차별화 포인트로 약물 과다복용 방지와 서비스 확장성을 내세우고 있다. 시중에 등록된 수만 개의 건강기능식품이 유통될 수 있도록 데이터베이스와 알고리즘 등을 유연하게 설계했다고 한다.

닥터뉴트리

특별히 대기업 중 CJ제일제당은 급성장한 국내 건강기능식품 분야의 주도권을 잡기 위해 건강사업부를 분할하여 CJ웰케어를 설립하였다. 건강한 삶을 위한 웰니스 관련 사업을 미래 먹거리이자 4대 성장엔진 중 하나로 보고 적극적으로 투자와 지원을 하고 있다. 이원다이에그노믹스EDGC와 한국인 맞춤형 건강기능식품 공동개발 협약을 맺고 한국인 유전자 유형별 건강기능식품인 닥터뉴트리를 출시

닥터뉴트리

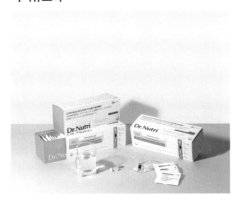

하였다.

2022년에는 알팩과 공동개발 협약을 맺고 팻다운, 이너비, 전립소 등 20여 년간 축적된 건강기능식품 관련 연구개발 노하우를 바탕으로 CJ 개별 인정형 원료들을 적용한 개인맞춤형 건강기능식품과 서비스를 출시할 예정이다.

MY바이탈뷰티

아모레퍼시픽이 출시한 이너뷰티 솔루션 브랜드 MY바이탈뷰티는 개인의 건강상태와 생활습관 등을 기반으로 보충해야 하는 영양소를 고려하여 건강기능식품을 추천하고 소분판매하는 서비스를 제공하고 있다.

MY바이탈뷰티

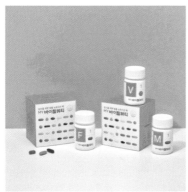

퍼스널셀렉스는 매일헬스뉴트리션의 개인맞춤형 건강기능식품 추천 서비스로 20여 명의 생명과학, 약리학, 임상의료, 데이터분석 분야의 전문가들이 개발한 특허받은 알고리즘을 기반으로 보다 정확

퍼스널셀렉스

하게 우리 몸의 건강상태를 분석하여 총 9가지(상세 13항목) 건강 항목에 대한 상태를 점수로 제공하고 있다. 기본적인 건강기능식품뿐만 아니라 셀렉스만의 특화 제품인 '단백질 및 장 건강 제품' 등 차별화된 제품을 추천하는 것도 가능하다.

마이퍼즐

뉴트리원은 규제특례 대상 사업자로 선정된 코스맥스엔비티와 협업하여 소분판매가 가능한 맞춤형 건강기능식품인 마이퍼즐을 출시하였다. 건강 설문과 1:1 전문가 상담을 통한 분석으로 최적의 영양

마이퍼즐

성분을 조합해서 추천하며 구독서비스도 제공하고 있다.

롯데는 700억 원을 출자하여 롯데헬스케어를 설립하고 맞춤형 건강기능식품뿐만 아니라 헬스케어 플랫폼을 선보일 예정이다. 신세계는 고바이오랩과 손잡고 건강기능식품 합작사를 설립한다고 한다. 그 외에도 다양한 기업들이 알고리즘을 더욱 정교화하고 데이터 분석 기술을 향상하여 정말 잘 맞는 맞춤형 건강기능식품을 만들기 위해 노력하고 있다. 정부도 맞춤형 건강기능식품이 최신 식품 소비 트렌드를 반영하여 식품 산업의 새로운 성장동력이 될 것으로 기대하고 있다. 그에 따라 다양한 방법으로 규제를 지원하기 위해 노력하고 있어 더욱 기대된다.

3

식품 기업들이 맞춤식단을
시도하고 있다

━━━ 건강기능식품뿐만 아니라 개인에게 필요한 영양 맞춤형 식품, 연령별 맞춤형 식품, 케어푸드에 대한 니즈가 증가함에 따라 많은 식품업계에서 맞춤형 식품을 시도하고 있다. 해외뿐만 아니라 국내에서도 그 움직임이 활발하다.

유전자, 혈액, 소변, 대변, 모발 등의 여러 검사결과나 개인의 식습관, 라이프스타일 로깅 등의 데이터를 기반으로 각자 개인에게 맞는 영양 성분을 추천하는 모델이나 특정 질병 또는 영유아, 시니어, 임산부처럼 특정 생애주기에 맞는 맞춤형 식품을 제안하는 모델 등으로 이루어져 있다.

국내 기업

디자인밀

풀무원에서 출시한 디자인밀은 개인의 건강정보와 설문을 토대로 영양상태와 라이프스타일에 따라 개인맞춤형 식단을 추천하고 있다. 2021년에는 스스로 건강을 챙기고자 하는 셀프메디케이션self medi-cation 트렌드에 맞춰서 집에서 편하게 개인의 건강상태를 확인할 수 있는 장내미생물 및 유전자 분석 서비스를 통해 맞춤형 식단과 생활습관을 제안하였다. 2022년에는 디지털 기반 맞춤형 식단관리를 위해 디자인밀 모바일 앱을 출시하여 고객 접점을 넓히고 있다.

닥터키친

닥터키친은 국내 식이요법 전문 기업으로서 2015년부터 국내 메이저 대학병원들과 여러 연구를 통해 당뇨 맞춤형 밀키트와 식단을 개발하였다. 이외에도 임신성 당뇨환자를 위한 맞춤형 임산부 식단, 암환자를 위한 항암 치료 중과 치료 후의 고단백, 면역, 영양 보충 등의 맞춤형 식단을 시기별로 제공하였다. 실제 고대안암병원에 입점되어 병원 직원과 환우들을 대상으로 건강한 맛집으로 입소문을 끌고 있다.

이외에도 당뇨환자용 다양한 간식과 단백질이 강화된 단백질 과자점, 저탄수화물 식단과 키토제닉 다이어트를 위한 키플Keple과 베지테리언, 플렉시테리언, 지중해 식단, 저당질식단 등의 다양한 식습관의 니즈를 만족시키기 위한 비스포킷Bespokeat 브랜드를 선보이며 신세계백화점 식음료F&B 매장과 자체 오프라인 매장을 통해 확장하

닥터키친

Dr Kitchen
NO.1 식이요법 전문 연구기업

| 당뇨 | 임신성당뇨 | 고단백영양(치료중) | 고단백영양(치료후) | 건강관리 |

SCI급 국제 학술지 JDI 게재
닥터키친-삼성서울병원 연구 논문
닥터키친 당뇨 식단 관리 효과 입증

JDi

아니요, 닥터키친이 집요하게 고민해서 먹는 즐거움을 되돌려 드릴게요

**셰프가 만들어 맛있고
풍성합니다**

특급호텔 출신 셰프진이 영양은 월등하면서
도 같은 맛을 낼 수 있는 국내/외 대체 식재료
를 활용하여 922여 개의 레시피를 개발하였
습니다.

**병원과 함께 검증하여
안전합니다**

국내 최고 수준의 대학 병원과 함께 임상시
험을 통해 식단 효과를 입증하였고, 2nd 임
상시험을 통해 유전자 맞춤형 식이요법 또한
효과를 검증하고 있습니다.

**반조리 형태로 편의성,
맛을 동시에 잡았습니다**

레시피에 필요한 식재료를 전처리 후 반조리
된 형태로 배송하여 10분 내 조리 완료 후 음
식의 가장 맛있는 상태로 식사할 수 있는 최
적의 식이요법 포맷입니다.

고 있다. 추후 마이크로바이옴과 유전자 등 개인의 건강 데이터를 활
용한 맞춤형 식단으로 발돋움할 예정이다.

맛있저염

2016년 설립된 맛있저염에서는 염분, 당뇨, 요오드를 조절할 수
있는 맞춤형 식단을 제공하고 있다. 식사요법 서비스를 구매한 고객
에게 임상영양사와의 일대일 상담과 건강데이터 기반 먹거리 큐레
이션 서비스를 제공하고 있다.

아이앤나

아워홈과 업무협약MOU을 체결한 임신, 출산, 육아 부분 전문 IT 기업 아이앤나는 산후조리원에서 얻은 식단 서비스 데이터를 기반으로 산모 맞춤형 식단 서비스를 개발할 예정이다.

마켓온오프

마켓온오프는 영양학 박사의 과학적인 데이터 분석을 통해 과민성 장증후군 환자와 같은 예민한 장을 지닌 사람들을 위한 저포드맵 식을 비롯하여 염분 조절, 당분 제한, 인칼륨 제한, 예비맘 케어 등의 맞춤형 케어식단을 제공하며 영양 관련 상담과 유전자검사 기반의 식단도 제공하고 있다.

해외 기업

해비츄얼

해외에도 상용화된 다양한 플랫폼이 있다. 해비츄얼Habitual은 2019년 설립된 스타트업으로 2형 당뇨환자를 위한 6개월 맞춤형 식단 및 관리 프로그램을 제공하고 있다. 그 외에도 맞춤형 식품TDR, Total Diet Replacement을 제공하고 있다. 고객이 앱을 통해 과학에 기반한 팀 케어를 받으며 같은 상황의 동료들과 활발한 교류를 하고, 매일 혈당과 체중 등을 기록하고 집에서 당화혈색소를 체크하여 당뇨의 호전 여부를 확인하도록 한다.

해비츄얼

The Habitual meal range

Green vegetable soup

A souper cocktail of greens awaits...
you'll enjoy it, no debate!

Learn more about the meals

데이투

데이투Day Two는 장내미생물(마이크로바이옴)을 인공지능으로 분석한 맞춤형 영양 처방을 통해 당뇨병을 비롯한 대사질환을 관리하는 것을 목표로 설립된 이스라엘의 스타트업이다. 개인의 장내미생물

데이투

을 분석하여 앱을 통해 맞춤형 식단을 추천하고 효과적인 혈당 전략을 알려준다. 데이투 사이트를 통해 받은 대변키트에 채변을 하여 보내면 40만여 종의 음식 중 어떤 음식이 나의 혈당에 더 영향을 줄 수 있는지에 대한 정보를 제공한다. 더불어 추천 음식과 피해야 할 음식을 알려주어 장내미생물 기반의 식생활을 할 수 있도록 돕는다. 단순히 칼로리 제한이나 탄수화물 제한을 통한 혈당 조절이 아니라 동일한 음식이라도 개인의 장내미생물에 따라 혈당 반응이 다를 수 있다

굿시

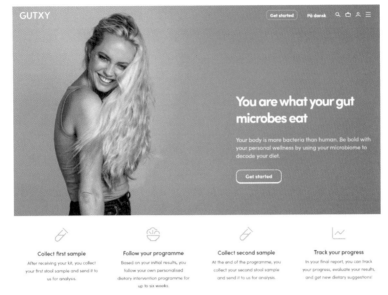

GUTXY　　　　　　　　　　　　　　　Get started　På dansk　🔍 🛒 👤 ☰

You are what your gut
microbes eat

Your body is more bacteria than human. Be bold with
your personal wellness by using your microbiome to
decode your diet.

Get started

Collect first sample
After receiving your kit, you collect
your first stool sample and send it to
us for analysis.

Follow your programme
Based on your initial results, you
follow your own personalised
dietary intervention programme for
up to six weeks.

Collect second sample
At the end of the programme, you
collect your second stool sample
and send it to us for analysis.

Track your progress
In your final report, you can track
your progress, evaluate your results,
and get new dietary suggestions!

는 이스라엘 바이츠만과학연구소의 연구를 기반으로 한다.

굿시

덴마크의 굿시Gutxy는 장내미생물을 분석하여 식이관리 프로그램을 제공한다. CEO가 10대부터 피부질환과 반복적인 항생제 처방으로 고통을 받았는데 마이크로바이옴 관리와 이에 맞는 식이를 통해 피부가 호전된 경험을 한 뒤 설립한 회사다. 대변을 통한 1차 장내미생물 분석을 통해 맞춤형 식이관리 프로그램과 음식을 추천하고, 장내미생물 상태를 확인하며 맞춤형 식이관리 프로그램을 끝낸 후에 2차 장내미생물 분석을 통해 변화를 확인하고 앞으로의 계획을 수립하는 리셋플러스RESET+ 프로그램을 진행하고 있다.

조

조ZOE는 장내미생물 연구로 유명한 유전역학자이면서 『다이어트 신화』의 작가로도 유명한 팀 스펙터Tim Spector가 설립자로 있는 회사다. 팀 스펙터는 1만 3,000명의 쌍둥이 연구를 통해 유전자가 같아도 음식에 대한 반응이 매우 다른 것을 관찰하며 장내미생물에 그 차이가 있음을 알아냈다. 개인의 장내미생물을 이해하고 맞춤형 식단과 영양을 제공하는 것이 필요하다고 보았다.

조는 대규모 영양학 연구인 프리딕트1의 데이터를 사용하고, 장내 미생물 검사를 기본으로 하고, 추가로 혈당과 혈액 내 지질 수치를 확인한다. 연구를 위해 특별히 제작된 머핀을 먹고 나서 인체의 반응을 확인하여 데이터를 비교함으로써 개별 신진대사와 장내미생물의 조합을 분석한다. 6주 후에 결과를 받게 되며 특정 음식에 대한 민감도, 혈당 변화, 염증 정도를 확인하여 개인맞춤 식이관리 프로그램을 제공한다. 앱을 통한 실시간 피드백과 영양 컨설턴트의 일대일 지원을 제공한다.

푸드마블

푸드마블Food Marble은 호기가스 분석 정보를 제공한다. CEO는 과민성 장증후군을 앓고 있는 아내를 위해 연구를 하다가 회사를 설립하게 되었다. 이 회사는 단순히 포드맵FODMAP 섭취를 제한하는 게 아니라 몸속 다양한 미생물이 음식물을 분해하면서 발생하는 가스를 측정하여 복부팽만과 가스 생성을 많이 일으키는 음식에 대한 정보를 제공한다. 참고로 포드맵은 장에서 흡수되지 않고 쉽게 발효되어 설사, 복통, 복부팽만을 유발하는 올리고당, 이당류, 단당류, 폴리올을 일컫는다. 호기가스 분석은 섭취한 음식을 장내미생물이 분해하며 생성된 가스의 일부가 장벽을 통과하여 혈액으로 가고 다시 폐를 통과하여 호흡 시에 일부가 기도로 배출되는 원리를 이용하여 측정하게 된다.

약 6주간의 디스커버리 플랜을 통해 소화하기 어려운 유당, 과당, 소르비톨, 이눌린 등의 네 가지 성분에 대한 반응을 테스트하고 평소

푸드마블

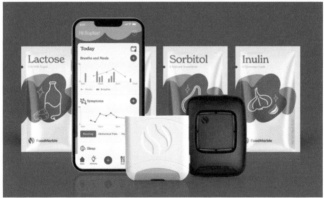

의 호흡, 포드맵 섭취, 스트레스, 수면 정도를 측정함으로써 각각의
성분이 나에게 어떤 반응을 일으키는지 확인하여 음식에 대한 부작
용을 줄이고 다양한 음식을 먹을 수 있도록 돕는다.

 아무리 성분이 좋고 비싸고 임금님 상에 올렸던 진귀한 음식일지
라도 내 혈당이 빨리 올라가는 등 건강상 좋지 못한 변화를 일으킨
다면 굳이 먹지 않는 것이 건강 유지와 비용 절감에 도움이 된다. 이

제 몸에 좋다고 하면 천편일률적으로 전 국민이 다 같이 그 음식을 먹는 시대는 지나갔다. 점점 개인맞춤형 제품에 대한 니즈와 관심도가 올라가고 있다. 나에게 맞는 음식과 그렇지 않은 음식을 구분해 먹음으로써 얻게 되는 건강상의 이점을 이미 경험한 고객이 늘어날수록 시장의 반응도 더 뜨거워질 것이다. 이러한 변화에 맞추어 업체들도 검사와 알고리즘을 통해 개인맞춤형 건강기능식품을 정교하게 추천하는 방식으로 계속 발전할 것이다. 개인맞춤형 건강기능식품 산업은 앞으로도 지속적으로 성장하리라 예상한다.

4

메디푸드와 밀키트의 발전이
두드러지고 있다

━━━ 개인맞춤형 식품 외에도 여러 가지 이유로 다양한 식품을 편하게 충분한 양만큼 섭취할 수 없는 고령자와 환자에게 충분한 영양을 공급하여 건강을 회복하고 치료에 도움이 되는 제품을 통칭하는 메디푸드medi food의 발전도 두드러지고 있다.

정확한 정의는 '정상적으로 섭취, 소화, 흡수 또는 대사할 수 있는 능력이 제한되거나 손상된 환자 또는 질병이나 임상적 상태로 인해 일반인과 생리적으로 특별히 다른 영양요구량을 가진 사람의 식사 일부 또는 전부를 대신할 목적으로 경구 또는 경관급식을 통해 공급할 수 있도록 제조·가공된 식품'을 말한다. 해외에서는 이러한 메디푸드가 약품과 식품의 중간이라는 독립적인 영역에 있다. 그러나 우리나라는 아직 성장률과 고객 이해도가 높지 않은 실정이다.

식품의약품안전처는 2020년 11월 26일 특수의료용도식품(메디푸드)을 독립된 식품군으로 분류하였다. 특수의료용도식품은 질환별

특수의료용도제품 중 표준형, 맞춤형, 식단형 제품 특징 비교

구분	표준형 영양조제식품	맞춤형 영양조제식품	식단형 식사관리식품
형태	액상, 페이스트, 분말 (바로 마시거나, 물에 타서 마시는 형태)		가정간편식 형태의 제품 (도시락, 밀키트)
대상	식품 유형으로 지정된 4개 질환 및 균형영양, 열량 공급	특정 영양 요구가 있는 모든 질환 대상 제조 가능	식품 유형으로 지정된 질환 (당뇨, 신장질환)
영양 기준	식약처가 정한 표준 기준	제조자 자율 설정(실증)	식약처가 정한 표준 기준
예시			

(특수의료용도식품 분류개편 관련 Q&A 식품의약품안전처)

영양요구 특성에 맞게 단백질, 지방, 탄수화물, 비타민, 무기질 등의 영양성분 함량을 조절하는 등의 방법으로 제조하고 가공하여 환자의 식사관리 편리를 제공하는 식사 대체 목적의 일반식품으로, 질병의 예방 치료 경감을 목적으로 하는 제품이 아니라고 설명하고 있다. 또한 감기, 허리디스크, 치매 등과 같이 음식을 가려서 섭취해야 하는 등의 영양관리를 필요로 하지 않는 질환은 특수의료용도식품 대상에서 제외하였다.

특수의료용도제품은 표준형 영양조제식품, 맞춤형 영양조제식품, 식단형 식사관리식품의 3개 항목으로 분류하였다. 2020년에는 맞춤형·특수 식품, 기능성 식품, 간편식품, 친환경 식품, 수출 식품 등 5대 식품 분야의 집중 육성을 목표로 하는 「식품산업 활력 제고 대책」이 발표되었다. 현재 초고령화 사회에 진입한 우리나라의 상황상 고령

특수의료용도식품에 해당하지 않는 항목

다음의 것은 '특수의료용도식품'에 해당하지 않음

· 질병의 치료나 예방 목적 → 의약품
· 특정 영양성분 섭취 목적(예: 비타민, 무기질) → 의약품, 건강기능식품
· 생리 활성 증진 목적(예: 혈행개선, 노화예방, 피로해소) → 의약품, 건강기능식품
· 특정 성분 강화 또는 제거(예: 고칼슘, 무유당) → 건강기능식품, 일반식품(영양 강조 표시)
· 일반적 식습관 개선 사항에 해당하는 것(예: 저염, 저당) → 일반식품(영양 강조 표시)
· 특정 성분을 함유한 일반식품(예: 고등어·DHA)이 이와 관련된 질병(예: 뇌질환)의 관리에 효과가 있는 것으로 표방하는 것

특수의료용도식품 분류개편 관련 Q&A 식품의약품안전처 식품기준과 [별첨 1]

자 건강에 관한 관심 증가로 메디푸드 산업은 꾸준히 성장할 것으로 기대되지만 세계적인 발전 상황에 맞추어 좀 더 다양한 제품 개발과 품질 향상이 필요할 것으로 생각된다.

식품의약품안전처 발표에 따르면 메디푸드 산업은 2010년 약 270억 원에서 2016년 약 500억 원, 2019년 약 780억 원 규모로 성장하였다. 고령화 가속과 만성질환 증가 등을 고려할 때 미국의 의료용 식품처럼 더 성장할 것으로 보이고 우리나라와 같이 노인 비율이 높은 일본처럼 지속적으로 시장이 확대될 것으로 예상된다. 이에 따라 여러 기업이 메디푸드 개발과 산업화에 앞다투어 나서는 상황으로 100세 시대에 삶의 질 향상과 질병 없는 삶을 위해서는 필수적인 요소의 하나로 인식된다. 전 세계적인 시장 규모는 2018년 기준 약 21조 원이며 2025년경에는 35조 원에 육박할 것으로 예상된다.

밀키트의 성장도 두드러진다. 가정간편식HMR 카테고리의 하나로 요리에 필요한 모든 재료가 손질된 상태로 포장되어 있어 씻어서 조리만 하면 되는 간편식을 말한다. 냉동 만두나 레토르트 식품처럼 데

워 먹는 제품과는 달리 불을 사용하여 볶거나 끓이는 조리 단계가 필요하다.

밀키트 시장은 코로나19로 인해 외식이 줄어들고 평소 요리에 익숙하지 않은 사람들이 반강제로 집에서 삼시 세끼를 해 먹게 되면서 급속히 성장하였다. 하지만 팬데믹에서 엔데믹으로 전환되면서 매출 감소가 예상되었다. 하지만 1인 가구의 증가와 더불어 최근 외식물가와 밥상물가가 상승하면서 여러 상황상 오히려 밀키트가 저렴하다는 인식이 있어 계속 성장할 것으로 생각된다. 2025년경에는 6,000억 원에 육박할 것으로 추측된다.

밀키트 시장이 확대된 건 2016년 설립된 프레시지와 같은 업계 1위 기업의 활약상과 큰 연관이 있다. 집에서 선뜻 해 먹기 어려운 식품들도 밀키트로 요리하여 식당 음식처럼 구현할 수 있도록 맛을 잡았고 다양한 제품 라인업, 합리적인 가격대, 지속적인 신제품 출시로 한 번도 밀키트를 경험해보거나 필요성을 느끼지 못한 주부부터 혼자 사는 1인 가구까지 여러 연령층의 니즈를 사로잡았다. 밀키트를 한 번 구매한 사람은 포장된 식재료만 사용하면 되어 음식물쓰레기가 없고, 특별히 요리 실력이 없어도 스트레스를 받지 않고 쉽고 간편하고 빠르게 요리할 수 있다는 긍정적인 경험을 하게 되어 재구매 비율이 높았다. 프레시지는 식품업계에서 다양한 대학병원과 협업하며 연구와 근거에 바탕을 둔 환자식과 맞춤형 식단을 제공하는 닥터키친과 합병하였다. 연달아 허닭, 테이스티나인, 라인물류와 합병하여 건강한 먹거리를 제공하기 위해 노력하고 있다.

현재는 롯데, 신세계 등의 대기업뿐만 아니라 백화점, 편의점, 호텔, 외식업계, 이커머스, 심지어는 SM엔터테인먼트와 같은 아이돌

프레시지

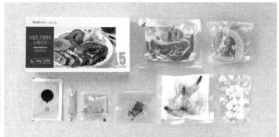

국내 밀키트 시장 규모 (단위: 억 원)

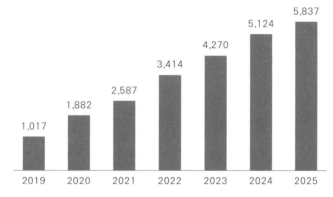

2019	2020	2021	2022	2023	2024	2025
1,017	1,882	2,587	3,414	4,270	5,124	5,837

(출처: 유로모니터)

기획사까지 밀키트 사업에 뛰어들 정도로 장기적으로 성장 가능성이 크다고 판단된다. 점점 다양하고 효율적인 제품들이 나와 요리 시간을 즐겁게 만들어줄 것으로 기대된다.

이러한 메디푸드와 밀키트의 발전에 힘입어 개인맞춤 영양 산업은 더 활성화될 것으로 보인다. 질환 맞춤형, 시니어 맞춤형 메디푸드가 전반적으로 발전하면서 개인별 필요한 영양을 맞추면서도 단순히 도시락이나 죽 형태를 벗어나 준비된 재료 등을 통한 간편한 요리를 통해 맛까지 잡을 수 있다면 시장은 더 확장될 것이다.

5

국내외 마이크로바이옴 시장이
커지고 있다

──── 전 세계적으로 마이크로바이옴(장내미생물) 시장은 지속적으로 성장할 것으로 예상된다. 최근 연구에서 마이크로바이옴은 면역뿐만 아니라 인체 장기 전반에 영향을 주어 신진대사, 소화 능력, 질병관리체계 등 인체에 다양한 영향을 미치는 것으로 알려져 있다. 이른바 '제2의 유전자'라고 불린다.

글로벌 마이크로바이옴 시장은 2019년 811억 달러에서 연평균 약 8% 성장하여 2023년 약 1,100억 달러 규모를 보일 것으로 전망된다. 마이크로바이옴 연구 데이터를 활용한 다양한 비즈니스 모델 개발과 상업화를 통해 일상생활로 더욱 깊숙이 들어올 것으로 생각된다.

우선적으로는 헬스케어뿐만 아니라 식품, 화장품, 의약품, 개인 건강관리, 농축수산물, 공기정화 등 다양한 산업에 응용될 것이며 마이크로바이옴 기술 관련 제품은 높은 매출 잠재력을 가진 분야라고 평

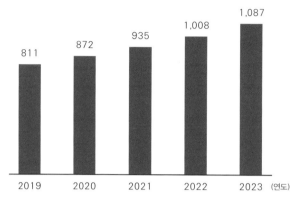

글로벌 마이크로바이옴 시장 규모 전망 (단위: 억 달러)

2019	2020	2021	2022	2023 (연도)
811	872	935	1,008	1,087

811* 자료: 과기부, 신한금융투자

(출처: 생명공학정책연구센터, 글로벌 마이크로바이옴 산업)[2]

가된다. 현재 마이크로바이옴을 활용한 화장품, 샴푸, 항노화 등의 뷰티 제품과 마이크로바이옴 맞춤형 식단관리와 마이크로바이옴을 활용한 반려동물용 사료와 영양제가 나와 있다. 더 나아가 농축수산업에서 마이크로바이옴은 화학비료, 합성농약 등 합성물질의 사용을 최소화해 농업 생태계를 복원하고 작물을 건강하게 키울 수 있도록 작물 생육을 촉진하는 등 농업 생산성 향상에 도움이 될 것이다.

현재 식품 마이크로바이옴 업계는 프로바이오틱스, 프리바이오틱스, 신바이오틱스, 포스트바이오틱스 등을 식품발효 산업과 유가공 산업에 다양하게 활용하고 있다. 활용 산업별로 시장점유율 순위를 보면 식음료F&B 분야가 글로벌 마이크로바이옴 전체 시장의 약 92%를 차지하여 1위이고 2위는 7%를 차지한 헬스케어 분야다. 식음료 활용 분야는 2019년 747억 달러에서 연 6% 성장으로 2023년 1,004억 달러로 예상된다. 또한 향후 프로바이오틱스와 프리바이오

(출처: 랑콤 광고)

틱스가 유제품뿐만 아니라 다른 제품으로도 확장하여 시장 성장을 이끌어갈 것으로 전망된다.

2019~2023년 가장 빠른 성장을 보이는 시장은 개인 건강관리를 활용한 분야로 연 20% 성장률을 보이고 있다. 피부관리 및 건강한 노화를 위한 마이크로바이옴 활용 시장이 주가 될 것으로 예상된다. 특히 최근에 마이크로바이옴을 활용한 뷰티 산업과 화장품 산업이 붐을 이루고 있다. 전 세계적으로 인지도가 높은 로레알그룹의 랑콤 제니피끄뿐만 아니라 국내에서도 아모레퍼시픽을 비롯한 여러 기업에서 앞다투어 제품을 개발하고 있다. 피부 미생물 생태계의 불균형을 해결함으로써 항노화와 피부 개선을 넘어서 피부장벽 및 피부건강 회복에 중점을 둔 여러 시도가 이루어지고 있다.

(출처: CJ바이오사이언스(구 천랩)의 헬스케어 앱과 맞춤형 유산균)

헬스케어 활용 분야는 2018년 60억 달러에서 2023년 76억 달러로 연 8% 성장하였다. 최근 다국적 제약사와 바이오벤처들이 신약과 미생물 치료제에 높은 관심을 보이고 있어 점점 성장할 것으로 보고 있다. 국내에도 마이크로바이옴 치료제 산업을 중심으로 바이오벤처들이 등장하고 있다. 기존 미생물 기반 바이오 기업이 사업 영역을 확장하며 진출하거나 미생물 유전체 분석기술을 기반으로 한 스타트업이 마이크로바이옴 치료 후보물질을 개발하고 있다.

면역항암제 분야를 비롯한 마이크로바이옴 기반의 치료제 연구에

이지놈

이지놈의 장내미생물 분석 서비스 이지것 프로와 맞춤형 유산균

나선 기업으로는 기존의 지놈앤컴퍼니를 비롯하여 2021년 CJ제일제당에서 천랩을 인수하여 만든 CJ바이오사이언스, 이지놈, 고바이오랩, 마크로젠, 비피도 등이 있다. 그 외에도 국내 제약바이오 기업이 마이크로바이옴 시장을 개척하기 위해 관련 기업 인수에 나서거

나 사업부를 신설하는 등 공략에 속도를 내고 있다. 특히 CJ바이오사이언스 이전의 천랩은 2020년 차세대 염기서열 분석NGS 기반의 장내미생물 검사 것인사이드Gut Inside와 국내 최초로 이에 따른 장 맞춤형 유산균인 PBO 3종을 출시하였고 배변 로깅을 통한 장 건강관리 앱 피비오pibio를 통해 마이크로바이옴 헬스케어를 확장하였다.

이지놈은 치료 후보물질 개발 외에도 헬스케어를 중점사업으로 해 녹십자웰빙과 손잡고 병원을 대상으로 한 장내미생물 분석 서비스를 제공하고 있다. 현재 2세대 차세대 염기서열 분석NGS 기반 장내미생물 분석 서비스를 진행하는 타 업체들과는 달리 국내 최초로 정확도가 높고 가격도 합리적인 3세대 차세대 염기서열 분석NGS 기술을 적용한 장내미생물 분석 서비스 '이지것 프로'를 출시하였다. 또한 그동안 수집한 한국인 장내미생물 데이터를 바탕으로 제작한 맞춤형 유산균 3종을 출시하여 장내미생물을 이용한 헬스케어 산업을 확장하고 있다.

3장

왜 유전체에 따른 맞춤영양을
해야 하는가

|

김경철

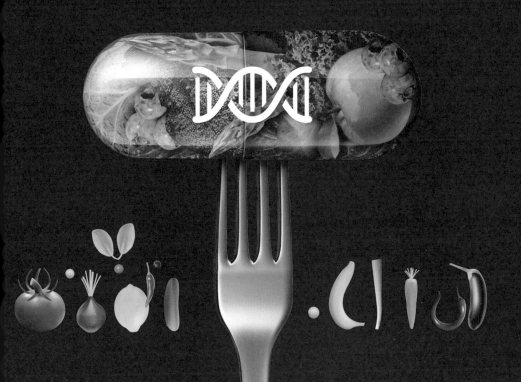

1

유전자는 어떻게 개인의 특성을 나타내는가

———— 흔히 게놈Genom이라고 불리는 유전자에 대해서 최근 20년 동안 많은 연구가 진행되었고 관련 산업들이 일어나고 있다. 게놈 연구가 본격화된 것은 2003년 완성된 '인간 게놈 프로젝트HGP, Human Genome Project'다. 인간 게놈에 있는 약 32억 개의 뉴클레오타이드 염기쌍의 서열을 밝히는 것을 목적으로 한 프로젝트로 무려 13년 동안 미국과 영국 등 주요 국가가 참여하였다. 이 대규모 프로젝트를 통해 인간은 DNA의 비밀을 해독할 수 있었다. 그 후 이어지는 각종 프로젝트를 통해 인종별, 국가별로 게놈 지도를 구축하기 시작했다.

인간의 세포 안에는 핵이 있다. 이 핵 안에 23쌍의 염색체가 들어 있다. 염색체를 실타래에 비유하면 DNA는 실타래의 실 가닥에 해당한다. DNA는 염기base라는 작은 단위의 물질로 구성되어 있다. 염기는 아데닌(A), 구아닌(G), 사이토신(C), 티민(T)의 네 종류가 있다. 이들 염기가 무작위로 반복되어 인간의 DNA를 구성하게 된다. 인간의

DNA, 염색체, 염기

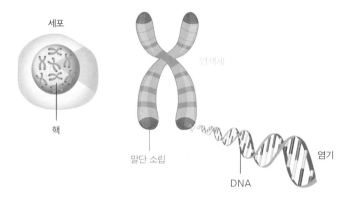

세포

핵

염색체

말단 소립

DNA

염기

DNA는 약 30억 개의 염기로 이루어져 있다. 양쪽 부모로부터 각각의 실타래를 받아서 쌍을 이룬다고 해서 염기쌍이라고 부르거나 이중 나선이라고도 한다.

무한 반복되는 듯한 이 염기 서열은 사실 한 덩어리씩 끊어 특정한 단백질로 전사가 된다. 이렇게 한 단백질을 만드는 최소 단위의 염기서열을 유전자$_{gene}$라고 하며 DNA 안에는 약 2만 3,000여 개의 유전자가 있다. 유전자는 메신저인 RNA를 거쳐서 단백질을 만든다. 이 단백질이 생명체의 가장 기본적인 생명 활동을 이루는 단위다. 그 때문에 단백질을 최종적인 건축물로 비유하면 이를 좌우하는 DNA를 인간의 설계도라고 부르는 것이다.[1]

참고로 유전자는 하나의 단백질로 번역되는 최소한의 단위로서 DNA를 책으로 표현하면 책 속 문장에 해당한다. 유전체는 유전자를 구성하는 염기의 총합으로 문장을 구성하는 단어에 해당한다. 그런데 여기서 한 가지 더 들어가면 인간의 DNA는 모두가 다 똑같지 않다. 99.7%만 동일하고 나머지 0.3%는 사람마다 다르다. 이를 변이

variant라고 부른다. 한 DNA는 약 30억 개의 염기로 구성되어 있다. 그중 0.3%인 약 1,000만 개 정도의 염기가 사람마다 다르다. 이 변이가 사람들 간의 차이, 즉 얼굴 생김새부터 피부색, 머리 형태, 키와 몸무게의 차이 등 생물학적 다양성의 근간이 되는 것이다. 생물학적 다양성은 외모에만 그치지 않는다.

사람마다 생체 활동이 다 다르다. 누구는 커피를 마시면 잠을 못 자고 누구는 커피를 물처럼 마셔도 잠을 잘 잔다. 누구는 술을 한 잔만 바로 얼굴이 빨개지며 힘들어하는데 누구는 아무리 많이 마셔도 잘 취하지 않는다. 누구는 특정 약물이 잘 듣는 반면에 누구는 잘 듣지 않을 뿐더러 부작용이 더 쉽게 온다. 나아가 누구는 날 때부터 희귀질환을 갖고 태어나거나 암, 치매, 심장병 같은 질병이 더 잘 생기는 소인을 갖는다. 이 모든 것이 개인의 노력이나 연습에 따라 결정되는 것이 아니라 그냥 그렇게 타고났다고 할 만한 것으로 체질 혹은 소인 등으로 부르는 것이다.[2]

음식과 영양은 어떨까? 아마 이 글을 읽는 모든 독자의 경험을 돌이켜보면 바로 답이 나올 것이다. 사람마다 다르다! 누구는 홍삼이 잘 맞는다고 하는데 누구는 홍삼만 먹으면 열이 오르고 불편하다. 누구는 우유를 마시면 꼭 탈이 나고 누구는 남들 다 하는 다이어트 방법을 따라 해도 살이 빠지지 않는다.

혈액 검사를 해보면 영양소의 결핍도 사람마다 차이가 크게 난다. 누구는 혈중 비타민 D가 높지만 누구는 매우 낮다. 같은 체중이어도 누구는 골다공증이 심하고 누구는 골밀도가 높다. 물론 이들 특징은 칼슘 등의 섭취와도 관련이 있지만 같은 조건의 칼슘 섭취나 햇볕 노출을 했다 해도 사람마다 차이가 나는 것을 우리는 유전적 차이로

이해한다. 현대 과학의 발전으로 손쉽게 유전자 분석을 할 수 있게
되면서 이를 바탕으로 개인맞춤 영양을 권고하는 시대로 가고 있다.

2

영양유전체학과 영양유전학은
무엇이 다른가

영양유전체Nutrigenomics라는 용어가 처음 사용된 것은 2003년 인간 게놈 프로젝트가 완성된 직후다. 이 프로젝트를 통해 인간의 질병의 유전적인 특성을 파악했을 뿐 아니라 약물이나 음식 등의 개인차에 대한 오래된 비밀을 풀 수 있는 기초가 마련되었다.

약물과 마찬가지로 음식도 섭취, 흡수, 대사, 작용, 배설 등 모든 경로에 효소나 수송체, 수용체 등 단백질이 관여한다. 이들 단백질은 각각 유전자의 코딩에 의해 결정된다. 그러다 보니 개인 간 유전적 차이가 주요 단백질의 기능에 영향을 주고 그에 따라 음식이 사람에게 미치는 영향도 모두 다른 것이다. 더 나아가 음식과 영양소는 유전자의 발현에 결정적인 영향을 끼친다. 즉 많은 영양소가 유전자의 전사transcription 부위promoter에 결합하고 작용하여 유전자의 전사에 영향을 끼친다. 또한 비타민 B9(엽산) 같은 메틸기CH3 - 를 갖고 있는 영양소나 커큐민(강황)이나 녹차 같은 생리적 활성에 관여하는 영양소들은 DNA의 메틸화에 영향을 주어 유전자의 기능과 안정성에 기여한다.

　유전자가 음식과 영양의 흡수, 대사, 작용 등에 영향을 미치는 것을 '영양유전체학Nutrigenetics'이라고 하고 반대로 음식과 영양이 유전자에 영향을 미치는 것을 '영양유전학Nutrigenomics'이라고 구별하여 정의하는데 통상 둘 다 영양유전학이라고 부른다. 2002년부터 유럽과 미국에 영양유전체학 연구를 위해 연구소들이 설립되고 있다. 프랑스의 영양유전체학 네트워크, 네덜란드의 영양유전체학 센터, 독일의 영양유전체학 포츠담 네트워크, 영국의 영양유전체학 리버풀 센터 등이 있다. 또한 2003년 미국 시카고의 영양유전체학 최고기관 연구소 등이 있다.

　나는 2006~2008년에 영양유전체학과 관련하여 가장 앞선 연구 그룹 중 하나인 미국 보스턴 근교에 위치한 터프츠대학교의 노화에 관한 인간영양 연구소HNRCA에서 근무하였다. 연구소 내 호세 오르도바스Jose M. Ordovas가 책임 연구자로 있는 영양유전체학 연구소에서 유전자 변이에 따른 영양소의 대사와 작용의 차이에 대해 연구하였다. 이듬해에는 후성유전학 연구소에서 근무하였다. 두 연구소는 음식·영양과 유전자의 상호작용을 반대 방향에서 연구하였다. 두 연구소에서 근무한 경험은 영양유전체에 대해 균형 잡힌 이해를 하는 기회가 되었다.

　미국 미래연구소IFTF의 「새로운 고객 새로운 유전학NCNG, New Consumer New Genetics 프로그램」 보고서를 보면 개인맞춤형 영양 권장이 과학적으로 입증되고 정부와 전문 기관의 인증을 받게 된다면 정부와 대기업은 의료비 예산을 넘어서는 당뇨병이나 고혈압과 같은 식

영양유전학과 영양유전체학의 차이

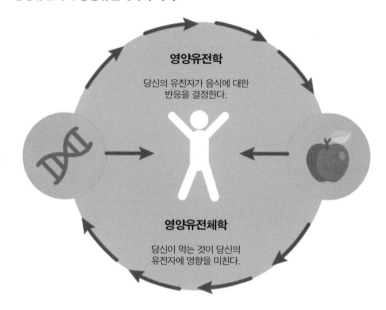

생활 관련 질병 관리 비용의 경제적 부담을 덜기 위해 개인맞춤형 제품과 서비스를 확대해나갈 것이라고 보고 있다.

산업적인 관점에서 바라볼 때 개인맞춤 영양의 사업 영역은 유전자 검사와 그 결과에 따른 적합한 식품 및 건강보조제 추천, 적합한 식습관을 위한 프로그램 제공, 적합한 맞춤형 식품과 건강보조제의 제조와 판매까지 아우른다. 개인맞춤 영양 서비스의 내용은 ① 유전자 검사와 그에 대한 해석, ② 유전자 검사 결과에 근거한 영양소 결핍에 대한 유전적 예측, ③ 식이 지침 제공으로 구성된다. 개인맞춤 영양 서비스가 대중에게 제공될 수 있는 형태에 대해 DTC 유전자 검사 형태, 개업의를 통한 서비스, 여러 분야를 통합한 건강관리팀을 통한 서비스 등 세 가지 모델로 설명하였다.

현재는 DTC 유전자 검사 서비스가 가장 일반화된 형태로 자리잡고 있다. 보통 온라인을 통한 홍보와 판매를 기본으로 하고 있다. 고객이 온라인을 통해 진단키트를 구매하여 입에 면봉을 넣어 타액을 추출한 뒤 자신의 식생활을 포함한 생활습관 정보와 함께 서비스 업체에 보낸다. 업체는 타액 샘플에서 영양소 대사와 관련된 유전자 다형성을 검사하여 의뢰자의 생활습관 정보와 비교한다. 업체는 분석 결과 유전자 다형성과 의뢰자의 식생활 등 생활습관 지침에 대해 정리한 보고서를 의뢰자에게 제공한다. 영양 관련 지침은 식품에 관한 내용도 있으나 보충제에 대한 조언이 많고 때로는 해당 업체에서 판매하는 제품에 관한 내용도 포함되어 있다.

3

특정 영양소 결핍을 유전자로
알아낼 수 있는가

━━━ 특정 영양소의 결핍을 유전자로 알아내는 방법은 크게 두 가지다. 첫째는 특정 영양소의 혈중 농도와 유전자의 변이SNP, Single Nucleotide Polymorphism 간의 상호 연관 연구의 결과에 따른 상품화다. 질병이나 혈중 영양소 농도 같은 형질phenotype과 유전자형genotype의 연관성 연구는 초기에는 주로 특정 영양소의 대사, 수송, 작용에 관여하는 중요한 단백질을 코딩하는 후보유전자candidate gene를 대상으로 하였다. 예를 들면 비타민 C는 SLCA23A1이라고 하는 비타민 C 수송과 관련된 유전자가 대표적으로 알려져 있다. 이 유전자의 변이는 이미 밝혀졌다. 과학자들은 비타민 C의 혈중 농도와 관련된 연구 설계를 통해 유전자의 변이를 찾는 연구를 수행한다. 즉 (평소에 비타민 C를 복용하지 않는 실험 참가자를 대상으로) 실험 참가자의 비타민 C의 혈중 농도가 낮은 그룹과 높은 그룹을 나눈 후 각각 특정 유전자의 변이를 실시간 중합효소 연쇄반응real-time PCR 등으로 유전

비타민 C와 SLC23A1유전자의 상관관계[3]

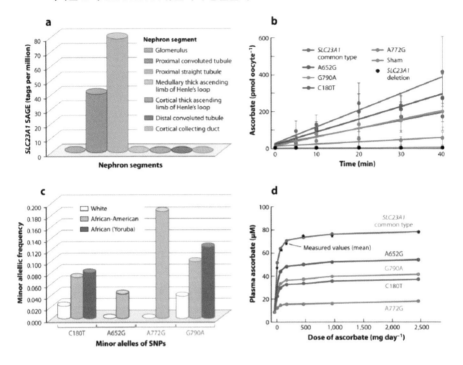

자 분석genotyping을 해 통계적으로 연관이 있는지를 통계 분석하는 것이다.

이런 연구를 후보유전자 연관성 연구Candidate gene association study 라고 한다. 이 분석법은 비교적 비용이 적게 들고 단순한 통계 방법으로도 분석이 가능하다는 것이 장점이다. 그러나 문제는 이론적으론 연관이 높을 것 같은 가설이 실제로는 맞지 않고 대부분 통계적으로 의미 있는 연관성을 찾기가 매우 어렵다. 그래서 이 분석법을 가리켜 모래사장에서 바늘 찾기 연구 혹은 넓은 바다에서 낚싯줄을 던져 놓고 하염없이 물고기가 물기를 기다리는 방식의 연구라고 혹

평한다.

2013년 당뇨병 환자를 대상으로 처음 『사이언스』에 「전장유전자 연관성 연구」가 발표되며 유전자 - 질병 연구의 한 획을 그었다. 전장유전자 연관성 연구란 앞서 후보유전자 연관성 연구와 달리 유전자 전장의 변이를 한 번에 분석하여 질병군과 대조군에서 차이를 보이는 변이를 찾아내는 방법이다. 이 분석법이 가능하게 된 것은 마이크로어레이microarray라는 DNA 칩 기술의 발달 덕분이다. 약 70만 개 이상의 유전자 변이를 분석할 수 있는 프로브probe로 한 기판에 집적하여 대량 데이터를 한 번에 생산하는 기법이다. 이를 통해 1번 염색체부터 22번 염색체와 성염색체까지 거의 전장을 거쳐 중요한 대부분의 유전자 변이 중에 특정 질병과 연관되는 변이를 특정하는 방법이다.

앞서 후보유전자 연관성 연구가 바다에 낚싯줄을 던져놓고 하염없이 물고기가 물기를 기다리는 방식이라면, 전장유전자 연관성 연구GWAS, Genome-wide association study 방식은 마치 두 어선이 그물을 매달고 바다를 훑는 쌍끌이 방식으로 고기를 낚는 효율적인 연구 방법이라 할 수 있다. 2013년 첫 「전장유전자 연관성 연구」 논문이 나온 이후 거의 모든 질병에서 이 방식으로 핵심 유전자 변이를 특정할 수 있었다. 나아가 특정 영양소의 혈중 농도에 관한 연구도 이 방식으로 진행되어 좀 더 효율적으로 영양유전체 연구들이 전개되고 있다.

이처럼 특정 영양소의 혈중 농도와 유전자의 연관성 분석이 주류를 이루지만 여기에도 한계가 있다. 첫째는 특정 영양소의 결핍에 대한 정의는 혈중 농도만으로 충분한가다. 특히 필수 영양소는 영양소

후보유전자 연구와 전장유전자 연구의 차이

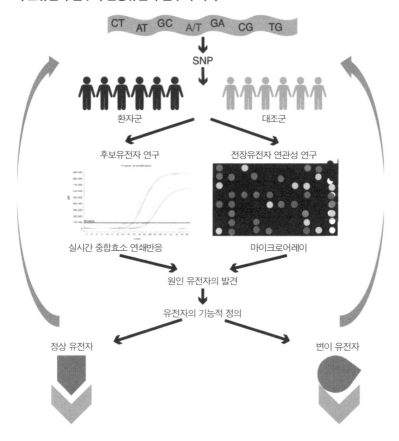

의 음식원의 섭취가 부족하면 다른 조직에서 영양소를 끌어들이는 방식으로 항상성을 유지하려는 경향이 있다. 예를 들면 칼슘 섭취가 부족하면 세포 기능 유지에 필수적인 칼슘의 혈중 농도를 일정하게 유지하기 위해 뼈의 칼슘을 파골하여 가지고 오므로 혈중 칼슘은 정상을 유지하지만 골다공증이 된다. 따라서 칼슘 섭취가 부족한지를 보려면 혈중 농도가 아니라 골밀도를 측정하는 것이다.

또한 영양유전체 연구 대상자를 선정할 때 음식의 섭취와 특정 건강기능식품 등이 특정 영양소의 혈중 농도에 직접적인 영향을 주는 현실이다. 연구 대상자의 음식 조건을 완벽하게 통제한다는 것은 불가능하다. 그러다 보니 혈중 영양소를 측정하면 유전적 영향보다는 음식 섭취를 비롯한 환경적 요인의 영향을 받을 수밖에 없어서 완벽한 연구 설계를 유지하기가 어렵다. 또한 질병과 달리 상대적으로 식품·영양학계의 연구 펀드가 작아서 대규모 임상연구를 하기가 쉽지 않은 점도 현실적인 연구의 한계다.

그럼에도 불구하고 점점 많은 영양유전체 연구가 해마다 전장유전자 연관성 연구GWAS 연구 방식으로 발표되고 있고 여러 임상연구에 대한 메타분석 등이 반복되면서 영양유전체의 연구적 근거의 수준이 점점 높아지는 것은 고무적이다.

4

영양 관련 유전체를 어떻게 활용하는가

메틸렌테트라하이드로폴레이트 리덕테이즈MTHFR, Methylentet-rahydrofolate reductase는 일찍이 연구가 된 영양 관련 유전자다.

메티오닌 대사의 모식도를 보자. 음식을 통해 섭취된 엽산은 체내에서 테트라하이드로폴레이트Tetrahydrofolate로 전환되고 이는 5,10 – 메틸렌테트라하이드로폴레이트를 거쳐 5 – 메틸렌테트라하이드로폴레이트로 전환된다. 이때 이를 전달하는 효소 단백질이 메틸렌테트라하이드로폴레이트 리덕테이즈MTHFR이고 이를 코딩하는 유전자가 같은 이름인 메틸렌테트라하이드로폴레이트 리덕테이즈MTHFR 유전자다(단백질과 유전자는 흔히 같은 이름인 경우가 많아 이를 구별하기 위해 유전자는 이탤릭체를 사용한다). 이 단계를 지나면 비타민 B12 등의 도움을 받아 호모시스테인Homocystein에 메틸기를 공급하여 메티오닌Methionine을 만들게 된다. 이 메티오닌은 대다수 단백질의 주요 구성원이 되어 세포 및 생리 유지에 매우 중요한 역할을 한다.

메티오닌 대사의 모식도

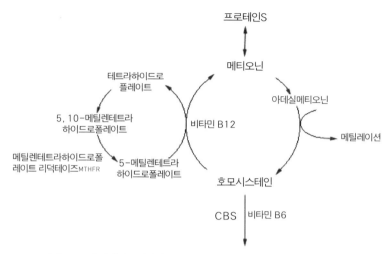

엽산으로부터 메틸기를 전달하는 단일탄소 대사의 주요 경로

    만약 호모시스테인에 메틸기를 공급하는 메틸렌테트라하이드로폴레이트 리덕테이즈MTHFR의 활성도가 떨어지면 메티오닌이 아니라 호모시스테인이 상승하게 되어 체내 독소가 된다. 이는 심혈관계 질환, 뇌혈관계 질환, 치매, 유방암 등 주요 암의 원인이 된다.

    메틸렌테트라하이드로폴레이트 리덕테이즈MTHFR 단백질 활성도에 결정적인 영향을 끼치는 것이 바로 1번 염색체에 존재하는 메틸렌테트라하이드로폴레이트 리덕테이즈MTHFR 유전자다. 메틸렌테트라하이드로폴레이트 리덕테이즈MTHFR 유전자 중에 가장 유명한 변이는 677번째 아미노산을 코딩하는 위치에서 염기가 사이토신Cytosin에서 티민Thymine으로 치환하는 변이를 갖는 C677T변이다. 즉 그 위치에서 C→T로 변이가 된 경우, 알라닌Alanine에서 발린Valine으로 아미노산이 치환되어 메틸렌테트라하이드로폴레이트 리덕테이즈

MTHFR 단백질 활성도를 40%나 떨어뜨린다.

두 번째로 유명한 메틸렌테트라하이드로폴레이트 리덕테이즈MTH-FR 유전자의 변이는 A1298C변이로, A→C로 염기가 치환되었을 때 글루타민이 알라닌으로 치환되어 역시 메틸렌테트라하이드로폴레이트 리덕테이즈MTHFR 단백질 활성도를 떨어뜨린다. 이들 변이에 관한 연구는 그 후로 많은 임상연구 등에서 반복되며 현재까지 이 유전자의 두 단일 염기 다형성SNP(변이)가 있을 때 호모시스테인 혈중 수치가 증가하는 것은 물론이고 심근경색, 뇌경색, 치매, 암 등의 발생이 증가하는 것으로 알려져 왔다.[4]

산부인과에서는 메틸렌테트라하이드로폴레이트 리덕테이즈MTHFR 유전자 검사를 실제 진료실 현장에서 처방을 내고 변이가 있을 경우 산모에게 고농도의 엽산을 주어 구개열 같은 임신 합병증을 방지하기도 한다. 메틸렌테트라하이드로폴레이트 리덕테이즈MTHFR 변이가 있는 경우는 부족한 활성도를 고려해 고농도의 엽산을 복용하게 하는 것과 함께 B12, 베타인 등 다른 메틸 공여 비타민을 늘려 먹거나 메티오닌의 활성을 돕는 S‒아데노실메티오닌SAMe을 복용하게 한다. 유전자 검사를 통해 신체의 위험을 미리 알고 예방하기 위해 특정 영양소를 복용하도록 권고하는 것이 영양유전체의 가장 대표적인 활용 사례라 할 수 있는 것이다.

최근에는 이 엽산 대사 외에도 메티오닌 대사 등에 대한 다양한 효소 단백질의 변이를 분석하고 유전적으로 활성도가 떨어진 효소를 돕는 조효소 영양제를 추천하는 영양유전체 상품도 소개되고 있다. 특히 이들 유전자 분석은 그동안 원인과 기전을 찾지 못하는 자폐아나 주의력 결핍 아동의 영양 치료 가이드에 사용되고 있다. 다음

메틸레이션 경로분석, 주요 효소의 유전자와 영양소

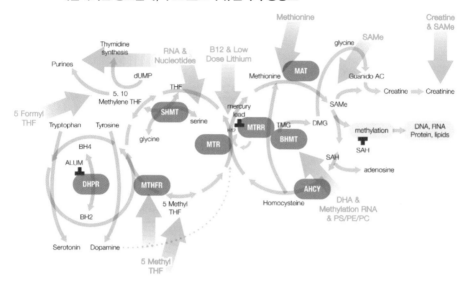

(출처: Dr. Amy Yasko 웹사이트)

그림을 보면 엽산 대사 외에 메티오닌 대사, 신경전달물질 대사, 항산화 대사 등은 서로 맞물려 있다. 각 대사의 핵심 효소 단백질을 코딩하는 유전자의 변이에 따라 효소enzyme의 활성도가 다르다. 효소의 활성도는 유전적 변이뿐 아니라 이들 효소를 돕는 조효소coenzyme 혹은 보조인자cofactor 등에 의해 결정되는데 미네랄, 비타민, 아미노산 등이 이에 해당된다. 반면 납이나 알루미늄 등의 유해 중금속은 이들 효소의 작용을 억제하여 생리적 대사를 방해한다. 이들 대사의 유전적 변이와 함께 비타민, 미네랄, 아미노산, 그리고 중금속 등의 식생활, 환경요인이 복합적으로 작용하여 신체 대사의 활동을 결정한다.

5

유전자 분석으로 비타민 결핍을
예측할 수 있다

비타민, 미네랄, 아미노산 같은 특정 영양소의 결핍에 관한 유전자 연구는 상당히 많은 편이다. 국내에서 DTC 유전자 검사로 허가된 항목은 모두 72종이다. 그중에서 20종이 영양소 결핍에 대한 유전자 예측 서비스다. 다음 그림처럼 고객은 한 번의 유전자 검사를 통해 20개 이상의 영양소 결핍에 관한 결과를 알 수 있어서 혈액을 통해 각 영양소를 직접 검사하는 것보다 비용 면에서 훨씬 유리하다. 혈액은 검사를 하나씩 추가할 때마다 몇만 원이 추가로 들지만, 유전자 검사는 DNA칩으로 한 번에 70만 개 이상의 유전 정보를 획득하므로 새로운 항목을 추가해도 검사 비용이 발생하지 않는 것이 가장 큰 장점이다.

또한 혈액 검사는 현재 먹고 있는 음식이나 비타민과 같은 건강보조식품에 영향을 받는 것이 장점이자 단점일 수 있다. 영양소 단위에서 내가 평소에 어떻게 먹고 있는지 거의 알 수 없기에 지금의 혈액

국내에서 DTC 유전자 검사로 허가된 영양유전자 항목

비타민C 농도	비타민D 농도	마그네슘 농도	비타민 B6 농도	비타민 B12 농도
비타민C 부족 위험	비타민D 부족 위험	마그네슘 부족 위험	비타민 B6 부족 위험	비타민 B12 부족 위험
높음	보통	낮음	높음	낮음
아연 농도	철 저장 및 농도	칼륨 농도	비타민 K 농도	타이로신 농도
아연 부족 위험	철분 부족 위험	칼륨 부족 위험	비타민 K 부족 위험	타이로신 부족 위험
낮음	높음	다소 낮음	높음	높음
칼슘 농도	아르기닌 농도	코엔자임Q10 농도	셀레늄 농도	루테인&지아잔틴 농도
칼슘 부족 위험	L 아르기닌 농도	코엔자임 Q10 부족 위험	셀레늄 부족 위험	루테인&지아잔틴 부족 위험
보통	높음	보통	높음	높음
지방산 농도		바타민 A 농도	비타민 E 농도	베타인 농도
오메가3 부족 위험	오메가6 부족 위험	바타민 A 부족 위험	바타민 E 부족 위험	베타인 부족 위험
높음	보통	보통	높음	보통

붉은색 글자는 해당 영양소의 결핍을 의미한다. (출처: 이원다이애그노믹스 진투미)

검사에서 정상이어도 앞으로 어떤 결핍이 있을지 모르기 때문이다. 이에 비해 유전자 검사는 개인에게 쉽게 결핍될 수 있는 특정 영양소를 지칭해주기에 지금의 혈액 검사에서 정상이어도 앞으로도 특정 영양소에 대해 지속적으로 섭취할 것을 권고할 수 있다. 대표적인 몇 가지 영양소에 대한 논문적 근거를 살펴보고자 한다.

① 비타민 D

비타민 D는 국내에서 가장 사랑을 많이 받는 대표적인 비타민이다. 연관된 질병으로 가장 잘 알려진 골다공증 외에도 심혈관질환, 당뇨, 치매, 우울, 불면 등과도 관련이 있고 위암, 대장암, 전립선암 등 주요 암질환도 비타민 D 결핍과 관련된다는 많은 연구결과가 발표되어 왔다. 특히 최근 코로나19로 인해 면역의 중요성이 강조되고 있는데 바이러스를 이기는 대표적인 영양소로도 알려졌다. 무엇보다 한국인의 비타민 D 농도가 전 세계에서 가장 낮다는 조사가 언론에 소개되면서 고객이 많이 찾을 뿐 아니라 의사도 많이 처방하는 대표적인 영양소 중 하나다.

비타민 D는 지용성 비타민의 한 종류로 콜레칼시페롤D_3 형태로 체내에서 이용된다. 음식을 통해서도 섭취가 되지만 주로 햇볕의 자외선에 의해 프로비타민 D 형태로 흡수된다. 이는 간에서 25 - 하이드록시콜레칼시페롤25-OH-D3로 전환되고 다시 신장에서 1,25 - 하이드록시콜레칼시페롤1,25-OH-D3로 변환된다. 이렇게 간과 신장에서 활성화된 비타민 D로 전환하는 중요한 효소가 바로 물질의 체내 대사를 조정하는 사이토크롬CYP 단백질로서 간에서는 CYP2R1효소, 신장에서는 CYP27B1이라는 단백질과 이를 코딩하는 같은 이름의 유전자가 작용한다.

또한 활성화된 1,25 - 하이드록시콜레칼시페롤은 이제 체내에서 비타민 D가 필요한 장기인 뼈나 뇌 등으로 이동해야 한다. 이때 비타민 D를 수송하는 단백질이 GC라고 불리는 결합단백질이다. GC에 의해 장기로 이동된 비타민 D는 비타민 D 수용체 단백질VDR, Vitamin D Receptor을 통과해 해당 장기로 들어가게 된다. 역시 이때 관여하는 유전자가 VDR 유전자다. 모두가 같은 시간 동안 햇볕에 노출되었어도 혈중 비타민 D 농도가 제각각인 것은 바로 이들 비타민 D의 대사, 이동, 작용 등에 관여하는 유전자의 변이 상태가 개인마다 다르기 때문이다.

비타민 D와 관련된 대표적인 전장유전자 연관성 연구GWAS로는 토머스 왕Thomas J. Wang 등 하버드대학교 그룹이 2010년 『란셋Lancet』에 발표한 것을 들 수 있다. 이 연구에 따르면 15개 코호트에서 모은 3만 3,996명을 대상으로 전장유전자 연관성 연구를 했다. 그 결과 전

비타민 D의 대사, 이동, 작용과 관련된 유전자들

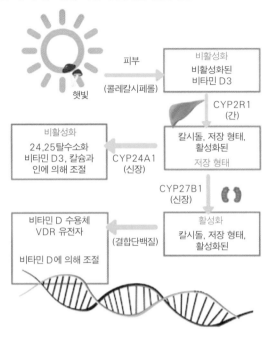

장유전자의 변이 총 70만 개 중에서 4개의 유전자 변이가 의미 있게 비타민 D 혈중 농도에 연관된다는 것을 밝혀냈다. 그중 3개가 앞서 언급한 GC와 CYP2R1, CYP24A1유전자 등이었다. 이 중 GC유전자의 통계적 유의 수준은 5×10^{-129}으로 매우 유의한 수준이었다(일반적으로 5X10^{-2}이라면 통계적으로 유의하다고 한다).[5]

그 후 전 세계적으로 비타민 D 관련 유전자 상품은 GC와 CYP2R1, CYP24A1 등의 유전자의 변이를 가지고 개발되며 이는 혈중 비타민 D를 대체해서 사용되고 있다. 이들 유전자 변이가 있는 사람이라면 더 많은 용량의 비타민 D를 복용하는 것을 권장한다. 두 가지 대표적인 유전자인 GC유전자와 CYP2R1유전자의 변이를 분석

비타민 D와 관련된 전장유전자 연관성 연구 (란셋, 2010)

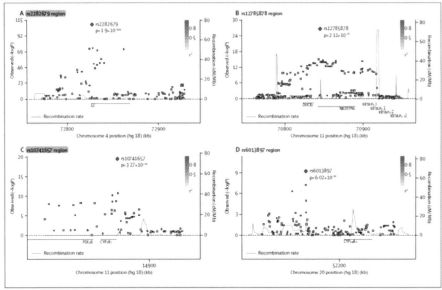

Figure 1: Regional linkage disequilibrium plots for single nucleotide polymorphisms at GC (A), DHCR7/NADSYN1 (B), CYP2R1 (C), and CYP24A1 (D)

rs2282679는 GC유전자, rs10741657은 CYP2R1, rs6013897은 CYP24A1 유전자에 해당하는 SNP(변이)를 말한다. 세로축은 통계적 유의성으로 숫자가 높을수록 유의하다.

한 결과 각각 하나의 변이(이종변이)가 있다. 그 결과 이 사람의 경우는 비타민 D가 결핍될 확률이 평균보다 높다고 할 수 있다. 만약 두 유전자의 변이가 각각 GG타입(동종변이)이면 비타민 D가 결핍될 확률이 더욱 높았을 것이다.

이들 유전자의 변이는 단순히 비타민 D 농도에만 연관되지 않는다. 비타민 D와 관련된 골다공증, 만성 폐질환, 대장암, 우울증 등 다양한 질병 발생과도 연관된다. 최근에는 비타민 D 관련 유전적 변이는 코로나의 중증도와도 연관된다는 논문들이 발표되고 있다(특정 유전자가 어떤 질병에 영향을 미치는지 알고 싶으면 미국 CDC가 운영하는

후즈네비게이터HugeNavigator 웹사이트에서 검색하면 된다).[6, 7]

비타민 D유전자 검사를 하면 단순히 비타민 D만 복용하게 하는 것이 아니라 만성질환 예방 가이드도 된다.

② 아연

대표적인 면역 관련 미네랄인 아연은 정상적인 성장을 위한 필수 영양소다. DNA 합성, RNA 작용, 세포분열 등에 중요한 역할을 한다. 또한 아연의 중요한 기능으로 면역 기능 증대가 있다. 면역세포인 T세포와 B세포의 합성에 아연이 관여하며 바이러스로 인한 세포 면역에도 중요한 역할을 한다. 이외에 성장과 상처 치유에도 도움이 된다.[8]

아연을 통해 예방하거나 치료할 수 있는 질병은 성장 및 발달장애, 남성의 성선기능저하증, 지루성 피부염, 아토피피부염, 탈모, 소아 감염질환, 폐렴, 후천성면역결핍증AIDS, 말라리아, 황반변성, 당뇨 등이다. 임상 현장에서 아연 부족을 알 수 있는 방법은 제한적이다. 아연 농도를 혈액 검사를 통해 알아보는 경우는 거의 없다. 모발 미네랄 검사를 통해 모발의 아연 농도를 알 수는 있다. 하지만 모발의 아연 농도가 체내에 필요한 아연 농도를 의미한다고는 확실하게 말할 수 없다.

2013년 호주의 연구자들은 아연뿐 아니라 구리, 셀레늄 등의 혈액 농도와 전장유전자 연관성 연구를 분석하여 대표적인 분자생물학 저널 『인간분자유전학Human Molecular Genetics』에 연구결과를 게재하였다. 호주의 쌍둥이 코호트와 그의 가족 그리고 영국의 임신한 여성을 대상으로 연구 대상자를 모으고 혈액에서 아연, 구리, 셀레늄 농

리, 셀레늄, 아연 농도의 전장유전자 연관성 연구
(Human Molecular Genetics, 2013)

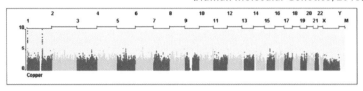

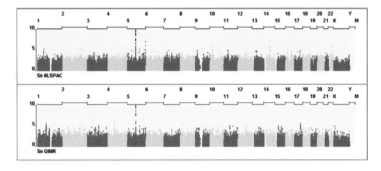

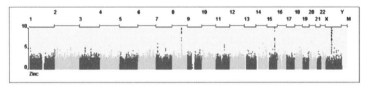

Figure 1. Manhattan plots for Cu, Se and Zn. Se results are shown for both QIMR and ALSPAC data, Cu and Zn for QIMR results only.

각각 통계적으로 유의한 SNP(변이)를 그림에 표시해 놓았다.[9]

도를 측정하고 백혈구에서 얻은 DNA를 분석하였다. 여기에서 분석한 유전자 변이의 총 개수는 205만 개 이상이다. 그 결과 구리와 연관된 유전자 변이는 2개, 셀레늄은 5개, 아연은 3개 등 이들 미네랄의 혈중 농도와 연관된 변이를 찾아냈다.

그중 아연 농도와 연관된 유전자는 CA1 carbonic anhydrase I, PPCD-C phosphopantothenoyl cysteine decarboxylase 인데 둘 다 아연 농도와 관련한 효소를 합성할 때 필요한 유전자다. CA1 유전자는 혈중 아연 농

도뿐 아니라 아연과 관련된 질병인 치매, 칸디다증, 당뇨병성 망막증, 신경과 뇌의 퇴행, 대장암 등과 연관되는 유전자다. PPCDC 유전자도 아연 농도뿐 아니라 류머티즘 관절염이나 동맥경화증과 심혈관 질환 등과도 관련된다. 현재까지 아연과 관련된 전장유전자 연관성 연구는 이 논문 한 편이다. 대부분의 DTC 상품은 아연 농도와 관련된 유전자로 이 연구에서 발견한 두 유전자로 아연의 혈중 농도를 예측한다.

아연의 하루 권장 섭취량은 남성이 10밀리그램, 여성이 8밀리그램이고 최대 섭취량은 35밀리그램이다. 건강기능식품일 경우 식품의약품안전처가 권고하는 1일 섭취량은 2.55~12밀리그램이다. 아연이 풍부한 음식으로는 굴, 소고기, 돼지고기, 조개류, 통곡류, 콩류, 견과류, 씨앗류 등이 있다.

③ 오메가3와 오메가6

한국인이 가장 많이 섭취하는 영양제 순서를 물을 때 보통 오메가3(불포화지방산)는 5위 안에 든다. 의사가 환자에게 직접 처방하는 영양제로는 비타민 D와 함께 오메가3이 대표적이다. 오메가3과 오메가6은 중성지방과 혈압을 낮추고, 혈관의 염증을 낮추고, 동맥경화증을 예방하고, 나아가 인지 기능을 올려 치매를 예방하고, 건조한 눈이나 피부를 개선하는 등 만병통치약처럼 자주 사용되는 영양제다.

그런데 정말 모든 사람에게 오메가3가 필요할까? 내가 2006년 터프츠대학교의 HNRCA센터에 속한 영양유전학 연구소에 근무할 당시 그곳 주관책임자는 스페인 출신의 호세 오르도바스 박사였다. 오르도바스 박사는 생화학자이면서도 오랫동안 고지혈증과 불포화지방산 등의 유전자 연구를 진행하여 당시만 해도 세계에서 거의 유일한 영양유전학자였다. 그분과 같이 일하면서 배웠던 것은 오메가3만 해도 누구에게는 필요하지만 누구에게는 불필요하고 나아가 일부에게는 오히려 독이 된다는 것이었다.

미국의 유명한 심혈관 코호트인 프레이밍햄 연구Framingham heart study의 데이터를 가지고 연구한 결과를 호세 오르도바스 박사는 2006년 『임상영양학』 저널에 게재했다. 755명의 남성과 822명의 여성을 대상으로 한 연구에서 HDL콜레스테롤을 수송하는 역할을 하는 지단백인 ApoA의 유전자 변이가 있을 때 AA/AG유전자형에서는 불포화지방산을 많이 먹을수록 HDL콜레스테롤이 높아지는 반면에 GG유전자형에서는 오히려 불포화지방산을 많이 먹을수록 HDL콜레스테롤이 낮아진다고 발표했다.[10] 즉 일부 유전형 그룹에선 몸에 좋은 오메가3가 풍부한 불포화지방산이 오히려 HDL콜레스테롤을 낮추어 몸을 해롭게 할 수 있다는 가설이 생긴 것이다.

또 같은 프레이밍햄 연구 대상자로 진행한 다른 연구에서는 중성지방의 농도를 관여하는 것으로 알려진 PPAR – 알파단백질의 유전자 변이에 따라 역시 PPAR – 알파V유전자형에선 오메가3를 복용한 그룹에서 중성지방이 낮아진 반면에 L유전형에선 오메가3를 복용해도 중성지방이 낮아지지 않는다는 결론을 냈다.[11]

이 두 연구를 조합하면 다음 그림과 같은 권고안을 낼 수가 있다. 즉 ApoA – 1유전자의 A유전형과 PPAR – 알파유전자의 V유전형을 동시에 가진 사람에겐 오메가3가 HDL콜레스테롤을 높이고 중성지방을 낮춰서 결과적으로 심혈관 질환을 효과적으로 예방할 수 있어서 추천할 수 있다. 반대로 ApoA – 1유전자의 G유전형과 PPAR – 알

심혈관 질환 예방을 위한 유전자에 따른 불포화지방산PUFA 추천

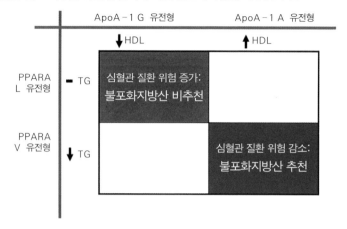

파유전자의 V유전형을 가진 사람에겐 오메가3가 중성지방을 낮추지 못하고 오히려 HDL콜레스테롤만 낮출 수 있으므로 오메가3를 추천하지 않을 것이다. 이것이 영양유전학의 전형적인 모형이라고 할 수 있다.

그런데 오메가3와 관련된 유전자는 이들 유전자만이 아니다. 오메가3의 대사, 이동, 작용과 연관된 유전자는 매우 많다. 이들 유전자 중 가장 유명하고 중요한 유전자가 바로 FADS(지방산 불포화 효소) 유전자다. FADS 유전자는 불포화지방산의 생성에 중요한 비가역적 효소 단백질인 5환원효소와 6환원효소를 코딩하는 유전자이다. 이 유전자의 변이가 있으면 불포화지방산 대사의 최종 산물인 오메가3와 오메가6의 합성이 적어져 체내 농도가 낮게 유지된다. 많은 연구가 이어지면서 FADS1, FADS2유전자의 변이가 있는 경우, 즉 정상인 TT유전형에 비해 CC변이 유전형에서는 오메가3와 오메가6가 떨어지는 것은 물론이고 그 결과 HDL콜레스테롤이 낮고 중성지방

오메가3와 전장유전자 연관성 연구 (PLOS ONE, 2011)

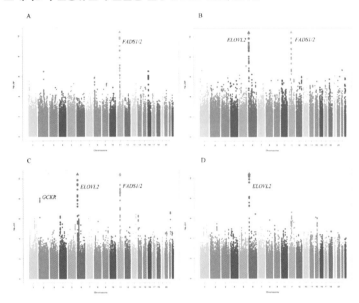

A는 알파-리놀렌산ALA, B는 에이코사펜타엔산EPA, C는 도코사펜타엔산DPA, D는 도코사헥사엔산DHA.

이 높으며 총콜레스테롤과 혈당이 높다는 것을 밝혀냈다.[12]

　나아가 FADS1, FADS2 유전자의 변이가 있는 경우는 심근경색 위험도가 높아지는 것도 알 수 있었다.[13] 다음 그림은 오메가3과 관련된 대표적인 전장유전자 연관성 연구로 미국 시애틀의 워싱턴대학교 그룹이 2011년에 저서 『플로스원PLOS ONE』에 발표하였다. 그림에서 보는 것처럼 어떤 종류의 오메가3와 관계없이 FADS1, FADS2 유전자는 오메가3 농도와 가장 연관성이 높은 대표적인 유전자임을 알 수 있다.

　이런 논문에 근거하여 많은 DTC 유전자 상품이 FADS1, FADS2 유전자를 주요한 상품으로 사용하여 오메가3와 오메가6를 추천하고 있다. 모든 영양소가 그렇듯이 내게 필요하고 부족한 영양소를 우선해서 복용하는 것이 중요하다. 유전자 연구가 발달함에 따라 앞으로는 유전자 검사를 통해 자신에게 오메가3가 꼭 필요한지를 권고하는 시대가 올 것이다.

④ 아르기닌

아르기닌L-Arginine은 최근엔 일반인도 쉽게 알아듣는 대표적인 아미노산이다. 아르기닌은 혈관을 확장하는 산화질소NO를 생성하여 혈류량을 증가시키는 역할을 하기에 예로부터 혈행 개선의 목적으로 쓰였다. 같은 원리로 남성의 발기부전 등 성 기능을 개선한다고 해서 천연 비아그라로 불리기도 한다. 또한 미토콘트리아의 에너지 대사회로인 TCA 사이클의 단계에서 구연산 등의 조효소로 작용하여 에너지 대사율을 높여 피로 회복제로도 사용된다. 특히 간에서 체내 암모니아를 제거하기 위해 요소의 합성이 일어난다. 이때 아르기닌이 요소 회로의 하나로 구성되기에 고암모니아혈증에 중요한 치료제로 쓰인다.

흔히 체내에 암모니아가 증가하면 머리가 맑지 못한 증상인 브레인 포그brain fog 현상이 발생하는데 아르기닌을 복용하면 두통 등이 호전되곤 한다. 운동선수들이 운동 전에 아르기닌을 복용하는 이유는 성장호르몬을 자극하여 근육량을 늘리는 기능이 있기 때문이다. 최근엔 체지방 분해를 돕는 역할을 강조하며 비만치료제로 사용하는 경우도 많이 있다. 아르기닌이 풍부한 음식으로는 대표적으로 닭고기, 칠면조, 돼지고기, 소고기 등이며 마, 깨, 굴, 전복, 콩류 등에도 풍부하다. 보충제 형태로 먹을 때는 보통 1그램 정도가 평균적이며 단기간 내

피로회복 개선이 목적이라면 3~4그램까지 복용하기도 한다.

그런데 모든 사람이 아르기닌을 복용해야 할까? 일반적으로 아르기닌 결핍은 주된 영양원이 되는 육류 등을 극단적으로 먹지 않는 식습관 등에서 오기도 하지만 유전적 요인으로 결핍되는 경우도 있다. 대표적인 연구 중 2016년 영국의 의사 그룹이 발표한 전장유전자 연관성 연구에 따르면, 901명의 유럽인과 1,394명의 인도인을 대상으로 혈중 아르기닌 농도와 유전자의 상관분석을 하였다. 이 중 KLKB1, F2 두 유전자의 SNP(변이)가 낮은 혈중 아르기닌 농도와 연관성이 높았다. 공교롭게도 이 두 유전자는 혈압과 관련된 유전자였다. 즉 낮은 아르기닌의 농도는 심혈관 질환 위험과 관계됨을 간접적으로 알게 된 것이다.[14]

실제로 높은 아르기닌 중심의 식단이 심혈관 질환을 예방한다는 연구 논문들이 발표되었다. 이란 테헤란의 연구진들이 시행한 연구에서는 2,284명의 성인을 평균 4.7년 관찰했더니 아르기닌을 많이 복용한 그룹은 그렇지 않은 그룹에 비해 수축기와 이완기 혈압이 낮았고 심혈관질환 위험이 0.72배 낮았다고 보고하였다.[15]

이런 예를 통해 알 수 있는 것은 유전자 검사를 통해 특정 유전자가 낮은 아르기닌 농도와 관계되었을 뿐 아니라 구체적으로 심혈관 질환에 도움이 될 수 있다는 것이다. 실제로 이런 연구를 바탕으로 다음과 같은 DTC 상품이 구성되었다.

만약 DTC 유전자 검사 결과 아르기닌 관련 유전자의 변이로 인해 아르기닌 농도가 낮을 것으로 예측되고 고혈압 등 심혈관 질환이 높은 경우라면 상대적으로 아르기닌 복용을 권유할 수 있다.

조금 더 깊이 설명하면, 아르기닌과 달리 대칭 비메틸아르기닌

검사 결과 및 해석

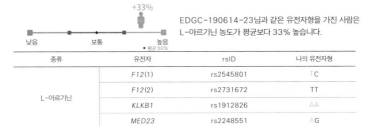

EDGC-190614-23님과 같은 유전자형을 가진 사람은
L-아르기닌 농도가 평균보다 33% 높습니다.

종류	유전자	rsID	나의 유전자형
L-아르기닌	F12(1)	rs2545801	TC
	F12(2)	rs2731672	TT
	KLKB1	rs1912826	AA
	MED23	rs2248551	AG

SDMA과 비대칭 비메틸아르기닌ADMA은 산화질소 생성을 억제하는 물질로 체내에서 이들 물질이 증가할 때 혈관이 수축되고 혈압이 증가하며 심장질환과 합병증이 증가한다. 특히 신장질환자에게서 체내 비대칭 비메틸아르기닌ADMA이 증가하는 경우 독립적인 신장질환 합병증의 위험 요인으로 분류된다.

유전자 검사에는 이들 체내 대칭 비메틸아르기닌SDMA과 비대칭 비메틸아르기닌ADMA의 농도와 관련된 연구가 있다. 2014년 심장혈관 분야의 최고의 저널인 『서큘레이션Circulation』에 발표된 전장유전자 연관성 연구에 따르면 체내 높은 대칭 비메틸아르기닌SDMA과 비대칭 비메틸아르기닌ADMA과 연관된 유전자로 AGX2, DDAH1 등의 유전자를 밝혀냈다. 이들은 모두 대칭 비메틸아르기닌SDMA과 비대칭 비메틸아르기닌ADMA의 생성에 관여하는 유전자다. 따라서 이들 유전자의 변이가 있으면 대칭 비메틸아르기닌SDMA과 비대칭 비메틸아르기닌ADMA이 체내에 증가할 수 있어서 각별한 혈관 관리가 필요하다.

이처럼 아르기닌이 모두에게 도움이 되는 것은 사실이다. 평소에 단백질을 충분히 섭취하지 않는 사람이 체내 아르기닌 농도에 영향

+43%

낮음　　　　보통　　　　높음
　　　　　　　　　　　● 평균 50%

EDGC-190614-23님과 같은 유전자형을 가진 사람은
SDMA · ADMA 농도가 평균보다 43% 높습니다.

종류	유전자	rsID	나의 유전자형
SDMA · ADMA	AGXT2	rs37369	TT
	DDAH1	rs1884139	GG
	DDAH1(1)	rs2268667	GG
	DDAH1(2)	rs233112	CC

을 미치는 유전자의 변이가 있는 경우라면 아르기닌을 섭취할 것을
권고한다. 특히 피곤, 두통, 근육량 저하 등의 증상이 있으면 더욱 그
렇다.

6

비만과 식탐을 일으키는 비만 유전자가 있다

──── 다이어트 열풍이 불면서 많은 사람이 효과적으로 체중을 줄이려 진료실로 찾아온다. 어떤 사람은 물만 먹어도 살이 찐다고 하소연한다. 반대로 또 어떤 사람은 아무리 먹어도 살이 안 찐다고 하소연한다. 현대인의 비만은 많이 먹고 적게 움직이는 생활습관이 가장 큰 원인이지 개인마다 이런 차이가 있는 것이다. 이것을 우리는 유전적 차이라 부른다. 대략 비만의 30~60% 정도가 유전적 요인에서 기인한다고 한다.

많은 과학자가 비만에 영향을 주는 유전자를 찾기 위해 연구해왔고 수많은 논문이 발표되어 왔다. 대표적인 유전자가 16번 염색체에 위치한 FTO 유전자다. 비만과 관련된 연구만 해도 2,000여 개의 논문이 발표되었는데 FTO 유전자는 전장유전자 연관성 연구에서도 늘 비만 유전자로 최종 선정된다. FTO 유전자에 변이가 있으면 비만이 될 확률이 30% 더 높고 심혈관질환과 뇌혈관질환이 걸릴 위험

도 2배 가까이 증가된다.[17]

FTO 유전자는 지방을 저장하는 유전자로 인류의 생존에 영향을 미친 유전자다. 네안데르탈인 시대나 신석기 시대처럼 아직 농경문화가 정착되지 않았던 고대 시대에는 사냥을 통해 식량을 얻었기에 식사가 불규칙할 수밖에 없었다. 사냥할 것이 없는 겨울 시기에는 며칠간 굶을 수 있다. 이때 생존을 위해선 섭취한 음식을 체내에서 지방으로 저장하는 능력이 필수다. FTO 유전자가 그런 역할을 해왔다. 그런데 농경문화와 산업시대를 거치며 인류가 식사를 자주하고 지나치게 많은 열량을 섭취하며 동시에 교통수단의 발달로 예전보다 덜 움직이면서 FTO 유전자는 비만을 일으키는 주범이 된 것이다. 다행인 것은 이 유전자의 변이가 서양인은 약 70%로 흔하지만 한국인은 30% 미만만 있다. 이 차이가 서구인과 한국인의 체형의 차이를 설명하는 한 요인이기도 할 것이다.

FTO 유전자 외에도 식탐을 계속 불러일으키는 MC4R 유전자, 우울하거나 스트레스를 받으면 보상작용으로 계속 먹게 만드는 BDNF 유전자, 포만감을 느껴 식탐을 억제하는 렙틴Leptin 유전자, 밤늦게까지 안 자게 하면서 음식을 먹게 만드는 시계Clock 유전자 등이 있다. 이 유전자들은 모두 탄수화물이나 지방 등이 체내에서 모자라 배고픔이라는 신호를 통해 최소한의 음식을 계속 먹게 하는 진짜 식탐과 달리 뇌하수체의 시상하부에 식욕이라는 신호 전달체계를 과도하게 자극하여 불필요한 음식을 더 먹게 만드는 가짜 식탐과 관련된다. 이들 식탐 유전자에 변이가 있어 비정상적인 식탐이 있는 사람들의 경우 무조건 굶는 다이어트는 실패할 수 있다. 식탐을 억제하는 약물을 사용하거나 열량은 낮으나 포만감을 불러일으키는 음식으로 식탐을 달래는 것이 필요하다.

최근에는 탄수화물은 극도로 적게 먹고 대신 지방을 통해 열량을 섭취하는 이른바 '저탄고지' 다이어트가 유행이다. 그런데 환자 중에 저탄고지를 따라 했지만 오히려 살이 더 찌고 중성지방 수치가 올라간 경우가 있었다. 그 환자의 경우 FTO 유전자에 변이가 있어 고지방 식이가 몸에 해로웠다. 이처럼 비만의 원인이 사람마다 다르기에 자신에게 맞는 다이어트 역시 사람마다 다르다. 최근에는 유전자 분석을 통해 저탄수화물, 저지방, 지중해식, 항산화 식이 등 개인맞춤 음식과 더불어 개인맞춤 운동까지 제안하는 프로그램이 소개되고 있다.

그렇다면 비만 유전자가 남들보다 더 많으면 평생 비만으로 살게 되는 걸까? 유전자를 마치 운명론으로 받아들이는 사람들에겐 유전자 검사는 오히려 절망감만 줄 수 있다. 그러나 많은 연구가 유전, 음식 같은 환경적 요인을 같이 설명하고 있다. FTO 유전자에 변이가 있지만 운동을 열심히 하는 그룹에서는 FTO 유전자에 변이가 없지만 운동하지 않는 그룹보다 오히려 날씬한 체중을 유지했다. 비만과 같은 만성질환은 태어나기도 하지만 만들어지기도 한다. 자신의 유전적 소인을 이해하는 데 그치지 않고 이들 유전자에 맞게 설계된 인류의 삶의 방식, 즉 적게 먹고 많이 움직이던 시대의 삶의 방식으로 돌아가서 건강하고 날씬한 몸을 만드는 똑똑한 고객이 되도록 하자.

7

DTC 유전자 검사의 확대와
한계는 무엇인가

━━━ 최근 비의료기관이 직접 시행하는 고객 직접 의뢰인 DTC 유전자 검사 항목이 보건복지부 고시에 의해 기존 12개에서 56개, 70개로 계속 늘고 있다. 또 2023년부터는 DTC 인증제를 통해서 지속적으로 항목이 확대될 예정이다. DTC 인증제는 국가 공인 기관이 각 회사에 어느 정도 자율권을 주기 때문에 시장 확대에 도움이 된다. DTC 유전자 검사가 오도되지 않도록 철저한 사후 관리를 통해 질적 강화를 목표로 하고 있다.

최근 의료기관을 거치지 않고 검사기관이 직접 유전자 검사를 하는 DTC는 4차 산업혁명과 유전자 검사 기술의 발달에 힘입어 세계적으로 빠르게 성장하고 있다. 2021년 기준 글로벌 시장 규모는 약 1억 4,000만 달러로 매년 20%씩 성장한다. 국내에서는 2016년 보건복지부에서 지정하는 비만, 고혈압, 비타민 C 농도, 탈모 경향성 등에 대해 DTC가 시행됐지만 항목이 적고 질병에 대한 DTC는 의료기관에서만 할 수 있어 서비스 규모가 미미했다. 산업계는 미국, 영국, 일본 등의 수준으로 DTC를 확대해야 한다고 주장한다. 하지만 의료계는 정확도가 검증되지 않은 검사를 비의료기관에서 수행하는 것에 우려를 표명해왔고 일부 시민사회는 의료 영리화의 일환이라고 비판하고 있다.

복지부는 지난 2년간 민관협의체 회의, 공청회, 시민단체 협의, DTC 인증제 시범사업과 국가생명윤리심의위원회를 거쳐 웰니스 wellness 영역에 한하기는 하지만 DTC 적용 항목을 늘렸다. 이해당사자 간의 갈등이 치열할 때 정부가 모범적으로 절차를 밟아 해결 방안을 제시했다는 점에서 고무적이다. 질병과 직접 관계없는 개인의 특성, 운동, 영양 등의 분야에서 고객이 검사기관에 검사를 신청할 수 있도록 해 국민건강 증진과 소비자 알 권리 충족이라는 교차 방정식을 잘 풀어냈다. 질병 예측 DTC에 대해서는 규제 샌드박스라는 또 다른 갈등 해결 창구를 만들어 산업계의 요구를 공개 검증하는 기회를 제공한 것도 결과를 궁금하게 한다.

다만 시범사업으로 드러난 개별 업체의 역량 차이는 컸고 같은 항목에 대한 해석이 제각각인 점 등 한계도 노출됐다.

현행 유전자 검사기관들의 해석 알고리즘

이런 차이점은 그림에서 보듯 우선 회사마다 해당 특성이나 질병에 대한 유전자와 SNP(변이)의 선택을 각각 다르게 했다. 다수의 유전자 변이의 계산 알고리즘(PRS계산방식)도 다르고 정상·비정상의 판정 기준도 다르기 때문이다. 그 결과 같은 샘플을 A회사, B회사, C회사에 보냈을 때 비타민 C의 농도가 A회사는 높음, B회사는 낮음,

C회사는 보통으로 결과를 낼 수도 있다. 따라서 고객은 각 회사의 단순한 결과지 디자인이나 가격보다는 연구 역량과 얼마나 많은 유전자 변이, 특히 한국인에게 맞는 변이를 사용하였는지를 고려하여 회사 제품을 선정해야 한다.

다음으로는 질병과 달리 웰니스 영역은 데이터베이스DB 구축 등 관련 연구가 상대적으로 부족한 것도 큰 원인이다. 정부와 산업계가 국민의 유전형에 따른 웰니스 등 형질을 추적 조사해 데이터베이스를 구축하는 데 힘을 쏟을 필요가 있다. 정부는 국민 건강 증진을 위해서라도 그동안 축적한 유전체 데이터베이스의 공개를 확대해 산업계와 의료계의 역량 강화에 도움을 주기 바란다.

최근 국내에서 허용되지 않는 DTC를 해외에서 수행하거나 생명윤리법에서 금지한 보험 가입이나 마케팅 등에 유전자 검사 결과를 활용하는 등의 시장 혼탁 사례가 발생했다. 정부는 명확한 기준을 제시해 경쟁에 매몰된 업체들의 부정확한 검사가 성행하는 것을 막고 우수 업체가 성장하도록 선순환 체계를 구축해야 한다. 고객은 DTC가 환경의 영향을 받는다는 한계를 이해해 맹신하지 않아야 한다. 질병이나 개인 특성은 유전자로만 결정되지 않고 생활습관과 환경적 요인도 고려해야 한다. 금연이나 운동 등 건강 증진 행위를 늘리는 방향으로 DTC 결과를 생활에 적용하기 바란다.

8

마이크로바이옴이란 무엇인가

──── 마이크로바이옴microbiome은 우리의 장 속에 주로 거주하며 우리가 먹는 음식을 먹으면서 여러 대사 활동을 하는 약 38조 개의 장내미생물군집을 뜻하는 마이크로바이오타microbiota와 이 미생물의 유전 정보를 의미하는 유전체genome의 합성어다.

우리 몸의 피부, 입안, 질 내부, 위장관 등 몸의 부위마다 고유한 마이크로바이옴이 존재한다. 마이크로바이옴은 세균이 주인데 그 외에 바이러스, 고세균, 곰팡이 등으로 구성된다. 인간의 대장 속에 가

미생물군
Microbiota

생태계
Biome

마이크로바이옴
Microbiome

휴먼마이크로바이옴의 95%는 장에서 서식하는 장내미생물이다.

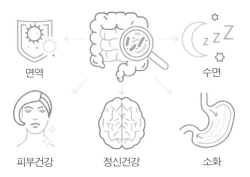

면역 수면 피부건강 정신건강 소화

마이크로바이옴은 전신에 영향을 주며 직접적으로 특정 질병의 원인이 되기도 하고 간접적으로 질병에 영향을 미치기도 한다.

장 높은 비율로 존재하며 그 무게는 약 200~300그램으로 추정된다. 마이크로바이옴은 인간 유전자와 달리 식이나 외부 환경적 요인에 의해 비교적 쉽게 바뀔 수 있다.

이전에는 마이크로바이옴을 단순히 장내에만 국한된 미생물로서 장염이나 설사 등 장 관련 질환에만 영향을 미치는 존재로 인식했다. 하지만 마이크로바이옴은 전신에 영향을 주며 직접적으로 특정 질병의 원인이 되기도 하고 간접적으로 질병에 영향을 미치기도 한다. 장질환뿐만 아니라 자가면역질환, 간질환, 심혈관질환, 대사질환, 뇌질환에 이르기까지 수많은 연구결과를 통해 마이크로바이옴의 중요성이 점점 더 커지고 있다. 일종의 형체가 없는 하나의 장기organ로 인식되기 때문에 이식하기도 한다. 대변의 3분의 1은 미생물로 구성되어 있어서 대변미생물이식FMT, Fecal Microbiota Transplant과 같은 방법을 사용한다. 건강한 사람의 대변을 식염수와 섞은 뒤 여과하여 장내미생물이 들어 있는 용액만 추출하여 위·대장 내시경 시술을 통해 이식하거나 캡슐 복용을 통해 이식을 진행한다.

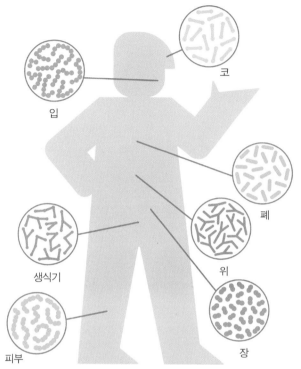

코

입

폐

생식기

위

피부

장

마이크로바이옴은 인간의 여러 부위에서 공생하는 미생물 생태계다.

　이 장내미생물은 인간과 공생관계로서 인체 전반에 직간접적으로 영향을 미치며 건강을 위한 핵심 조절자 역할을 한다. 면역과 염증 조절, 당 조절, 장관의 운동과 기능 조절에 중요한 역할을 하고 뇌와 신경계와 심장 건강에도 관여한다. 음식의 소화를 돕고 사람이 소화하지 못하는 탄수화물을 분해해서 필요한 에너지의 15%를 추가로 공급하기도 한다. 또한 사람이 만들지 못하는 다양한 비타민을 생성하고 직간접적으로 면역계를 조절하고 군집 저항colonization resistance 을 통해 병원균에 대응하는 역할도 한다. 또한 물리적으로 공간을 점

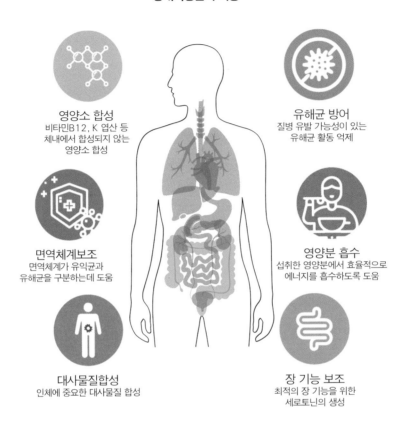

장내미생물의 기능

영양소 합성
비타민B12, K 엽산 등
체내에서 합성되지 않는
영양소 합성

유해균 방어
질병 유발 가능성이 있는
유해균 활동 억제

면역체계보조
면역체계가 유익균과
유해균을 구분하는데 도움

영양분 흡수
섭취한 영양분에서 효율적으로
에너지를 흡수하도록 도움

대사물질합성
인체에 중요한 대사물질 합성

장 기능 보조
최적의 장 기능을 위한
세로토닌의 생성

령해 병원균이 거주하고 생존하는 것을 막는다. 일부 장내미생물은
살균화학물질을 분비하여 병원균을 공격하기도 한다.

장내미생물 생태계 불균형을 이해하기 위해서는 유해균이 하나
증가하고 유익한 미생물이 하나 줄어든다는 이분법적인 해석을 할
게 아니고 장내미생물 생태계 전체를 어우르는 생태학ecosystem적 해
석이 필요하다.

마이크로바이옴의 좋고 나쁨을 판단하는 기준은 균형이다. 인체가

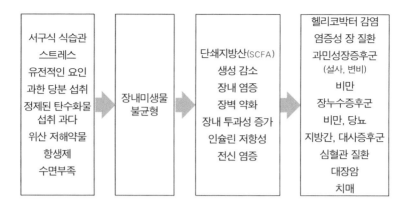

항상성homeostasis를 유지하듯 장내미생물도 균형을 유지하는 힘을
지니고 있다. 이런 균형도를 기준으로 볼 때 주요 장내세균이 다양하
게 생활하고 있는 균형 생태계(유바이오시스Eubiosis, 장내미생물 균형)와
주요 장내세균이 있지만 다양성이 떨어지거나 유해균을 같이 지니
고 있는 불균형 생태계(디스바이오시스Dysbiosis, 장내미생물 불균형)로
구분할 수 있다.

불균형 생태계는 건강한 사람의 장에서 관찰되는 기존의 유익한
미생물과 염증을 억제하는 장내 상주균들이 줄어들면서 주로 유해
균으로 구성된 프로테오박테리아문이 증가하여 미생물의 다양성이
감소하고 안정성이 깨진 상태를 말한다. 그 자체로 만성 염증을 일으
킬 수 있고 다양한 질병과 밀접한 관련이 있다. 장과 관련된 염증성
장질환, 설사, 변비, 대장암뿐만 아니라 전신적으로 염증을 일으키며
면역조절기능을 저하하므로 대사질환인 당뇨, 지방간 등의 위험도를
높일 수 있다. 또한 자가면역질환, 심장혈관질환, 치매 등과 같은 인
체 전반에 관련된 질병의 위험도를 높일 수 있다.

디스바이오시스 상태로 가지 않도록 평소 식생활습관을 잘 관리하는 것이 중요한데 그중에서 식이가 가장 중요하다. 가공식품, 설탕과 같은 정제된 탄수화물을 제한하고 더불어 다양한 파이토케미컬이 풍부한 채소류, 통곡류, 해조류 등을 규칙적으로 섭취하면서 충분한 수면, 스트레스 관리, 적당한 운동을 병행해야 한다.

9

왜 개인맞춤 유산균 처방을 해야 하는가

───── 유산균의 정의는 적당량을 섭취하였을 때 숙주의 건강에 이로움을 주는 살아 있는 미생물을 말한다. 하지만 이런 유산균은 원래 우리 장에 있는 터줏대감이 아니다. 유산균은 섭취 후 약 2주간 장에 머무르며 그 이후에는 사라진다. 유산균은 장에 머무는 시간 동안 원래 있는 장의 상주균과 교류하고 대변, 설사, 복부팽만감 등 장의 전반적인 증상과 면역을 조절하고, 장 점막의 치밀 장벽을 강화하고 점액층을 보강하고 여러 인자를 분비함으로써 외부 항원에 대응하는 유익한 역할을 한다.

오히려 유산균이 장을 2주 만에 스쳐 지나가지 않고 장에 정착해서 우점을 한다면 오히려 질병을 일으킨다는 연구결과도 있다. 그래서 이렇게 스쳐 지나가는 유산균의 통행량을 유지하고 유산균이 자꾸 장을 스쳐 지나가면서 기존의 상주균과 소통하며 좋은 호르몬과 면역을 조절하는 것이 필요하다. 유산균은 유해균을 직접 공격하기

보다는 장의 전반적인 생태계와 환경 조절에 도움을 주면서 자연스럽게 유해균을 제어하는 역할을 한다. 이런 유익한 균들이 2차 대사산물인 단쇄지방산을 충분히 만들어내는 환경이 되면 산소가 차단되는 혐기성 생태계가 잘 유지되며 장벽도 튼튼해지고 염증도 줄어든다.

그래서 유산균이 2주간 장을 잘 통행하고 배출되어 나가기 전까지 여러 이로운 역할을 하고 나갈 수 있도록 개인맞춤 유산균을 복용하는 것은 도움이 된다. 값이 비싸고 남들에게 좋은 프로바이오틱스가 아니라 개인의 장 속 미생물 생태계와 잘 맞는 것을 먹는 것이 가장 중요하다. 그래서 장 맞춤형 유산균의 필요성이 대두되고 있다. 유산균의 종류와 양 모두가 영향을 미칠 수 있다.

식품의약안전처는 19종의 균을 프로바이오틱스로 규정하고 건강기능식품으로 유통하고 있다. 식약처에서 인증한 프로바이오틱스의 기능성 효과는 '유산균 증식, 유해균 억제, 배변 활동 원활에 도움을 줄 수 있음'이다. 기존에는 모든 사람에게 두루 적용되는one size fits all 형식의 단일유산균 제제가 많았다고 하면 최근에는 여성 질 유산균, 다이어트 및 체중 감량에 도움이 되는 유산균, 면역 유산균 등 다양한 개별 기능성을 강조한 제품이 출시되고 있다. 이들 제품은 추가적인 연구를 통해 개별인정형 원료로서 기능을 획득한 프로바이오틱스 제품으로서 다양하게 활용되고 있다.

사람의 장 생태계는 그 사람 고유의 특성을 보이고 있다. 같이 생활하면서 비슷한 생활습관과 식이를 하면 비슷할 수는 있지만 일치하지는 않는다. 그러다 보니 내 장에 완벽하게 맞춤형으로 만드는 유산균은 불가능할 수 있다. 현재 최선의 방법은 장내미생물 검사나 문

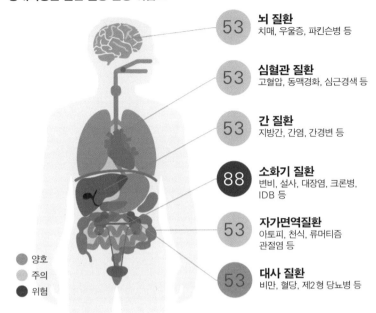

장내미생물 관련 질병 발병 위험도

뇌 질환
53
치매, 우울증, 파킨슨병 등

심혈관 질환
53
고혈압, 동맥경화, 심근경색 등

간 질환
53
지방간, 간염, 간경변 등

소화기 질환
88
변비, 설사, 대장염, 크론병, IDB 등

자가면역질환
53
아토피, 천식, 류머티즘 관절염 등

대사 질환
53
비만, 혈당, 제2형 당뇨병 등

● 양호
● 주의
● 위험

점수가 높을수록 위험하다. (출처: 이지놈 이지컷프로)

진을 통해 유형별로 분류하여 최대한 맞춤형에 가깝게 하는 것이다.

예를 들면 이지놈은 국내 최초로 3세대 차세대 염기서열 분석NGS 기반 장내미생물 분석 서비스인 이지컷Easy gut 프로 검사를 제공하고 있다. 이 검사를 통해 장내미생물 다양성, 유해·유익 미생물 분포, 건강 인과의 유사도 등을 종합하여 산출한 종합 장내미생물 건강점수GMHS, Gut Microbiome Health score로 장내미생물의 전반적인 상태를 확인할 수 있다.

그리고 장내미생물과 연관이 있다고 알려진 20여 가지의 질병 발생 위험도를 알려준다. 실제로 그 질병이 있다는 진단적인 가치가 있는 것이 아니라 장내미생물 생태계의 불균형 정도를 기존의 질병이 있는 환자들과 인공지능으로 비교 분석해 추후 자신에게도 이러한 질병이 발생할 위험도가 높다는 것을 알려주는 것이다. 위험도가 높게 나왔을 때 식생활습관 개선을 통해 실제로 그 질병이 발생하지 않도록 예방하는 것이 필요하다.

또한 개인별로 다른 장내미생물 유형을 분석하여 네 가지 타입으로 분류한다. 유해 미생물의 비율이 높고 장내미생물 생태계의 균형이 무너져 집중적인 관리가 필요한 D(디스바이오시스dysbiosis)형, 미생물 생태계의 다양성이 부족한 B(바이오다이버시티Biodiversity)형, 면역 관련 유익미생물이 부족한 I형(이뮤니티Immunity), 미생물 생태계가 균형을 이루고 있는 건강상태인 E(유바이오시스Eubiosis)형으로 나눈다. 이 중에서 유산균을 복용하여 장 환경 개선이 필요하다고 판단되는 I, B, D형은 맞춤형 유산균을 복용하도록 권고한다.

이렇게 사람마다 다양한 장을 차세대 염기서열 분석NGS 검사를 통해 확인하고 타입별로 분류한 뒤에 검사 결과에 맞춰 유산균을 복용하도록 하는 것이 맞춤 유산균 처방의 근간이다.

10

항노화 영양으로 텔로미어를
길게 할 수 있다

———— 사람은 나이가 들면서 여러 생체 지표들이 변한다. 콜레스테롤 수치가 증가하고 혈압이 올라가며 체지방이 증가하는 반면에 골밀도와 근육량은 감소하고 호르몬 수치는 감소한다. 이것을 노화 지표라고 한다. 모든 노화 지표 중에 노화를 가장 잘 반영한 대표적인 지표가 바로 텔로미어telomere다.

텔로미어는 그리스어로 끝을 뜻하는 텔로스telos와 부위를 뜻하는 메로스meros의 합성어로 '염색체의 끝'을 의미한다. 염색체의 끝에는 여섯 가지 특정 염기(TTAGGG)가 수백에서 수천 개가 반복되어 뭉쳐 있는 구조를 이룬다. 이는 체세포 분열 때마다 염색체가 같이 분열되는 것을 막아주는 역할을 한다.

텔로미어는 나이뿐 아니라 사망률과도 관계되는데 역시 약 6만 5,000명을 대상으로 한 덴마크의 연구결과 텔로미어가 가장 짧은 하위 10% 구간이 가장 긴 상위 10% 구간보다 사망률이 1.4배나 달

텔로미어

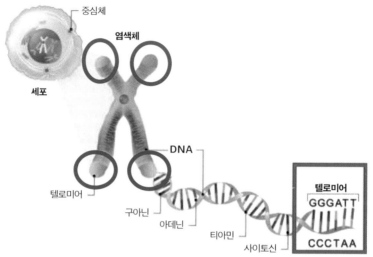

나이가 들면 텔로미어의 길이가 짧아지는데 해마다 약 25개 정도의 염기가 없어진다. 특히 대표적으로 노화를 촉진하는 염증과 산화 스트레스는 텔로미어 길이를 단축하는 데 영향을 미친다. 2012년에 덴마크 코펜하겐에서 약 2만여 명을 대상으로 한 역학 연구에서 신체 나이와 텔로미어 길이의 연관성의 유의 수준은 무려 10 – 114에 해당되었을 정도다.[20] (출처: pubmed.gov)

했다. 텔로미어는 질병과도 관계된다. 비만, 당뇨, 고혈압, 심혈관질환, 암 환자 등이 건강한 사람에 비해 텔로미어 길이가 짧다는 연구가 꽤 많다. 짧아진 텔로미어가 질병을 일으키는 것일까? 아니면 질병 혹은 질병을 일으키는 염증이나 비만 등의 기전이 텔로미어를 단축하는 것일까? 원인과 결과의 관계는 명확하지 않지만 다른 사람들에 비해 텔로미어의 길이가 짧으면 질병이 있을 가능성이 더 큰 것이 사실이다.

많은 연구가 특정 생활습관이 텔로미어 길이에 영향을 미친다고 발표하고 있다. 2014년 국제 비만지에 발표된 논문에는 5년간 지중해 식이를 지속한 결과 텔로미어 길이가 길어졌다고 한다. 이는 지중해 식이가 항노화에 도움을 주었다는 것을 의미한다.[21] 2013년에 저널 『란셋』에 발표된 연구는 전립선암 환자를 대상으로 5년간 적극적으로 운동을 하게 한 결과 텔로미어 길이가 길어졌음을 밝혔다.[22] 백혈구의 텔로미어는 비교적 짧은 시간 내 체중 감량, 운동, 식이습관의 개선만으로도 바로 길어질 수 있으므로 건강한 생활습관의 지표로도 활용될 수 있다.

건강기능식품 중에는 비타민 A, B, C, E 같은 항산화 비타민이 텔로미어 길이와 관계가 있고 2022년 발표된 메타분석에 따르면 오메가3로 텔로미어 길이가 늘어났다. 텔로미어를 늘리는 보더 확실한 영양소, 즉 불로초를 찾기 위해 전 세계적으로 경쟁이 벌어지고 있다. 가장 대표적인 그룹이 생명공학 회사 제론으로 사이클로아스트라제놀cycloastragenol이라는 성분이 텔로미어 길이를 늘이는 효소인 텔로머라제telomerase를 활성화한다는 사실을 발견했다. 이 물질은 황기에서 추출하는 것으로 알려졌다. 이 물질에 대한 양도권을 사업자 노엘 패튼이 획득해 TA 65라는 이름으로 출시했고 쥐와 사람을 대상으로 한 임상 시험도 발표했다.[23] 이 발표에선 텔로미어 길이뿐 아니라 근육량, 기억력 등 주요 노화 지표도 개선되었음을 보여주었다.

내가 근무하는 병원도 텔로미어를 통해 노화 지표를 측정하고 운동이나 식이 개선의 전후 비교 지표로 사용한다. 텔로미어와 노화 및 수명의 연관관계를 최초로 밝힌 엘리자베스 블랙번Elizabeth Blackburn 교수는 2017년 발간한 저서 『늙지 않는 비밀Telomere Effect』에서 "만성 스트레스는 텔로미어를 더 짧게 만드는 원인"이라며 "가벼운 운동이나 충분한 휴식·명상을 통해 스트레스를 관리해야 텔로미어 단축 속도를 상대적으로 늦추고 건강하게 수명을 연장할 수 있다."라고 주장했다. 그동안 막연하게 노화 방지에 도움이 된다는 생활습관의 개선이 노화를 측정할 수 있는 지표 개발을 통해 명확하게 설명된 것이다.

주민등록 나이가 아니라 건강 나이를 제대로 측정할 수 있는 텔로미어 분석을 통해 나의 노화 속도를 측정하고 적극적인 생활습관 개선과 건강한 식이를 통해 적극적인 항노화를 이루는 것이 건강 100세를 지향하는 새로운 형태의 건강 행위가 될 것이다.

11

음식과 영양이 유전자의 발현을
바꿀 수 있다

━━━ 내가 매일 먹는 음식이 유전자를 바꾸어 질병을 일으키거나 반대로 질병을 예방할 수 있을까? 정답은 아니기도 하고 그렇기도 하다. 유전자는 부모로부터 받은 특성이고 염기라는 변이는 절대 바뀌지 않고 다시 후손에게 물려주게 된다는 점에서는 음식이 유전자의 구조를 바꿀 수는 없다. 그러나 유전자의 발현expression 기능은 음식 등의 환경에 의해 바뀔 수 있다. 예를 들어 백열등, 형광등, 수은등과 같이 전등은 밝기와 수명이 제각각이지만(선천적) 그 전등의 스위치를 통해 켜고 끌 수 있다(후천적). 음식은 대표적인 유전자의 스위치에 해당된다. 이런 학문을 후성유전학Epigenetics이라 부른다.

후성유전학은 선천적인 돌연변이가 아니라 후천적으로 음식, 생활습관, 스트레스 등이 DNA에 영향을 주어 질병을 일으키거나 다음 세대에까지 이어지는 것을 연구하는 최신 학문이다. 단적인 예로 같은 유전자를 갖고 태어난 쌍둥이도 살아온 환경이 다르면 각각 다른

후성유전학의 기전이 노화와 질병에 미치는 영향[24] (Springer. 2017)

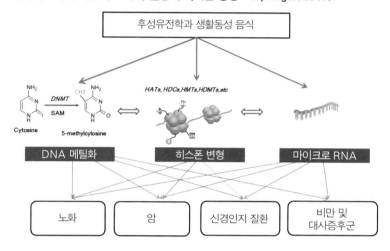

질병이 생긴다. 질병의 환경적 요인을 설명하는 좋은 예다.

　꿀벌의 경우 일벌과 여왕벌은 모두 여성벌이다. 꿀벌은 불과 4주 정도밖에 살지 못하며 불임인 반면에 여왕벌은 1년 이상을 살며 평생 200만 개의 알을 낳는다. 둘은 유전학적으로 거의 차이가 없다. 4일 정도 된 유충에 일반 화분을 먹이면 일벌로 자라게 되고 로열젤리를 먹고 자란 유충은 여왕벌이 된다. 음식이 생식과 관련된 유전자의 스위치를 켜고 끄게 만든 것이다.

　특히 암이 생기는 과정에서 환경적 요인이 유전자의 스위치인 전사 부위에 영향을 주어 DNA 메틸화 현상이 일어난다. 이러한 DNA 메틸화를 포함하여 후성유전학적 기전이 속속 밝혀지고 있다. 엽산이나 비타민 B, 녹차, 강황, 베리류의 항산화 식품 등이 모두 DNA 메틸화를 포함한 후성유전학적 기전으로 암 유전자의 스위치를 꺼서 암을 예방하는 것으로 알려져 있다. 그야말로 사람은 태어나기도

nature하지만 만들어지기도nurture하는 것이다. 매일 먹는 음식이 사람을 만드는 데 결정적인 역할을 하는 것이다.

후성유전학의 한 분야 중에 산모가 먹은 음식에 따라 자녀의 질병이 결정된다는 태아 재프로그램fetal reprograming 개념이 있다. 보통 어른들이 태아에 좋은 영향을 주기 위해 태교를 강조하고 산모의 음식과 정서에 신경쓰는 것은 오랜 경험과 지혜로 내린 결론이다. 이것이 현대의학에서 유전학적으로 증명된 것이다.

대표적인 연구로 임신한 엄마 쥐에 각기 엽산의 양이 다른 음식을 먹였더니 자녀 쥐의 피부색이 검거나 얼룩무늬가 있거나 혹은 희거나 노란 피부를 보였다. 일반적으로 아구티 쥐는 검거나 얼룩무늬 피부 일 때 건강하고 오래 살고 노란 피부일 때 암이나 당뇨 등 여러 질병에 걸린 것으로 판단한다. 이 연구를 통해 산모 때 먹는 특정 음식과 스트레스 등의 환경이 본인뿐만 아니라 후세대의 DNA에 영향을 주어 질병을 결정한다는 것을 알 수 있다.

우리가 좋은 유전자를 타고났든 그렇지 않든 매일 건강한 음식을 먹고 음주, 흡연, 스트레스를 멀리하며 적절한 운동과 수면을 통해 더욱 건강한 몸을 만들어가는 것이 참된 지혜다.

4장

기능의학 데이터로 개인맞춤 질병 예방을 한다

—

김경철

1

기능의학으로 질병의 원인을 치료한다

───── 기능의학이란 암이나 당뇨나 고혈압과 같은 질병은 아직 아니나 만성 피로, 통증, 수면장애, 스트레스로 인한 다양한 증상 등 신체와 정신이 정상적이지 않은 상태, 즉 생리적 기능 이상 상태를 진단하고 치유하는 학문을 말한다. 현대의학과 기능의학을 합쳐 통합의학이라고 부른다. 최근에는 이런 기능의학이나 통합의학의 진료를 추구하는 클리닉이 많이 생겨나고 있다.

외과 의사이자 미국기능의학학회 회장을 지낸 제이콥 콘버그Jacob Kornberg는 기능의학을 다음과 같이 정의한다. "기능의학의 목적은 정상적인 생리 기능을 방해하는 것을 제거하고, 적절한 건강에 필요한 것을 넣어주고, 인체 스스로 치유 능력을 회복하게 하고, 생리적인 균형을 이루도록 도와주는 데 있다."[1]

현대의학과 달리 기능의학의 핵심 철학은 다음과 같다.

기능의학과 통합의학

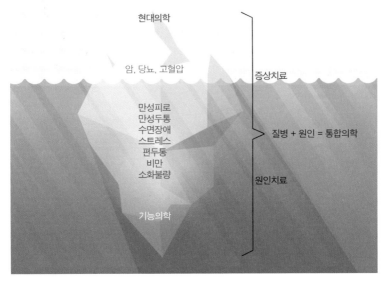

통합의학 = 현대의학 + 기능의학

현대의학

암, 당뇨, 고혈압

증상치료

만성피로
만성두통
수면장애
스트레스
편두통
비만
소화불량

질병 + 원인 = 통합의학

원인치료

기능의학

① 개인은 각기 다른 생화학적 특성을 갖는다.

② 질병 중심이 아니라 질병을 앓는 환자 중심의 치료다.

③ 건강은 단순히 질병이 없는 상태가 아니라 최적의 컨디션을 유지하는 상태다.

④ 생명 활동은 체내 항상성이 아니라 체내외 역동성에 의해 유지된다.

⑤ 생리적 요소들이 연결되고 각각의 기관계통들이 조화를 이루면서 기능을 유지하게끔 하는 인체의 상호연결성을 중요시한다.

⑥ 신체기관의 예비력 증강으로 건강 유지 기간을 연장한다.

⑦ 과학을 기반으로 한 전문 치료다.

또한 기능의학은 기능 이상을 다음과 같이 정의한다.

① 호르몬과 신경전달물질의 불균형
② 에너지 불균형과 미토콘드리아 병변
③ 해독과 생체변환의 불균형
④ 면역과 염증의 불균형
⑤ 소화, 흡수, 미생물학적 불균형
⑥ 세포막 기능부터 근골격에 이르기까지 구조적 불균형
⑦ 마음 - 신체 - 영성 통합의 불균형

한마디로 기능의학은 인체의 자연 회복력을 높여 질병을 예방하고 건강을 되찾는 과학이다. 따라서 약물보다는 음식, 영양의 균형, 생활습관의 개선 등에 더욱 치료의 목적을 둔다.

많은 기능의학 병원은 개인에게 전문적으로 영양 치료를 하는데 약리적 효과가 강한 병원용 건강기능식품이 대표적이다. 앞서 말한 것처럼 신체의 이상 신호에 대해 생리학적 혹은 물리학적 방법을 통해 개인별로 다른 원인을 진단하고 이에 맞춰 치료를 하기 때문에 정밀영양은 기능의학에서 먼저 시행되어 발전하고 있다. 미국의 대표적인 기능의학학회는 국제기능의학회IFM, International of Functional Medicine와 미국항노화의학학회A4M, American Academy of Anti-Aging medicine가 있다. 국내에는 대한기능의학회, 대한통합의학회, 대한정주학회 등 여러 학회의 회원들과 학문과 경험을 나누고 있다.

2

기능의학의 대표적인 검사들은
무엇이 있는가

—— 기능의학 검사는 질병을 진단하는 목적보다는 생리적, 기능적 이상을 진단하는 검사여서 주로 생화학, 생리학, 영양학 기반의 진단이 많다. 일반 대중은 물론이고 질병에 익숙한 의사들조차도 기능의학 검사는 낯설다. 하지만 기능의학 검사는 의과대학에서 이미 배운 생화학, 생리학 등의 지식에 근거하여 시행되며 혈액, 머리카락, 대소변 등 다양한 인체 유래물을 통해 생체 신호를 측정하는 과학적인 검사다. 흔히 시행되는 기능의학 검사를 간단히 살펴보면 다음과 같다.

노화 호르몬 검사

호르몬은 세포의 윤활유에 해당되는데 나이가 들면서 저하되는 호르몬을 노화 호르몬이라고 한다. 대표적인 노화 호르몬은 여성호르몬(에스트로겐)과 남성호르몬(테스토스테론)이다. 여성은 평균 나이 49세 정도에 갑자기 생리가 끊기면서 여성호르몬 분비가 줄어 급격한

폐경 증상이 오는 반면에 남성은 30세 이후부터 서서히 남성호르몬
이 떨어지므로 개인별로 갱년기 증상을 느끼는 시점이 다르다. 성호
르몬이 부족하면 성적 활동만 감소되는 것이 아니라 뼈와 근육량이
감소되고 수면장애가 생기며 전체적으로 활력이 떨어진다. 갑자기
부족해진 호르몬으로 인해 생기는 많은 신체적 어려움은 호르몬을
보충하면 된다. 약물 형태로 보충하기도 하고 에스트로겐과 테스토
스테론의 역할을 하는 식물성 호르몬 처방을 하기도 한다. 대표적인
여성호르몬 대체제는 승마추출물과 이소플라본 등이 있다. 부족해진
남성호르몬의 합성을 돕는 것으로는 셀레늄, 요오드 등이 있다.

또 다른 노화 호르몬으로는 코티졸, DHEA 같은 부신 호르몬이 있
다. 부신은 영어로는 아드레날린adrenalin이라 부른다. 만성적인 스트
레스 혹은 노화가 이 부신 호르몬의 분비를 저하하여 누구나 나이가
들면 활력이 떨어진다. 이런 호르몬 검사는 혈액 검사로도 가능하고
타액 호르몬으로도 가능하다. 특히 타액 호르몬은 하루 4회(아침, 점
심, 저녁, 자기 전) 검사를 통해 코티졸의 일중 변동을 관찰하면 불면
과 피로의 한 이유인 부신의 역전을 파악할 수 있다.

그 외 갑상선 호르몬, 성장 호르몬IGF-1, 멜라토닌 호르몬, 비타민
D 등도 나이가 들면서 떨어지는 호르몬이다. 이들 호르몬을 합성하
는 데 도움이 되는 영양소를 공급하는 것이 대표적인 개인맞춤 영양
이다.

NK면역세포 활성도 검사

개인의 면역력을 측정해 수치화하는 검사다. NK면역세포는 우리
몸속의 중요한 방어세포인 자연살해세포Natural Killer를 말한다. 암이

나 외부 바이러스가 우리 몸을 공격하면 일차적으로 가장 먼저 싸움을 하며 막아내는 것이 바로 NK면역세포다. 암 환자의 경우 NK수치가 낮으므로 암세포를 이겨내기 힘들어 암이 전이가 되는 것이다. 코로나바이러스 같은 외부 침입자도 NK수치가 높으면 이겨낼 수 있다. NK수치 검사는 혈액으로 쉽게 할 수 있는 면역 검사라고 할 수 있다. 실제 암 환자는 NK수치 활성도가 100 이하인 경우가 많다. 정상 수치는 400~2,000 정도이며 NK수치 활성도가 너무 높은 경우는 반대로 자가면역질환을 의심하기도 한다. NK수치 활성도를 올리는 대표적인 영양제가 셀레늄이고 그 외 면역을 직접 자극하는 흉선 추출물(싸이모신알파1Thymosin alpha 1) 등이 도움이 된다.

소변 유기산 검사

소변 내 유기산 물질을 분석하여 대사 균형 상태를 평가하는 검사다. 우리 몸은 다양한 생화학적 반응이 일어나면서 생리 활동이 일어나는데 이를 대사metabolism라고 한다. 예를 들면 음식을 먹으면 십이지장과 소장 등에서 영양소가 흡수되고 흡수된 영양소는 간에서 합성과 활성화 등의 대사가 이루어진다. 이러한 대사에 장애가 있으면 신체 기능에 이상이 생긴다. 대사장애를 일으키는 가장 큰 요인은 노화이며 또한 대사를 돕는 영양소들의 불균형과 대사에 영향을 미치는 유전적 변이 등도 요인에 포함된다.

신체에서 사용되지 못한 대사물은 소변으로 빠져나온다. 소변 유기산 검사는 소변에서 미세 대사물 수십여 가지를 측정하여 어느 신체 대사에 문제가 있는지를 파악하고 대사 이상을 회복하기 위한 조효소에 해당되는 비타민, 미네랄, 아미노산을 맞춤 처방하는 것이 소

소변 유기산 검사 결과지

01 에너지 대사

우리가 먹는 음식 (지방, 탄수화물 및 단백질)은 장에서 흡수되어, 세포 안의 미토콘드리아 (Mitochondria)라는 소기관에서 여러 가지 대사를 거쳐 에너지 (ATP)를 생성하게 됩니다.
각각의 대사에서 다양한 유기산이 발생되는데, 그 농도를 측정하여 에너지 생성 과정의 이상 여부를 확인합니다.

에너지 대사 상태는
양호한 상태 100%를 기준으로 95%에 해당하며, 5%의 불균형이 있습니다.

에너지 생성 100%
탄수화물 대사 83%
비타민 B 복합군 100%

95%
좋음

지방산 대사 83%
유전자 발현 조절 100%

5%

좋음	≥ 90 %
보통	61-89 %
나쁨	≤ 60 %

검사 항목

[지방산 대사]
▲ 1. Adipate
2. Suberate
3. Ethlimalonate
[탄수화물 대사]
4. Pyruvate
5. L-Lactate
▲ 6. β-Hydroxybutyrate
[에너지 생성]
7. Citrate
8. cis-Aconitate
9. Isocitrate
10. α-Ketoglutarate
11. Succinate

12. Fumarate
13. Malate
14. Hydroxymethylglutarate
[비타민 B 복합군]
15. α-Ketoisovalerate
16. α-Ketoisocaproate
17. α-Keto-β-methylvalerate
18. Xanthurenate
19. β-Hydroxyisovalerate
20. Glutaric acid
[유전자 발현 조절]
21. Methylmalonate
22. Formiminoglutamate

·지방산 대사 중 Adipate가 증가되었습니다.
·탄수화물 대사 중 β-Hydroxybutyrate가 증가되었습니다.
·에너지 생성 모두 정상입니다.
·비타민 B 복합군 모두 정상입니다.
·유전자 발현 조절 모두 정상입니다.

(출처: 이원의료재단)

변 유기산 검사의 원리다. 특히 지방산 대사, 탄수화물 대사, 미토콘드리아 대사, 신경전달물질 대사, 항산화 대사, 간 해독 대사를 통해 개인맞춤 영양소를 직접적으로 추천할 수 있는 것이 특징이다.

모발 미네랄 검사

체내의 미네랄 농도는 크게 혈액과 머리카락(모발)에서 측정이 가능하다. 혈액 검사는 직접적인 영양소의 농도를 측정할 수 있는 장점이 있지만 일부 혈액 검사의 경우 체내의 항상성 유지라는 기전에 의해 실제 부족한 상태를 반영하지 못할 수 있다. 예를 들면 혈중 칼슘은 세포 기능 유지에 매우 중요하기에 체내에 칼슘이 부족하게 되면 뼈나 부갑상선 등에서 칼슘을 끌어와 늘 정상으로 유지하므로 혈

모발 미네랄 검사 결과지

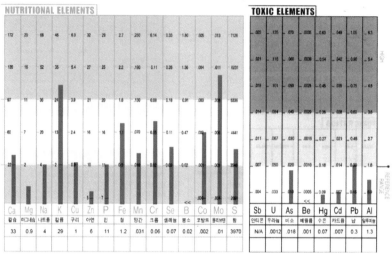

(출처: 한국TEI)

중 농도로는 영양소의 부족한 상태를 평가하기가 어렵다. 또한 비타민과 미네랄의 혈중 농도를 각각 생화학적 검사를 하게 되면 비용이 너무 많이 드는 단점이 있다. 이런 단점을 극복하는 대안이 신체 항상성 메커니즘이 일어나지 않는 조직 내 영양소를 측정하는 것이다. 쉽게 얻을 수 있는 조직이 머리카락이므로 모발 미네랄 검사는 주요 미네랄 원소를 측정하는 데 많이 사용된다. 또한 수은, 알루미늄, 납, 카드뮴, 비소 등의 독소 혹은 환경 호르몬을 측정하는 데도 많이 사용된다.

3

소변 유기산 검사는 부족한
영양소를 알려준다

——— 앞서 말한 기능의학 검사 중 개인맞춤 영양 처방을 위해 가장 많이 사용되는 검사가 소변 유기산 검사다. 다소 어렵겠지만 다음 그림은 가장 기본적인 미토콘드리아에서 만들어지는 아데노신 3인산 ATP 에너지 생성과 관련된 주요 대사들을 다루고 있다. 즉 음식을 통해 지방, 탄수화물, 단백질 등을 섭취하면 각각 지방산, 피루브산, 아미노산으로 분해가 되고 이는 아세틸코를 거쳐 미토콘드리아의 시트르산 회로(citric acid cycle, 흔히 삼카르복실산회로TCA 사이클 혹은 크렙 사이클이라 부른다)의 대사 과정을 거치며 아데노신 3인산ATP 에너지를 만든다.

전체 대사 과정이 순탄하면 먹은 음식이 그대로 에너지를 만든다. 하지만 앞서 말한 대로 노화가 진행되어 대사율이 떨어지거나 대사를 이어주는 효소에 유전적 변이가 있어 효율이 떨어지거나 효소를 도와주는 조효소가 영양 불균형 등으로 부족해지면 대사가 원활하

시트르산 회로(TCA 사이클)와 대사

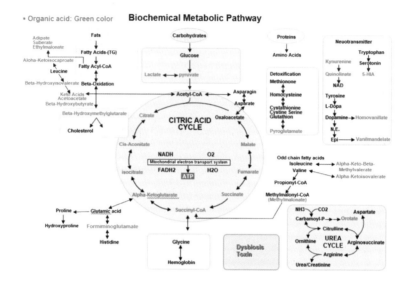

* Organic acid: Green color — **Biochemical Metabolic Pathway**

게 이루어지지 않아 앞의 대사물이 축적되고 축적된 대사물은 소변
이나 땀 등으로 배설된다.

즉 다음 그림처럼 B→C로 진행되는 대사가 효소 E2의 문제로 인
해 다음 단계로 원활하게 진행되지 않을 때 B가 체내에 축적되고 축
적된 대사는 소변으로 빠져나온다. 소변에서 특정 대사물이 증가된
것을 질량분석기로 검출하는 방식의 검사가 소변 유기산 검사다. 예
를 들면 지방산 대사fatty acid는 가수분해되어 아세틸코A로 대사가
되어야 한다. 카르니틴이 이 지방산 대사를 촉진하는 역할을 한다
고 해서 이를 카르니틴 셔틀이라 부른다. 그런데 카르니틴 영양소 등
이 부족하여 지방산 대사의 효율이 떨어지면 부산물인 아디페이트
adipate와 서브에레이트suberate가 증가된다. 만약 소변 유기산 검사에
서 이 두 대사물이 증가되어 나타났다면 지방산 에너지 효율이 떨어

대사장애의 이해와 소변 유기산 검사의 원리

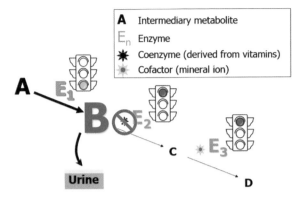

A Intermediary metabolite
E_n Enzyme
✹ Coenzyme (derived from vitamins)
✷ Cofactor (mineral ion)

진 것으로 판단하고 L – 카르니틴 영양소를 섭취하게 한다. 각 대사
의 장애에 따른 영양소 추천은 표 〈소변 유기산 검사의 대사물 증가
에 따른 추천 영양제와 기전〉에 잘 정리되어 있다.

탄수화물 대사장애 중 젖산이 체내에 쌓여 소변으로 배출되
면 코엔자임Q10을 처방하고 미토콘드리아 대사장애 중 시트르산
이 소변에서 증가하면 L – 아르기닌 등을 처방한다. 고지혈증 약
을 복용할 때 몸이 피곤하고 통증이 생기는 경우가 있다. 이는 고
지혈증 약의 상당수가 HMG – coA 억제제의 기전을 사용하기 때
문이다. 이 경우 미토콘드리아 에너지 합성의 마지막 대사 경로인
HMG(Hydroxymethylglutarate) 대사장애가 생겨 소변에서 증가하는
경우 역시 코엔자임Q10 복용을 통해 고지혈증 약물에 의한 부작용
을 피할 수 있다.[3]

미토콘드리아 대사뿐 아니라 비타민 B 합성 대사, 메틸레이션 대
사, 산화스트레스 대사, 세로토닌과 도파민 같은 신경전달물질 대사,
간 해독 과정의 대사, 장내미생물 대사 등의 이상 여부도 분석하여

지방산 대사장애와 카르니틴 셔틀[2]

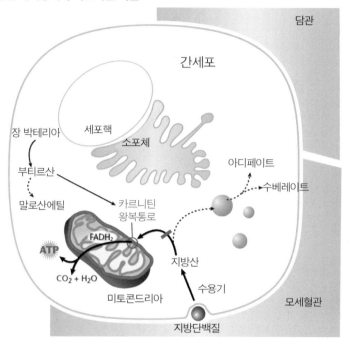

이에 따른 개인맞춤 영양을 처방할 수 있는 것이 이 검사의 장점이다. 즉 소변 유기산 검사는 현재 상태에서 부족한 영양소가 무엇인지를 간접적으로 보여주는 검사라 할 수 있다.

소변 유기산 검사의 대사물 증가에 따른 추천 영양제와 기전[2]

Name		Potential Intervention	Metabolic Pathway
Fatty Acid Oxidation			
Adipate	H	L-Carnitine, 500–1000 mg TID; L-Lysine (if low), 500 mg TID; B2, 100mg BID	Fatty acid oxidation
Suberate	H		
Ethylmalonate	H	See text for other interventions in genetic disorders	
Carbohydrate Metabolism			
Pyruvate	H	B_1, up to 100mg TID with B complex support; For concurrent H Lactate: lipoic acid, 500mg TID	Aerobic/anaerobic energy production
Lactate	H	Coenzyme Q_{10}, 50 mg TID	
β-Hydroxybutyrate	H	Chromium picolinate, 200 μg BID	Balance of fat and CHO metabolism
Energy Production (Citric Acid Cycle)			
Citrate	H	Arginine, 1–3 gm/day	Citric Acid Cycle Intermediates; Renal ammonia clearance
	L	Aspartic acid, 500 mg; magnesium citrate, 500 mg	
Cis-aconitate	H	Cysteine, 1000 mg BID; Check for iron deficiency	
Isocitrate	H	Lipoic acid, 25 mg/kg/day Magnesium, 400 mg; manganese, 20 mg	
α-Ketoglutarate	L	α-KG, 300 mg; arginine, 1000 mg; glutamine, 1–5 g	
	H	B-complex, 1 TID; lipoic acid 100 mg	
Succinate	L	Isoleucine, 1000 mg TID; valine, 1000 mg TID	
	H	CoQ_{10}, 50 mg TID, magnesium, 500 mg	
Fumarate	L	Tyrosine, 1000 mg BID; phenylalanine, 500 mg BID	
Malate	H	CoQ_{10}, 50 mg TID, B_3, 100 mg TID	
Hydroxymethylglutarate	L,H	CoQ_{10}, 50 mg TID	(L) Substrate-limited CoQ_{10} synthesis (H) HMG-CoA reductase inhibition
B-Complex Vitamin Markers			
α-Ketoisovalerate	H	B-complex, 1 TID; lipoic acid 100 mg	Valine catabolism
α-Ketoisocaproate	H		Leucine catabolism
α-Keto-β-methylvalerate	H		Isoleucine catabolism
Xanthurenate	H	Vitamin B_6, 100 mg/d	Tryptophan catabolism (hepatic)
β-Hydroxyisovalerate	H	Biotin, 5 mg/day; magnesium, 100 mg BID	Isoleucine catabolism
Methylmalonate or Propionate	H	B_{12}, 1000 μg TID	Valine or odd-chain fatty acid catabolism
Formiminoglutamate	H	Folic acid, 400 μg/d	Histidine catabolism
Neurotransmitter Metabolism			
Vanilmandelate	L,H	Tyrosine, 1000 mg BID-TID, between meals and phenylalanine hydroxylase cofactors as needed	(L) Tyrosine-limited or (H) Tyrosine-depleting epinephrine & norepinephrine catabolism
Homovanillate	L,H	Contraindicated for patients taking MAO inhibitors	(L) Tyrosine-limited or (H) Tyrosine-depleting DOPA catabolism
5-Hydroxyindolacetate	L,H	5-Hydroxytryptophan, 50–100 mg TID; magnesium, 300 mg; vitamin B_6, 100 mg (5-HTP may be contraindicated with SSRI's)	(L) Tryptophan-limited or (H) Tryptophan-depleting Serotonin catabolism
Kynurenate	H	B_6, 100 mg; magnesium, 300 mg	Inflammation-stimulated macrophage and astrocyte kynurenine pathway activity
Quinolinate	H	Magnesium, 300 mg	

4

모발 미네랄 검사는 중금속 축적을 알려준다

━━━ 앞장에서 기술한 대로 신체 내 미네랄의 부족을 측정하는 방법으로 혈액 검사가 대표적이다. 흔히 병원에서는 전해질 검사를 통해 혈중 칼슘, 나트륨, 칼륨, 마그네슘 등 주요 미네랄을 측정한다. 미네랄은 비타민과 달리 세포의 주요 기능에 직접적으로 영향을 미치고, 나아가 생명 유지에 관여하는 중요한 영양소이다. 항상 혈중 농도를 정상으로 유지해야 한다.

예를 들면 혈중에서 칼슘이 조금이라도 부족하면 세포막이 파괴되고 이는 심장이나 신장 등에 심각한 손상을 일으킨다. 그 때문에 어떤 이유에서라도 체내 칼슘이 부족하면 부갑상샘에서 칼슘 합성을 촉진하고, 급하면 뼈에서 칼슘을 빼내서라도 혈중 칼슘 농도를 유지하려고 한다. 이것을 항상성homeosis이라고 부른다. 따라서 병적이지 않은 기능 이상 수준의 미네랄 부족이나 과잉을 혈액 검사를 통해 판단하기가 쉽지 않아 대안이 필요하다. 바로 모발 미네랄 분석

미네랄 간 상호작용

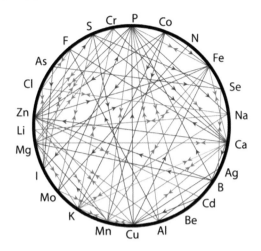

Hair mineral analysis이다.

미네랄의 평가

미네랄의 종류로는 앞서 말한 칼슘, 마그네슘, 나트륨, 칼륨의 주요 미네랄macro-mineral이 대표적이다. 모발 미네랄 검사를 하면 가장 먼저 이 네 가지 미네랄의 분포를 보여준다. 각 미네랄의 부족, 결핍, 과잉을 직접적으로 해석하지 않고 상호 비율을 비교하며 느린 대사 혹은 빠른 대사, 부신 기능 저하, 갑상선 기능 저하와 같은 임상적 의미를 부여한다.

이러한 접근을 하는 이유는 미네랄이 서로 연결되어 있기 때문이다. 윌리엄 알브레히트William A. Albrecht의 〈미네랄 간 상호작용〉[4] 그림과 같이 이들 주요 미네랄 외에 많은 미네랄이 서로 연결되어 있고 또 서로 길항적이기도 하다. 예를 들면 구리와 아연은 서로 길항

주요 미네랄 비율의 임상적 의미

미네랄 비율	의미	낮은 경우	높은 경우
Ca·P 칼슘·인	자율신경, 단백질 이용	빠른 대사, 교감신경 우세	느린 대사, 부교감신경 우세
Na·K 나트륨·칼륨	대사 속도, 스트레스	만성 스트레스, 낮은 에너지	급성 스트레스, 높은 에너지
Ca·K 칼슘·칼륨	갑상선	갑상선 기능 항진	갑상선 기능 저하
Zn·Cu 아연·구리	성호르몬, 심혈관계	여성 호르몬 우세, 생리전증후군, 저혈압	성호르몬 불균형, 심혈관질환, 동맥경화
Na·Mg 나트륨·마그네슘	부신	부신 기능 저하	부신 기능 항진
Ca·Mg 칼슘·마그네슘	췌장·혈당	저혈당, 낮은 인슐린	고혈당, 높은 인슐린
Fe·Cu 철·구리	적혈구	철분 결핍	혈색소 침착

적인데 농도가 높은 구리의 치료는 아연으로 치료한다는 의미에서 길항적이라고 부르는 것이다. 칼슘·마그네슘과 나트륨·칼륨도 서로 길항적이다. 이러한 비율을 이용하여 모발 미네랄 검사에서 다음과 같은 임상적 해석을 한다.

다음 그림 〈모발 미네랄 분석을 통해 본 빠른 대사와 느린 대사〉처럼 칼슘과 마그네슘이 낮고 나트륨과 칼륨이 높은 경우를 빠른 대사라고 한다. 실제로 클리닉에 오는 환자 중에 이런 타입의 모발 미네랄 분포를 가진 분들은 대개 체중이 늘고 땀이 많고 혈압이 높으며 성격이 급하고 자율신경 검사를 하면 교감신경 우세형인 경우가 많다. 특히 10세 미만의 아이들은 대부분 빠른 대사 유형이다. 소화도

모발 미네랄 분석을 통해 본 빠른 대사와 느린 대사

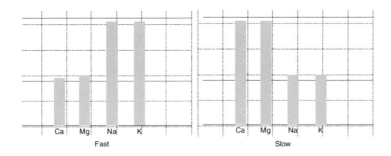

잘되고 아무리 뛰어다녀도 지칠 줄 모르는 아이들의 특성을 빠른 대사 유형으로 생각하면 이해하기 쉽다.

반면 칼슘과 마그네슘이 높고 나트륨과 칼륨이 낮은 경우를 느린 대사 혹은 부교감신경 우세형이라고 부른다. 일반적으로 칼슘과 마그네슘은 이완 미네랄로 혈압을 낮추고 맥박을 안정시키며 잠을 잘 오게 하는 영양소다. 반면 나트륨과 칼륨은 혈압과 맥박을 올리며 교감신경을 자극하는 영양소다. 클리닉에 만성 피로를 호소하는 분들의 모발 미네랄 검사를 하면 상당수가 바로 이 느린 대사 유형이며 칼슘이 높을수록 그 증상이 더 심한 것을 관찰할 수 있다.

모발 미네랄에서 칼슘 농도가 매우 높은 경우를 흔히 '칼슘막 Calcium Shell'이라고 부르는데 10~50대 여성에게 많이 나타난다. 저혈압, 저혈당 등의 느린 대사 증상을 호소하고 추위를 잘 타고 피곤해하고 우울한 기질이 있고 예민하고 잠을 잘 이루지 못하는 특성이 있다. 다른 조직에도 칼슘이 침착되는 경우가 많다. 예를 들면 관절, 혈관 내, 콩팥 등에 석회화가 빈번하게 일어난다. 예전에 차움의 기능의학 및 임상 데이터를 분석하여 모발 미네랄의 칼슘 농도와 심혈관 내 칼슘의 분포를 논문으로 낸 적이 있었는데[5] 칼슘·마그네슘 비율이 심혈관의 칼슘 점수와 양의 상관관계가 있었다.

그런데 모발 미네랄에서 칼슘 농도가 높은 경우에도 오히려 뼈의 칼슘이 낮아 골다공증이 흔히 온다. 이를 칼슘 패러독스calcium paradox라고 부른다. 실제 아주대 김범택 교수 등이 분석한 모발 미네랄에서 칼슘 농도가 높을수록 골밀도가 떨어지는 것을 관찰할 수 있었다.[6] 종종 환자들이 "모발 미네랄에서 칼슘 농도가 매우 높으면 칼슘을 먹지 말아야 할까요?" 질문하면 "심혈관을 포함한 다른 곳에 석회화가 없고 골밀도가 낮으면 오히려 칼슘을 먹어야 합니다."라고 대답한다. 칼슘이 높아진 원인은 주로 만성 스트레스로 인한 부신 기능 저하, 즉 미네랄의 균형에 관여하는 부신 기능 저하를 교정함으로써 체내 칼슘 밸런스를 회복하는 것이 중요하다.

대표적인 지표가 나트륨·마그네슘Na·Mg의 비율이다. 이 비율이 낮을수록(〈2) 부신 피로를 의심한다. 특히 청소년은 부신 기능 저하가 의심될 때 혈액 내 코티졸과 DHEA 같은 부신호르몬을 측정하면 체내 항상성 유지 때문에 이들 수치가 높게 나온다. 모발 미네랄 검사를 하면 나트륨·마그네슘 비율이 2 이하인 경우를 많이 발견하게 된다.

이처럼 모발 미네랄 검사의 주된 목적 중 하나가 단순히 미네랄의 부족 여부를 판단하는 것을 넘어 생체 호르몬의 밸런스 등을 예측하는 지표로 사용되기에 기능의학 검사로 유용하게 사용된다.

중금속의 평가

모발 미네랄 검사의 주요 목적 중 하나는 독성이 강한 중금속과 환경 호르몬의 체내 축적을 분석하기 위함이다. 특히 수은, 카드뮴, 납, 알루미늄, 비소 등은 음식이나 플라스틱 등 환경적 요인에 의해 중독이 되기 쉽다.

수은 중독의 가장 큰 원인은 황새치, 상어, 참치 등 큰 물고기의 섭취다. 공업 도시 주변에서 배출된 수은으로 오염된 플랑크톤을 작은 물고기가 포식하고 이어 연달아 큰 물고기가 잡아먹는다. 그러다 보니 최종 포식자인 참치 등에 수은이 그대로 농축되어 있다. 참치 등을 자주 섭취하면 수은 중독의 주요한 원인이 된다. 그 외 곰팡이 제거제를 사용한 곡물류, 폐광 주변의 석탄으로 오염된 토양, 오염된 수돗물, 화장품, 염색약, 의약품으로 제초제, 살충제, 소독제, 기압계, 온도계, 형광등, 치과용 아말감 등에 수은이 많이 함유되어 있다.

알루미늄은 지각에 존재하는 가장 풍부한 금속으로서 지구 전체에 넓게 분포되어 있다. 음료수 캔, 냄비와 프라이팬, 비행기, 건물 외벽과 지붕, 호일 등을 만드는 데 사용되며 제분알루미늄은 폭발물과 불꽃놀이에 사용된다. 또한 알루미늄 화합물은 다양한 종류의 산업에 이용되는데 정수 장치, 연마제, 용광로 라이닝 등이 있다. 알루미늄을 함유한 고객 제품군으로는 제산제, 수렴제astringents, 완충 아스피린buffered aspirin, 식품첨가제, 발한억제제, 화장품 등이 있다.

납은 토양에서 흔히 발견된다. 특히 철도, 오래된 집 또는 과수원, 광산 지역, 산업 단지, 전소, 쓰레기 소각로, 쓰레기 매립지, 유해 폐기물 처리지 주변의 토양에서 발견된다. 따라서 유해 폐기물 처리지, 납 페인트칠이 된 오래된 집으로 구성된 거주지, 통행이 빈번한 고속도로, 비소계 농약이 사용되었던 오래된 과수원 등의 주변에 거주하는 사람들은 공기, 음용수, 식품, 먼지 등을 통해 납에 노출될 수 있다.

중금속 축적에 따른 증상과 길항 영양소

중금속	체내 축적에 따른 대표적 증상과 징후	길항 영양소
비소	피로, 두통, 피부염, 침 과잉 분비, 근력 약화, 탈모, 빈혈, 피부 탈색	요오드, 셀레늄, 비타민 C
카드뮴	후각 저하, 빈혈, 피부 껍질 벗겨짐, 탈모, 고혈압, 신장 기능 저하	아연, 칼슘, 비타민 C와 D, 구리, 철, 망간
납	지능 저하, 과잉행동, 행동장애, 피로, 빈혈, 체중 감소, 두통, 불면, 신경증	인, 칼슘, 크롬, 구리, 셀레늄, 마그네슘, 철, 아연, 비타민 C와 E
수은	감각 저하, 피로, 식욕 부진, 불안, 과잉 흥분, 조증, 빈혈, 진전, 심혈관질환	아연, 비타민 C, 셀레늄

그 외에도 모발 미네랄 검사를 통해 많은 중금속의 체내 축적 여부를 알 수 있다. 그렇다면 치료는 어떻게 할까? 기능의학 클리닉에선 주사를 통한 킬레이션Chelation 요법을 통해 중금속을 배출하거나 간 해독을 돕는 영양제를 처방하기도 한다. 또한 중금속 배출에 도움이 되는 길항 영양소를 복용하는 것도 방법이다.

5

푸드 항체 검사는 음식물
알레르기를 알려준다

────── 전 세계적으로 음식에 의한 알레르기가 증가하는 추세다. 특히 우유, 밀가루, 계란, 대두, 땅콩, 견과류, 생선, 갑각류, 과일 등이 주요 원인이다. 우리나라는 2015년 전국조사에서 6~16세의 급성 음식물 알레르기 유병률이 16%나 됐다. 소아의 식품 알레르기는 연령이 증가함에 따라 자연 소실된다고 여겨져 왔지만 최근에는 완화되지 않고 성인이 되어서도 지속적으로 증상이 있는 경우가 많다.

음식물 알레르기는 크게 두 가지로 나눌 수 있다. 음식 섭취 후 빠르게 증상이 나타나는 급성 음식물 알레르기와 섭취 후 천천히 증상이 나타나는 만성 음식물 과민증이다. 면역글로불린 G(IgG)에 의해 매개되는 급성 음식물 알레르기는 보통 피부 두드러기, 발진, 가려움, 콧물, 재채기, 눈물, 복통, 설사, 혈관부종부터 심하게는 호흡 곤란, 아나필락시스와 같은 심한 반응까지 일으킨다. 그에 반해 면역글로불린 G(IgG)에 의해 매개되는 만성 음식물 과민증은 다양한 소화

기계 증상과 더불어 두통, 만성 피로, 관절통, 비특이적 피부발진, 수면장애, 장누수증후군과 같은 모호한 전신적 증상을 포함한다.

급성 음식물 알레르기를 일으키는 음식을 알기 위해선 선별 스크리닝 검사인 마스트 검사MAST, multiple allergen simultaneous test를 혈액으로 한다. 한 번에 여러 알레르겐을 저렴하게 알아볼 수 있으나 민감도가 낮은 단점이 있어서, 혈청특이 IgE 정량 검사ImmunoCAP나 피부 단자 검사Skin prick test 등을 통해서 원인물질을 확인한다.

만성 음식물 과민증은 음식을 먹고 나서 바로 증상을 일으키는 것이 아니라 숨어 있다가 천천히 다양한 증상을 일으키기에 더더욱 원인물질을 알기 어려운데 혈액 검사를 통해 문제를 일으키는 음식을 확인할 수 있다. 이러한 검사를 만성 음식물 과민증 검사Food-specific IgG testing, 만성 음식물 알레르기 검사, 푸드 항체 검사 등으로 불린다.

검사 업체별로 검사 방법이 다른데 90여 종 또는 220여 종의 음식물을 검사하는 업체가 있고, 토털 IgG를 검사하는 업체도 있고, IgG 중에서 IgG4만 선택적으로 골라내어 검사하는 업체도 있다. IgG4는 다른 타입보다 알레르기, 장누수증후군에 특이적이라는 장점이 있고 상대적으로 긴 반감기를 지니고 있어 만성 과민성 음식을 찾아내는데 적합하다. 그러다 보니 최근에는 IgG4 검사를 선호하는 경향이 있다. 토털 IgG는 IgG4에 비해 비선택적으로 음식과 결합하여 위양성이 더 높아 필요치 않은 음식 제한을 하게 될 수 있는 반면에 항목이 많고 해외 유학생 또는 해외 거주자가 많이 접하는 알레르겐의 종류가 많아 상황에 맞게 검사 방법을 선택하여 검사하기를 추천한다.

만성 음식물 과민증 검사는 장과 직접적인 연관을 지녀 장의 면역 상태를 간접적으로 볼 수 있다. 장누수증후군, 소장 내 세균과 증식,

만성 음식물 검사가 필요한 사람

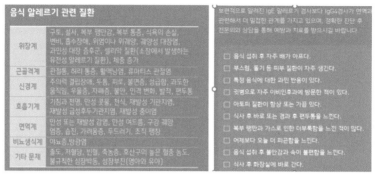

(출처: 녹십자랩셀)

검사 결과지 예시

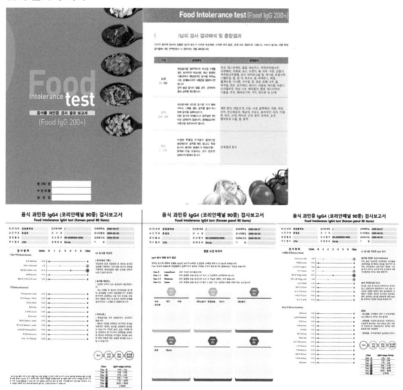

(출처: 이원의료재단)

디스바이오시스(장내미생물 불균형) 등이 있으면 과민증 증상도 심해지고 양성으로 나오는 음식의 종류도 많아진다.

그래서 치료할 때도 기본적으로 양성으로 나온 음식 제한을 하면서(제한식이라고 한다) 동시에 장누수증후군 환자에 따라서 치료할 필요가 있다. 검사 결과에서 양성으로 나온 경우는 최소 3개월간 음식 제한을 한다.

만약 만성 음식물 과민증 검사 후에 한두 가지가 아니라 수십 가지 음식이 양성으로 나오면 검사 결과 중에 가장 높은 수치가 나온 음식부터 섭취 제한을 하도록 한다. 알레르기 유발 음식의 섭취 제한은 가장 확실한 치료법이지만 끈기 있는 노력과 식생활습관의 변화가 반드시 동반되어야 하므로 환자 입장에서는 어렵고 힘들다. 기존에 먹던 음식을 바꾸고 대체음식을 찾아야 해서 외식이나 급식에도 제한이 많이 생겨 사회생활이나 학교생활에 지장이 생기게 마련이다. 또한 특정 음식을 제한하면서 식단을 급속히 단순화하면 다른 과민증이 이차적으로 생기는 경우가 있어 대체식품을 적극적으로 활용하여 다양한 음식을 섭취하도록 한다.

만성 음식물 과민증 검사에서 양성으로 가장 많이 나오는 음식은 밀가루, 글루텐, 우유, 계란 흰자 순이며 그외에도 쌀을 포함한 곡류, 견과류, 과일류 등 다양하다. 치료를 위해 제한식이를 하는 것이 가장 중요하다. 모든 알레르기 유발 음식을 제한하면 좋지만 현실적으로 어려운 경우 그중에서도 가장 높은 항체 농도를 지닌 음식부터 제한하도록 한다.

밀가루, 글루텐, 유제품, 계란, 효모, 콩 등은 광범위하게 쓰이는 식재료다. 원료로 음식에 포함되어 있기도 하지만 알아보기 어려운 성분명이나 가공되어 이차적으로 함유된 경우가 많다. 철저한 제한식이를 위해서는 주의가 필요하다. 예를 들어 유제품은 성분에 우유라고 표기되어 있다면 피하기가 쉽겠지만 카제인, 크림, 베타락토글로불린, 분말우유, 탈지분유, 유장분말 등으로 표기되어 있다면 모르고 섭취할 수도 있어 정확하게 확인해야 한다. 제한식이를 잘 지키면 기존 증상들이 호전되는 것을 실제로 느끼게 된다. 피부 트러블, 장 문제, 두통, 만성 피로, 관절염, 수면장애, 비염, 아토피, 자가면역질환 등이 좋아지고, 이러한 증상들이 모두 장의 염증성 반응과 관련이 있다는 것을 역으로 알게 된다.

만성 음식물 과민증 검사는 실제 임상에서도 유용하게 사용하는 검사다. 급성 알레르기와 달리 증상이 모호하고 환자가 직접 증상과 연관시키기 어렵다. 의심되는 증상이 있다면 검사를 해서 원인 알레르겐을 확인하고 제한할 필요가 있다. 제한식이를 하는 동시에 장누수증후군에 준한 치료를 병행하여 장벽과 장 면역이 회복되면, 기존에 과민증을 일으켰던 음식을 시도하여 먹을 수 있는지 확인한 후에 점점 양을 늘려서 일반식으로 돌아갈 수 있도록 한다. 일부 환자는 3개월간의 제한식 이후에도 지속적으로 과민증 반응이 있어 계속 제한해야 하는 경우가 있을 수 있다. 전문가와 상담 후 치료 방향을 결정하도록 한다.

6

자율신경 검사는 스트레스
수치를 알려준다

━━ 자율신경 검사는 스트레스를 측정하는 검사로 잘 알려져 있다. 원리는 심장박동의 변이HRV, Heart Rate Variability를 이용하는 것이다. 스트레스가 많으면 심박변이가 줄어들고 적으면 심박변이가 늘어난다. 심박변이를 RMSSD 혹은 SDNN 지표로 정의하는데 이 수치가 적을수록 스트레스가 많거나 만성화되었다고 해석한다.

심장박동의 변이는 스트레스와 관련한 연구에 빠지지 않는 검사도구로서 의료기기뿐 아니라 디지털 헬스케어 분야에서도 널리 사용되고 있다. 예를 들면 삼성 스마트폰의 s-헬스의 한 아이템인 스트레스 측정이 심장박동의 변이를 이용하여 서비스를 제공하고 있다.

자율신경 검사는 맥파를 측정한다. 병원에서는 양측 팔과 왼쪽 발목에 전도를 측정할 수 있는 금속 패드를 대고 약 3분 정도 평균적인 심박변이를 측정하여 검사한다. 이때 지표 중 낮은 주파수LF, Low frequency와 높은 주파수HF, High frequency는 각각 교감신경과 부교감

자율신경 검사를 통한 건강상태 체크

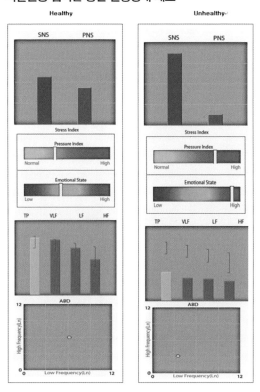

신경을 의미한다. 즉 맥파 측정을 통해 스트레스 외에도 교감신경과 부교감신경 우세형을 측정할 수 있다. 일반적으로 교감신경은 심장이나 혈관, 땀샘 세포, 위장관 등의 내부 장기 등을 긴장시키거나 수축시키는 신경이다. 교감신경이 자극되면 심장이 빨리 뛰고, 혈압이 높아지고, 땀이 흥건하게 나고, 동공이 확대되고, 위장관이 수축되어 소화가 안 되는 현상이 발생한다. 한마디로 사람이 극도로 스트레스가 많아지거나 무서운 상황에 놓이면 생기는 생리 현상 등은 대부분 교감신경에 의해 자극된다. 이러한 교감신경 우세는 누구나 경험할

교감신경 vs 부교감신경

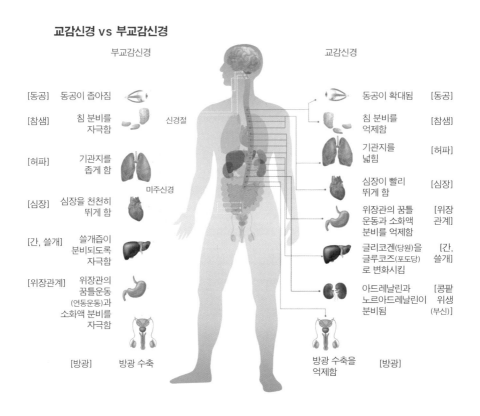

부교감신경

교감신경

[동공] 동공이 좁아짐

신경절

[참샘] 침 분비를 자극함

[허파] 기관지를 좁게 함

미주신경

[심장] 심장을 천천히 뛰게 함

[간, 쓸개] 쓸개즙이 분비되도록 자극함

[위장관계] 위장관의 꿈틀운동 (연동운동)과 소화액 분비를 자극함

[방광] 방광 수축

[동공] 동공이 확대됨 [동공]

침 분비를 억제함 [참샘]

기관지를 넓힘 [허파]

심장이 빨리 뛰게 함 [심장]

위장관의 꿈틀 운동과 소화액 분비를 억제함 [위장 관계]

글리코겐(당원)을 글루코즈(포도당) 로 변화시킴 [간, 쓸개]

아드레날린과 노르아드레날린이 분비됨 [콩팥 위생 (부신)]

방광 수축을 억제함 [방광]

수 있다. 다행히 인체는 부교감신경이 있어 높아진 교감신경의 활동을 스스로 억제한다. 그렇기에 이들 신경을 자율신경이라고 하는 것이다. 부교감신경은 앞서 언급한 장기를 이완시키는 역할을 하는데 기관지와 방광은 오히려 부교감신경에 의해 자극된다. 흔히 말하는 기관지 천식이나 기능성 방광에 걸린 사람을 치료하는 약제로 부교감신경 억제제를 사용하는 것은 이런 원리에서 근거한다.

대부분은 교감신경과 부교감신경이 서로 밸런스를 맞추어 어느 한쪽으로 치우치지 않게 조정한다. 그러나 늘 교감신경이 우세하거나 반대로 늘 부교감신경이 우세한 경우가 있다. 이런 경우를 자율신경부전증이라 한다. 교감신경 우세형은 늘 긴장하고 심장이 두근거리며 소화가 안 되고 정서적으로 불안하거나 공포감을 자주 경험하는 유형이다. 반대로 부교감신경 우세형은 늘 이완되어 있어 무력감을 종종 느끼거나 나아가 우울감을 자주 경험하는 유형이며 전체적인 에너지 저하를 의미하는 부신 기능 저하를 종종 동반한다.

따라서 교감신경 우세형을 위한 영양 처방으로는 이완과 관련된 영양소인 테아닌, 마그네슘, 칼슘, 구리 등을 주로 처방한다. 특히 교감신경 우세형의 불면은 주로 생각이 많고 긴장하기에 자주 잠을 깨는 경우가 많은데 가바GABA나 테아닌 등을 처방하면 효과적이다. 부교감신경 우세형은 에너지를 올려주는 부신 영양제(DHEA, 인삼, 홍삼, 홍경천, 감초, 공진단 등)나 아드레날린의 재료가 되는 타이로신, 요오드 등이 도움이 된다. 부교감신경 우세형과 우울증이 겹쳐 수면의 질이 좋지 않은 경우는 트립토판, 마그네슘, B6 등 세로토닌 생성의 재료가 되는 영양소가 도움이 된다.

자율신경 검사는 외래에서는 3분 정도 걸리는 간단한 검사로 기능의학 병원에서는 필수 검사로 자리잡아 가고 있다. 많은 디지털 헬스케어 회사도 이를 이용하여 다양한 지표 등을 스크린하고 추적하는 용도로 사용한다. 스트레스로 인한 만성 피로, 불면, 우울 등 다양한 증상의 파악에 도움이 된다. 이를 이용한 개인맞춤 영양 처방의 기초가 되는 가장 대표적인 기능의학 검사라 할 수 있다.

7

타고난 유전자가 나빠도 질병을
예방할 수 있다

──── 앞서 여러 가지 바이오마커들을 설명하였다. 그중 일부는 혈액 검사일 수도 있고, 소변 유기산 검사나 모발 미네랄 검사 같은 기능의학 데이터일 수도 있고, 개인의 특성을 가장 잘 반영한다는 유전체 데이터일 수도 있다.

실제로 나는 다양한 데이터를 진료실에서 분석하여 그에 따른 개인맞춤 영양을 직접 설명하고 처방해온 임상적 경험과 더불어 한국산업기술평가관리원, 보건복지부, 산업통상자원부의 연구개발R&D 과제 등을 수행하면서 다양한 데이터들이 서로 연결되고 있음을 증명하곤 했다.

예를 들면 만성 스트레스와 만성 피로를 호소하는 환자에게 진료 전 자율신경 검사HRV를 하게 하고, 검사 결과를 분석하면 예상대로 자율신경의 지표 일부가 크게 떨어져 있음을 본다. 추후 혈액 검사를 하면 어김없이 코르티솔과 DHEA 수치가 같이 떨어져 있는 경우

건강한 라이프스타일

사용자 참여형 헬스케어 시스템을 개발한다.

를 보곤 했다. 이런 경향성을 주목해 당시 근무하던 차움클리닉에서 멤버들의 데이터를 정리하여 분석한 결과 항노화 호르몬인 DHEA가 자율신경의 피로지수$_{LF}$와 일치하는 것을 보고 이를 논문으로 내기도 했다.

최근에는 「웰케어 산업특화 인공지능 기술 지원 플랫폼 구축」이라는 산업통상자원부의 연구개발$_{R\&D}$ 과제를 진행하고 있다. 여기에는 1,200명의 남녀를 대상으로 각종 설문지 데이터(생활습관, 영양, 운동, 우울, 불안, 스트레스, 수면 등), 임상 데이터, 기능의학 데이터(소변 유기산, 모발 미네랄, 자율신경, NK 활성도 등), 유전체 데이터(텔로미어, 게놈, 마이크로바이옴 등), 디지털 헬스케어 데이터(수면, 피부, 운동, 우울, 스트레스, 안저, 뇌인지 등)을 수집하는 과제다. 이렇게 한 사람에게서 여러 데이터를 한 번에 모으면 각종 데이터가 서로 연결됨을 알 수 있다.

모든 데이터를 수집하지 않아도 핵심 데이터만 모으면 인공지능 분석의 도움을 받아 나머지 데이터들의 특성도 함께 유추할 수 있다. 병원 진료 현장에서뿐 아니라 직접 고객을 상대하여 개인맞춤 영양을 하고자 하는 기업에도 유용한 데이터로 사용될 수 있다. 많은 데이터를 모을수록 개인에게 정확한 영양 처방을 할 수 있으며 개인의 건강 증진을 자극하여 질병 예방에 도움이 된다는 것이 나의 오랜 경험에서 나오는 신념이다.

질병을 예방하기 위해서는 비만, 중성지방, 염증 같은 중간 단계의 바이오마커를 좋게 해야 한다. 여기에 영향을 주는 것이 타고난 특성 유전자와 만들어지는 특성 생활습관이다. 비록 타고난 유전자는 나빠도 좋은 음식을 포함한 건강한 생활습관은 궁극적으로 질병을 예방하고 건강을 증진한다고 믿는다. 이 책이 독자 여러분에게 도움이 되어 건강한 100세를 이루는 초석이 되길 희망한다.

5^장

개인맞춤 영양으로 질병을 치료한다

김해영

1

피로감

——— 만성 피로의 경우 다양한 원인이 있다. 간질환, 갑상선질환, 암 같은 질병도 원인 중 하나일 수 있다. 질병이 아니라면 기능의학적으로 피로의 주원인으로는 크게 부신 기능의 저하와 미토콘드리아 기능의 저하로 나뉜다.

부신

부신adrenal gland은 신장 옆에 있는 호르몬 조직이다. 코르티솔 DHEA, 성호르몬 등을 만드는 조직으로 만성적인 스트레스를 받으면 이들 호르몬 분비가 저하된다.

특히 낮은 코르티솔 단계에서 무기력감 등을 많이 경험한다. 이를 올려주는 건강기능식품이 소위 말하는 강장제다. 대표적으로 인삼이나 홍삼 등이 있는데 뇌하수체-송과선-부신의 축에 작용함으로써 부신 기능이 호전되어 피로회복에 도움이 된다.[1]

부신 호르몬 조직

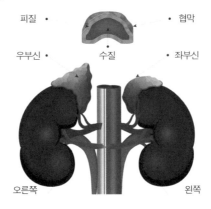

이외 감초, 공진단, 경옥고 같은 한약 재료나 동물의 부신 추출물을 사용하여 만든 부신 강화제, 마그네슘, 비타민 C, 아연 등도 부신 기능 회복에 도움이 된다. 미국 등에선 DHEA 호르몬을 직접 복용하기도 한다.

미토콘드리아

미토콘드리아는 아데노신 3인산ATP이라는 에너지를 만드는 기관이다. 즉 식사를 통해 탄수화물, 지방, 단백질을 섭취하면 각각 포도당, 지방산, 아미노산으로 분해되어 아세틸코에이acetyl-coA를 거쳐 미토콘드리아의 대사를 거치며 아데노신 3인산ATP 에너지를 만드는데 이를 삼카르복실산회로TCA 사이클이라 부른다.

각 대사물질은 효소enzyme에 의해 대사가 된다. 이들 대사에는 반드시 조효소co-enzyme와 조인자co-factor가 도움을 주게 되는데 바로 비타민, 무기질, 아미노산이다. 흔히 '미토콘드리아 부스터'라고 불리는 영양제로는 대표적으로 비타민 B1, B2, B3, B5등 비타민 B군과

미토콘드리아의 에너지 생성 대사 과정

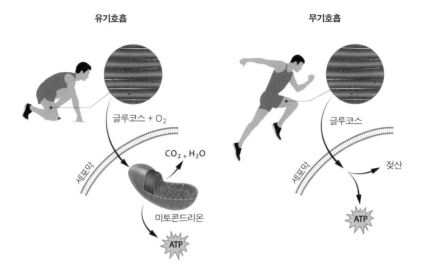

유기호흡 　　　　　　　　　　　　　　　 무기호흡

글루코스 + O_2

$CO_2 + H_2O$

세포막

미토콘드리온

ATP

글루코스

세포막

젖산

ATP

마그네슘, 코엔자임Q10, L - 카르티닌, L - 아르기닌, 알파리포산 등
의 다양한 영양소가 있다.

　최근 병원에서는 유기산 대사 검사를 통해 미토콘드리아 대사의
상태를 파악하여 영양소를 처방하고 있다(5장 참조). 산업계에서도
DTC 유전자 검사를 통해 이들 영양소의 결핍을 예측하여 개인맞춤
영양소를 제공하고 있다.

2

불면, 우울, 불안

불면증

불면증은 흔한 정신과적 증상 중 하나로 잠을 자고 싶어도 쉽게 잠들지 못하거나, 잠이 들더라도 중간에 깨거나, 충분히 잠을 잤는데도 잠을 잔 것 같지 않고 깊은 잠이 부족하거나 개운하지 않다면 불면증이라고 할 수 있다.

불면증은 일차적으로 발생하기도 하고 다른 원인에 의해 이차적으로 발생하기도 한다. 스트레스, 불안, 우울 등의 정서적 요인으로도 흔히 생기지만 내과적인 질환, 통증, 특정 약물 등에 의해서도 발생하며 카페인이 과다한 음료 섭취 등과 같은 특정 요인에 의해서도 유발된다.

불면증의 유병률은 일반 인구의 약 30% 이상에서 관찰되며 그중에서 10-20%는 만성 불면증으로 진행하여 환자의 삶이 질을 매우 떨어뜨린다. 수면은 삶에 필수적인 요소이며 심혈관질환, 당뇨와 같은 대사질환, 우울증과 같은 정신과적 질환, 두통, 치매와 같은 신경계질환 등과 밀접한 연관이 있고 수면 부족은 이러한 질병들을 일으킬 수 있어서 반드시 해결해주는 것이 필요하다. 하지만 우리나라 사람들은 불면증으로 인해 의사에게 직접 진료받는 것을 꺼리고 스스로 여러 가지 방법이나 영양제 섭취 등을 통해 해결하려고 하는 경향이 있다. 정확한 정보를 얻는 것이 도움이 된다. 초기의 불면증은 보조식품이나 건강기능식품을 통해 어느 정도 해결이 가능하지만 장기간의 심한 불면증은 전문가의 진료를 통해 치료와 가이드를 받는 것이 필요하다.

멜라토닌

멜라토닌melatonin은 우리 몸의 송과체에서 자연적으로 나오는 수면호르몬으로 우리 뇌에 잠을 자라는 신호를 주는 역할을 한다. 멜라토닌은 일주일 리듬을 지니고 있어 오전에는 농도가 낮고 저녁에 주변이 어두워지면 분비되기 시작하여 새벽 2시경에 최대로 분비되어 적절하게 수면을 하도록 도와준다. 시차로 적응이 어려운 경우나 교대근무, 야간근무를 하는 경우에도 도움이 되고, 빨리 잠들도록 입면을 도와주고, 수면의 질을 개선함으로써 충분한 수면으로 인한 인체의 항산화 효과를 나타낸다.

육류, 생선, 계란, 우유 등과 같이 단백질이 풍부한 식단은 트립토판과 비타민 B12의 함량이 높기 때문에 수면의 질을 향상한다. 견과류, 씨앗류, 귀리와 보리와 같은 일부 곡물, 체리, 딸기, 키위 등에 멜라토닌이 비교적 많이 들어 있는 것으로 나타났다.

하루 권장 섭취량: 자기 전에 1~5밀리그램을 복용한다. 보통 일반 한국인은 2밀리그램 정도로 시작하도록 권한다.[2, 3]

발레리안

발레리안Valerian은 불면과 수면에 도움이 된다고 알려진 허브의 일종이다. 우리나라에서는 쥐오줌풀이라고 한다. 주로 뿌리에서 추출한 성분을 원료로 사용하는데 잠에 쉽게 들 수 있도록 도와주고 수면의 질을 높인다고 알려져 있다. 하지만 이름처럼 뿌리에서 쥐 오줌 냄새가 난다고 할 정도로 특유의 향이 있어 섭취를 어려워하기도 한다.[4]

하루 권장 섭취량: 자기 전 500밀리그램

테아닌

테아닌L-theanine은 생리 활성 아마이드 아미노산의 일종으로 당뇨, 심혈관질환, 고혈압에 효과가 있고 스트레스와 불안 완화에 도움이 되는 것으로 알려져 있다. 또한 정상적인 수면을 유지하고 기억을 개선한다. 세계에서 두 번째로 많이 소비되는 음료인 녹차에는 카페인도 있지만 테아닌도 1~2.5% 함유되어 있다. 마음을 편안하게 하는 데 도움이 되고 긴장을 완화하여 쉽게 잠을 잘 수 있도록 도와주고 깊은 잠을 자게 하여 수면의 질을 높인다.

하루 권장 섭취량: 자기 전 200~400밀리그램

트립토판

트립토판tryptophan은 필수 아미노산의 일종으로 세로토닌과 멜라토닌 호르몬을 만드는 전구체인 5 – HTP(5 – 하이드록시트립토판)으로 변환될 수 있다. 트립토판은 우울감과 인지기능 등과 밀접한 관련이 있다. 트립토판의 섭취가 늘어나면 자연스럽게 멜라토닌이 증가되어 수면의 질이 향상된다.

하루 권장 섭취량: 500밀리그램~1그램

가바

가바GABA(감마아미노뷰티르산)는 뇌의 억제성 신경전달물질의 일종으로 뇌의 흥분도를 조절하는 아미노산이다. 스트레스, 불안도, 과잉 흥분성을 낮춰 마음을 편안하게 한다. 신경의 흥분도를 낮추기 때문에 자연스럽게 수면을 유도하여 잠드는 시간을 단축한다. 불면증 환자는 정상인과 비교해 가바 수치가 30%가량 낮다는 연구가 보고되었다.[5]

하루 권장 섭취량: 300밀리그램

우울증

우울증은 흔한 신경정신과적 질병의 하나로 서양에서는 일반 인구의 약 15-20%가 살아가면서 우울증을 한 번 이상 경험한다고 한다. 국내에서는 보건복지부의 정신장애 평생 유병률에 따르면 7.7%로 관찰되었다.*

---

* 우울장애: 2021년도 조사 항목에서는 양극성장애 항목이 제외되어 주요 우울장애와 기분부전장애를 합친 진단군을 우울장애라고 구분한다.

2021년 OECD가 발표한 「COVID-19 위기의 정신건강 영향 해결」 연구 보고에 따르면 한국의 우울증 유병률은 36.8%로 가장 높게 나타나 보건복지부 결과와는 차이가 있으나 이는 우울한 느낌과 같은 우울증상을 말한 것으로 실제 우울장애 증가는 아닌 것으로 추정된다.

우울증은 우울한 기분, 흥미와 즐거움의 상실, 피로감의 증가, 집중력 주의력감소, 자존심 자신감의 감소, 죄의식, 미래에 대한 비관, 수면장애, 자해나 자살충동 등의 증상이 지속되는 정신장애이다. 신체적으로는 체중 감소 또는 증가, 과다수면 또는 불면, 피로, 소화불량, 두통 등의 증상이 나타난다. 2020년 발생한 코로나19로 인한 사회활동의 제약과 경제적 손실, 미래에 대한 불안감 등으로 인해 우울증은 증가하고 있다.

우울증의 원인은 복합적이다. 크게 보면 유전적 원인, 생활 환경적인 요인, 심리적인 원인 등으로 가족력이 있거나 뇌졸중, 치매, 낮은 교육 수준, 여성, 만성질환, 흡연, 1인가구 등이 영향을 준다고 알려져 있다.

우울증의 원인은 매우 다양하기 때문에 치료 방법도 단순히 단일 약물치료가 아니라 전반적인 케어와 복합적인 치료가 필요하다. 우울증은 기간이 오래되거나 증상이 심한 경우 반드시 전문가의 진료를 통해 의학적인 치료가 필요하며 정도가 심하지 않거나 보조요법으로 건강기능식품이나 영양성분을 활용해볼 수 있다.

S - 아데노실메티오닌

S - 아데노실메티오닌SAM-e은 아미노산 메티오닌의 일종으로 아데

메티오닌ademetionine이라고도 한다. S－아데노실메티오닌SAM-e은 메틸기를 이동하는 역할을 하여 우울감, 간질환, 섬유근육통, 관절질환, 간질환 등에 주로 사용되며 면역을 조절하고, 항염증 작용을 하고, 세포막을 유지하고, 신경전달물질의 생성과 분해에 관여한다. 다른 여러 항우울제 또는 항불안제(세로토닌 재흡수 억제제, 삼환계 항우울제, 모노아민 산화효소 억제제 등)와 상호작용을 하기 때문에 병용 시에 주의가 필요하다.[6]

하루 권장 섭취량: 600~1,200밀리그램을 2~3회 나눠서 복용한다.

오메가3

오메가3는 강력한 항염증 작용으로 인해 혈관질환에 효과가 좋기로 유명한데 정신건강에도 좋은 효능을 보인다. 신경전달물질의 적절한 작동을 위해 좋은 불포화지방산이 필요하고 우울증이 심한 군에서는 건강한 사람에 비해 오메가3 농도가 낮은 것으로 나타났다.[7, 8]

우울증에 가장 효과적인 EPA와 DHA의 비율은 2:1에서 3:1이다.

하루 권장 섭취량: 1~1.5그램

세인트존스워트

세인트존스워트St. John's wort는 서양고추나물, 성요한풀이라고도 한다. 세인트존스워트는 유명하고 인기 있는 허브로 항불안 효과와 불면증에 효과가 있다고 알려져 있다. 동시에 우울감에도 영향을 주어 가벼운 우울감의 증상 완화에 도움이 된다고 알려져 있다.[9]

로디올라

로디올라

로디올라Rhodiola는 신경전달물질에 영향을 주어 우울감을 줄이는 허브다. 일부 연구에서는 항우울제 약물에 비해 좋은 효과를 보인다는 결과가 있으나 아직 보조요법으로 사용되고 있다.[10]

하루 권장 섭취량: 300~500밀리그램

N-아세틸시스테인

N-아세틸시스테인NAC은 글루타치온의 전구물질로 사용된다. 항산화와 항염증 효과로 가장 유명하다. 여러 연구에서 신경전달물질의 조절 이상을 억제하여 기분장애에 효과를 주는 것으로 알려져 있으며 우울증을 줄이는 효과가 있다.

하루 권장 섭취량: 2그램

커큐민

커큐민curcumin은 강력한 항염증 효과가 있는 것으로 알려져 있다.

우울증과 만성 염증 사이에 연관이 있다는 많은 연구가 밝혀지고 있어서 항산화제, 항염증제로 쓰이는 커큐민 또한 우울감 해소에 도움이 되는 것으로 알려져 있다.[11]

하루 권장 섭취량: 500밀리그램을 2~3번 나눠서 복용

불안장애

불안장애는 다양한 형태의 비정상적이고 병적인 불안과 공포로 인하여 일상생활에 장애를 일으키는 정신장애로 공황장애, 광장공포증, 사회공포증, 범불안장애 등이 포함된다. 이것은 일반적인 수준의 걱정과 염려를 넘어 병적인 공포를 느끼는 정신질환이다. 2021년 보건복지부의 정신건강실태조사 결과에 따르면 불안장애 1년 유병률은 남자 1.6%, 여자 4.7%, 전체 3.1%로 여자의 경우 남자보다 2.9배 높았다. 불안장애는 다른 정신과적 장애들과 같이 동반되어 나타나는 경우가 많고, 사회생활을 어렵게 하고, 이차적인 문제를 일으킬 수 있다. 증상이 심해지는 경우 반드시 전문가와 상담이 필요하며 불안증에 도움이 된다고 알려진 건강기능식품들이나 영양성분들은 보조요법이나 초기요법으로 활용해볼 수 있다.

마그네슘

마그네슘은 에너지 생산을 비롯하여 우리 몸의 구석구석 수백 가지의 생화학 반응에 관여한다. 단백질 형성, DNA와 RNA 유지보수, 근육의 수축과 이완 보조, 신경계 조절에 영향을 주는 매우 중요한

미네랄 중의 하나다. 또한 스트레스 반응과 불안을 줄여주는 데 도움이 된다. 2017년 리뷰 연구에 따르면 마그네슘 보충이 불안한 사람에게 도움이 된다고 한다.[12]

하루 권장 섭취량: 300~500밀리그램

캐모마일

캐모마일Chamomile은 차로 유명한데 국화과에 속하는 꽃 허브의 일종이다. 예부터 수면, 속 쓰림, 소화불량에 도움이 되고 불안을 낮추는 효과가 있어서 차로 즐겨 마셨다고 한다. 아피제닌apigenin이라는 성분을 포함하고 있어서 몸이 나른해지고 졸리는 효과가 있다. 국화꽃이나 데이지꽃에 알레르기가 있는 경우 주의가 필요하다.[13]

하루 권장 섭취량: 500~1,000밀리그램

사프란

사프란Saffron은 전 세계에서 가장 비싼 향신료 중 하나로 생산이 까다로워 많은 양이 나오지 않는다. 학명은 크로커스 사티푸스Crocus sativus L.이며 꽃의 암술대를 건조시켜 만든다. 붉은색을 띠며 독특한 맛과 향을 지녔다. 강력한 항산화제의 기능이 있으며 선샤인 스파이스sunshine spice라는 별명처럼 우울감을 낮추고 불안감을 줄이는 효과가 있다.[14]

하루 권장 섭취량: 30밀리그램

레몬밤

레몬밤Lemon balm은 레몬향을 내는 민트과의 허브로 스트레스와

사프란

긴장을 완화하는 효과가 있다. 중세 시대 이전부터 상처를 치유하고, 불면을 개선하고, 마음을 편하게 하고, 소화불량을 호전하는 기능으로 사용되었다는 기록이 있다.[15]

하루 권장 섭취량: 300~600밀리그램

레몬밤

라벤더

라벤더

라벤더Lavender는 대중적으로 가장 유명한 허브 중의 하나로 라벤더 오일은 아로마 테라피에 많이 사용된다. 꽃은 보라색이고 잎은 은빛과 녹색을 띤다. 원산지는 지중해이며 스트레스, 불안 완화, 불면증에 효과가 있다고 알려져 있다. 미국에는 라벤더 오일 80밀리그램을 캡슐에 담은 실렉산silexan정과 같은 일반의약품 외에도 다양한 건강기능식품이 나와 있다.[16]

발레리안

발레리안Vallerian은 긴장을 완화하고 마음을 편안하게 해주는 데 도움이 되는 허브라고 해서 천연 발륨valium(의약품 안정제의 일종)이라고도 불린다. 꽃은 향수에 사용되고 뿌리는 오래전부터 불안 완화와 수면에 사용되었다. 발레리안 뿌리의 성분 중 발레리닉산valerian acid이 가바의 활동을 촉진하여 불안한 마음을 없애준다.[17]

하루 권장 섭취량: 총 600밀리그램을 200밀리그램씩 3번 복용한

발레리안

다. 과다복용 시 졸릴 수 있으므로 점차적으로 증량하는 것이 좋다.

3

장

───불규칙한 생활습관, 서구화된 식생활, 초가공식품과 배달 음식의 증가로 인한 당류와 나트륨의 과다한 섭취, 항생제와 소염진통제의 과다한 복용 등으로 인해 젊은 연령대부터 장 관련 질환으로 고통받는 사람들이 늘어나고 있다. 기능성 소화불량이나 기능성 위장관질환뿐만 아니라 과민성 장증후군, 염증성 장질환의 유병률도 증가하고 있다. 20대인데도 소화가 잘 안 되고 가스가 차고 변비와 설사가 반복되는 등의 소화기질환을 호소하는 사람들도 점점 늘어나고 있다.

장은 원래 상피세포 한 층으로 이루어진 단단하고 치밀한 장벽결합을 통해 장내완전성intestinal integrity을 유지하고 있다. 미생물, 외부독소, 단백질이 장벽을 통과하지 못하게 촘촘하게 구성되어 있다. 이러한 장벽 유지를 위해 장벽세포는 각종 항미생물펩타이드와 점액질층을 끊임없이 만들어낸다. 그런데 어떤 이유에서인지 장벽투과성

장누수증후군

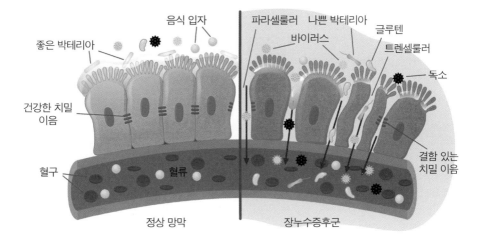

좋은 박테리아 / **음식 입자** / **파라셀룰러** **나쁜 박테리아** / **글루텐**
바이러스 / **트렌셀룰러**
건강한 치밀 이음 / **독소**
혈구 / **혈류** / **결함 있는 치밀 이음**
정상 망막 / **장누수증후군**

intestinal permeability이 높아지면서 치밀한 장벽이 깨지게 되고 그 장벽 틈새로 지질다당류나 내독소 등이 들어오게 되면서 장누수증후군leaky gut syndrome이 생겨 각종 염증과 면역 문제를 일으키게 된다. 조절면역세포의 70%가 장에 있고 장 건강은 면역에 직접적인 영향을 주기 때문에 장누수증후군이 생기지 않도록 하는 것이 중요하다.

과민성 장증후군

장 관련 질병 중에 흔한 과민성 장증후군은 특별한 기저 질환이나 이유 없이 복통, 변비, 설사, 복부팽만감 등의 증상이 반복되는 질환으로 삶의 질이 떨어져 사회생활에 지장을 주기도 한다.

증상으로는 복통과 배변 습관의 변화가 대표적이다. 보통은 배변 후에는 일시적으로 호전된다. 그 외에도 점액변, 트림 방귀, 전신 피로 등이 나타날 수 있다. 원인은 명확하게 밝혀지지 않았지만 장내미생물 불균형, 잘못된 식생활습관, 스트레스 등이 유발 원인으로 꼽히고 있다.

치료를 위해선 생활습관을 바꾸는 것이 중요하다. 스트레스를 피하고 충분한 휴식을 취하여 몸의 긴장도를 낮추고 걷기 등의 가벼운 운동을 병행하여 장 활동을 활성화하는 게 필요하다.

페퍼민트 오일

페퍼민트 오일Peppermint oil은 과민성 장증후군과 동반된 여러 증상을 단기간에 완화하는 데 도움이 된다고 알려져 있다. 특히 근육에 있는 칼슘 채널 및 오피오이드opioid 수용체에 영향을 주어 위장관 근육의 이완을 도와 예민한 장의 운동성과 통증의 민감도를 줄여준다.[18, 19]

하루 권장 섭취량: 하루 200밀리그램을 2~3번 나누어 복용한다.

멜라토닌

멜라토닌melatonin은 송과체에서 밤에 분비되는 수면호르몬의 일종인데 의약품인 서카딘 등으로 제조되고 있다. 과민성 장증후군의 증상을 조절하는 데 도움이 되는 것으로 알려져 있다. 멜라토닌은 장 점막의 엔테로크로마핀 세포에서도 만들어진다. 송과체에서 생산되는 양보다 높은 농도이며 소화기능에 주요한 역할을 한다. 아직 정확한 메커니즘은 밝혀지지 않았지만 장 운동 조절, 항염증 반응, 내장기관의 감각 예민성 저하 등을 통해 과민성 장증후군 환자의 복통과

삶의 질을 개선한다.[20]

하루 권장 섭취량: 자기 전 2~3밀리그램

염증성 장질환

염증성 장질환은 크론병이나 궤양성 대장염으로 잘 알려져 있다. 주로 만성적인 설사, 소화불량, 혈변 등을 동반하며 유전 경향이 있다고 알려졌다. 서구화된 식습관이 보편화된 이후로 계속 증가하고 있으며 남성에게 좀 더 많은 경향이 나타난다. 궤양성 대장염은 20~40대에 많이 생기지만 크론병은 청소년기인 10~20대에 주로 발병한다. 정확한 원인은 알 수 없지만 면역이나 장내미생물과의 연관성이 높다고 여겨지며 아토피나 건선과 같은 다른 질환이 동반되기도 한다.

커큐민

커큐민curcumin은 아시아에서 주로 재배되어 지금은 전 세계에서 사용하는 강황의 유효 성분이다. 뿌리의 줄기가 독특한 향과 진한 노란색을 내어 여러 음식의 향신료로 사용되고 있다. 천연 항산화, 항염증, 항암 작용이 있어 관절염, 당뇨, 암 등에 많이 사용된다. 과민성 장증후군과 염증성 장질환의 증상과 질병을 완화한다.[21]

하루 권장 섭취량: 2그램

보스웰리아

보스웰리아Boswellia의 학명은 보스웰리아 세라타Boswellia serrata 이며 인도유향이라고도 한다. 관절 건강에 도움이 되는 것으로 알려 져 있다. 과민성 장증후군의 증상 개선에도 효과가 있다. 또한 항염 증 작용으로 인해 궤양성 대장염과 크론병과 같은 염증성 장질환에 도 도움이 되는 것으로 알려져 있다. 특히 보스웰릭산의 흡수율을 높 인 피토솜phytosome 형태의 제품을 대상으로 많은 연구가 이루어지 고 있다.[22]

하루 권장 섭취량: 300~400밀리그램을 3번에 나누어 복용한다.

베르베린

베르베린berberine은 이소퀴놀린 알칼로이드의 한 종류다. 노란색 을 띠고 있으며 베르베리스라는 종의 줄기와 뿌리에서 발견되며 양 귀비, 중국금실 등 다양한 약용식물에서도 추출되는 생리활성 화합 물 성분이다. 전통적으로 진통, 항염증, 항암, 항당뇨병, 항우울 작용 을 한다고 알려져 있다. 장에 염증이 있을 때도 사용되어 왔다. 또한 항균 작용이 있어 장내미생물의 균형을 회복하는 데 도움이 되며 장 점막 치유 효과도 있다고 보고된다.[23]

하루 권장 섭취량: 총 1,500밀리그램을 500밀리그램씩 3번에 나 누어 복용한다.

아연

아연zinc은 정말 중요한 필수 미량영양소로서 철 다음으로 가장 풍 부한 미량미네랄이다. 가장 중요한 기능 중의 하나인 면역조절기능

외에도 혈당 조절, 항염증, 눈 노화 방지 등의 효과가 있다. 하지만 안타깝게도 식단에서 아연의 함량이 낮아 보충이 필요한 실정이다. 아연은 장벽의 치밀결합을 보수하고 회복하므로 장벽이 손상되는 소화기 질환에 도움이 된다. 염증성 장질환자의 증상을 개선하며 설사에도 효과가 있다.[24]

하루 권장 섭취량: 30~50밀리그램

글루타민

글루타민L-glutamine은 인체 내에서 가장 풍부한 아미노산의 한 종류로 면역과 장 건강에 중요한 역할을 한다. 몸에서 자연적으로 생성되나 특정 조건에서 요구량이 늘기 때문에 조건부 필수 아미노산이다. 부상, 질병, 화상 등과 같은 상태에서 우리 몸의 글루타민 필요량이 증가하기 때문에 보충하는 것이 중요하다. 글루타민은 장벽세포의 에너지원이 된다. 장세포의 정상적인 성장과 유지보수에 필요하고 유해한 세균이 무너진 장벽 틈을 따라 인체에 침투하려는 것을 방어한다.[25]

하루 권장 섭취량: 5~6그램

4

눈

━━━ 눈은 대상을 보고 인식하기 위한 장기로 직경 3센티미터 정도 밖에 안 되는 아주 작은 크기이지만 아주 다양한 기능을 하는 세포들이 마치 휴대폰의 집적회로처럼 밀집되어 있는 매우 복잡한 기관이다. 빛을 받아 모으는 각막과 수정체, 빛을 조절하는 홍채와 모양체, 빛의 자각을 받아 전기신호로 바꾸어 뇌까지 전달하는 망막과 시신경, 이를 둘러싸고 그물처럼 엮인 혈관들로 구성된 맥락막, 안구를 보호하기 위한 근육층인 공막으로 안구가 구성되어 있다. 그리고 이를 보호하기 위해 눈꺼풀과 결막층으로 싸여 있다. 눈은 구조가 매우 복잡한 만큼 많은 에너지를 소모하고 스트레스, 활성산소, 순환장애 등에 상당히 취약하다.

안구건조증

눈과 관련하여 가장 흔한 질환은 안구건조증이다. 건성안이라고도 하는 안구건조증은 눈물 분비 감소 또는 눈물막의 증발 증가, 눈물의 분포장애 등으로 생기는 질환으로 눈의 뻑뻑함, 이물감, 쓰라림, 가려움, 충혈 등의 증상이 나타난다. 발병률이 증가하는 원인은 컴퓨터와 휴대폰 사용률, 대기오염, 알레르기원의 증가 등을 들 수 있다. 인공눈물을 사용하여 일시적으로 증상을 완화할 수 있으나 근본적인 치료는 되지 못한다.

안구건조증을 예방하기 위해서는 수분을 충분히 섭취하고, 컴퓨터 사용 시 자주 눈을 깜박이고, 안구 주변을 따뜻하게 하고 마사지를 하고, 가습기를 사용하여 실내 습도를 맞추고, 눈에 바람을 직접적으로 맞지 않도록 한다.

비타민 D

우리나라는 비타민 D가 부족한 사람이 90%에 달한다고 한다. 전 국민이 비타민 D가 부족한 상태라고 해도 과언이 아니다. 북반구이고 대기오염과 자외선 차단제로 인해 충분한 비타민 D 합성이 어려우므로 섭취할 필요가 있다. 비타민 D는 만성 피로, 우울감, 염증성 질환 등 전신적으로 영향을 준다고 알려져 있다. 비타민 D가 충분할수록 안구건조증 비율도 낮았다.[26]

하루 권장 섭취량: 2000~3000IU

오메가3

오메가3를 충분히 섭취하는 경우 마이봄샘의 염증이 줄어들고 눈물층의 증발을 막아 눈을 촉촉하게 하는 데 도움이 된다고 알려져 있어 망막질환과 안구건조증에 사용하고 있다.[27, 28]

하루 권장 섭취량: 1,000~1,500밀리그램

빌베리

빌베리Bilberry는 안토시아닌이 풍부하게 함유되어 있어 항산화 기능이 뛰어나다. 세포의 손상 방지에 효과가 있으며 시력과 안구건조증에 도움이 된다는 연구가 있다.[29]

하루 권장 섭취량: 20밀리그램

백내장과 노인성 황반변성

활성산소에 의해 발생하는 대표적인 눈질환에는 백내장과 노인성 황반변성이 있다.

백내장은 수정체가 혼탁해지고 굳어지면서 시야가 흐릿해지는 증상으로 고령층에선 상당히 흔한 질병이다. 수정체는 글루타치온이라는 물질로 항산화 기전을 통해 투명도를 유지한다. 체내 글루타치온 수치가 낮아지면 백내장 유병률이 증가한다. 또한 당화 반응에 취약하여 당뇨와 같은 고혈당 상태에 반복적으로 노출되어도 백내장 유병률이 증가한다. 백내장 예방을 위해서는 혈당을 정상으로 유지하고 여러 항산화제가 충분히 함유된 식품을 먹어야 한다.

노인성 황반변성은 빛의 초점이 모이는 부위인 황반부에 드루젠이라는 당단백질AGEs이 침착하여 순환장애가 생기면서 맥락막 신생혈관 생성과 황반부 출혈 등으로 실명까지 할 수 있는 무서운 질환이다. 황반부는 빛을 섬세하게 받아들여야 하므로 망막에서 혈관의 분포가 없는 부위로 주변의 혈관에서 확산 과정을 통해 산소를 공급받아야 한다. 그 때문에 순환장애와 활성산소에 매우 취약한 부위다. 미국에서는 활성산소를 낮추면 황반변성을 예방할 수 있으리라 예상하고 항산화 영양소를 복용하게 하는 연구를 시행해왔다. 대표적인 연구가 AREDS2 연구와 LUTEGA 연구이다. 이에 따르면 황반변성을 위한 영양제 조합은 다음과 같다.

비타민 C 500밀리그램, 비타민 E 400IU, 아연25밀리그램, 구리2밀리그램(아연으로 인한 상대적인 구리 결핍을 위해 복용), 루테인 10밀리그램, 지아잔틴 2밀리그램, 오메가3(DHA 260밀리그램 + EPA 60밀리그램)이다. 이 조합으로 복용한 사람들은 황반변성으로 인한 심각한 부작용 발생이 25%까지 줄었고 질병 진행 속도가 느려졌다. 이외에도 자외선을 직접 쳐다보는 것을 줄이고, 강한 빛이 있을 경우 선글라스 착용을 권장하고, 과다한 탄수화물 섭취를 줄이고 루테인과 지아잔틴zeaxanthin이 풍부한 녹색 잎채소, 브로콜리, 계란 등을 잘 섭취해야 한다.

AREDS2 연구로 증명된 루테인과 지아잔틴은 카로티노이드의 일종이다. 노랑, 주황, 붉은색을 띠는 색소로 식물, 조류, 광합성 박테리아 등에 의해 자연적으로 합성된다. 시금치, 케일, 브로콜리와 같이 진한 녹색 잎채소에 많이 함유되어 있다. 인간의 망막에서 발견되는 유일한 카로티노이드로서 눈에서 청색광blue light과 자외선을 흡수하

여 빛에 의한 망막의 산화손상으로부터 눈을 보호하며 망막의 밀도를 높이는 데 도움이 된다.[30, 31]

 하루 권장 섭취량 : 루테인 15밀리그램, 지아잔틴 2밀리그램

녹내장

 눈의 순환장애로 발생하는 녹내장은 안압이 상승하면서 시신경이 만성적으로 손상되어 시야결손이 생기는 질환이다. 최근에는 정상 안압에서 발생하는 녹내장의 비율이 훨씬 높다는 사실이 드러나면서 시신경 주변의 순환과 시신경의 보호가 녹내장의 진행을 낮추는 데 중요하다고 알려져 있다. 급성 녹내장은 통증을 동반하기에 쉽게 발견할 수 있다. 하지만 만성 녹내장은 피로, 안구충혈증, 두통 정도의 증상만 나타나 조기발견이 어렵고 이미 진행된 상태에서 치료가 시작되어 완치가 아니라 진행 속도를 늦추는 정도의 치료를 하게 된다. 따라서 예방이 매우 중요한데 시신경 주변의 순환을 도와주며 항

은행잎

산화, 항염증 기능이 있는 은행잎 추출물로 효과를 볼 수 있다. 은행잎 추출물의 섭취량은 하루 120밀리그램을 권장한다.[23]

5

혈당관리

━━━ 당뇨는 1형과 2형으로 나뉜다. 1형 당뇨는 보통 유전적인 이유로 췌장의 인슐린 분비 자체에 문제가 생겨서 발병하고, 2형 당뇨는 후천적인 이유로 식생활습관 등을 잘못 관리할 때 발병한다. 1형 당뇨는 평생 인슐린 투여가 필요하다. 반면 2형 당뇨는 식생활습관을 잘 관리만 하면 완치에 가깝게 증상이 호전되고 정상인과 비슷한 기대수명을 회복할 수 있다. 2020년 대한당뇨병학회 자료에 따르면 우리나라 기준으로 30세 이상 당뇨병 환자는 약 14%로 대략 500만 명에 달하는데 그중 2.3%가 1형 당뇨환자다. 안타깝게도 당뇨병 인지율은 65%며 치료율은 60%로 더 낮았다.

당뇨병은 당 조절이 잘 안 되기에 만성 피로와 무기력감을 느끼게 된다. 무엇보다 당뇨병으로 인해 혈액에 당분이 과다하게 포함되면서 혈액이 걸쭉해지고 그로 인해 혈관이 좁아지거나 막히게 되어 몸 전체가 망가지기 시작한다. 제일 먼저 타격을 받는 곳은 심장에서 먼

당뇨병 관리 수준(2016~2018년 통합)

당뇨병을 가진 성인 10명 중 6~7명만이 가진 것을 알고 있었고, 치료받는 경우는 10명 중 6명이었고, 10명 중 3명만이 당화혈색소 6.5% 미만이었다.

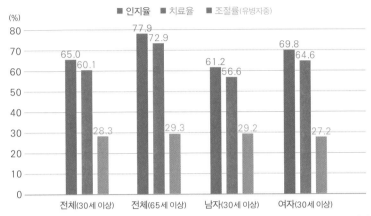

· 당뇨병 유병률(당화혈색소 기준): 공복혈당이 126mg/dL 이상이거나 의사 진단을 받았거나 혈당강하제 복용 또는 인슐린 주사를 사용하거나 당화혈색소 6.5% 이상인 분율
· 당뇨병 인지율: 당뇨병 유병자(당화혈색소 기준) 중 의사로부터 당뇨병 진단을 받은 분율
· 당뇨병 치료율: 당뇨병 유병자(당화혈색소 기준) 중 현재 혈당강하제 복용 또는 인슐린 주사를 사용하는 분율
· 당뇨병 조절률(유병자 기준): 당뇨병 유병자(당화혈색소 기준) 중 당화혈색소가 6.5% 미만인 분율

(출처: 대한당뇨병학회KDA 당뇨병 팩트 시트 2020)

신체말단의 모세혈관인데 처음엔 감각이 둔화되다가 심화되면 괴사하기도 한다. 눈의 모세혈관에도 영향을 주어 망막병증으로 시력을 잃을 수도 있다. 당뇨병증 신장병도 잘 발생하는데 신장은 한번 망가지면 쉽게 회복하기 어렵다. 이 외에도 심혈관질환 유병률도 올라가기 때문에 철저한 식단관리와 영양관리가 필요하다.

크롬

크롬chromium은 조개, 생선, 육류, 통곡물, 견과류 등에서 발견되는 미량원소로 평균적으로 낮게 섭취하고 있다. 식사를 통해 공급된 크롬은 흡수율이 낮아 변으로 98% 정도가 배설된다고 보고되며 인체에 극미량 존재한다. 크롬은 인슐린 수용체를 활성화하여 2형 당뇨 환자나 내당능장애가 있는 경우에 개선 효과를 보인다.[33]

하루 권장 섭취량: 100~500mcg. 과한 섭취는 신장에 부담을 줄 수 있다.

시나몬

시나몬Cinnamon은 서양 요리에 많이 사용되는 유명한 향신료의 하나다. 인슐린 민감도를 높이는 인슐린 수용체tyrosine kinase의 인산화를 통해 혈당 조절에 도움이 되는 것으로 알려져 있다. 여러 연구결과를 통해 보통 하루에 약 6그램까지는 안전한 것으로 알려져 있다. 당뇨가 있거나 혈당조절이 잘 안 되는 사람에게 추가적인 도움이 될 수 있다. 하루 1티스푼 정도를 식사나 음료에 추가해서 먹도록 권고

시나몬

한다.

하루 권장 섭취량: 2~5그램. 과다 섭취 시 드물게 간독성을 지니므로 간질환 환자는 피하는 것이 좋다. 혈액을 묽게 하는 부작용이 보고되었다.[34]

알파리포산

알파리포산alpha lipoic acid은 시금치, 브로콜리, 붉은 고기 등에서 소량씩 섭취 가능한 강력한 자연 발생 항산화제의 일종이다. 췌장에서 인슐린 분비를 증가시키고 근육조직에서 포도당 수송체를 증가시켜 혈당을 강하한다. 또한 신경혈류와 내피기능장애를 개선하여 당뇨병성 말초신경병증이나 산화스트레스로 인한 신경병 예방에도 도움이 된다.

우리나라에선 티오시드정이라는 전문 의약품으로 처방되고 있다. 효능효과는 당뇨병성 다발성 신경염의 완화로 표기되어 있고, 치옥트산으로서 1일 200~600밀리그램을 2~3회 나누어 식사 30분 전에 먹도록 지도하고 있다. 항산화 작용과 함께 식욕 억제나 에너지 소비 촉진을 도와주는 작용도 있어 미용이나 다이어트 목적으로도 많이 사용되고 있다.

하루 권장 섭취량: 300~600밀리그램. 1,800밀리그램까지 고용량으로 사용하기도 하는데 울렁거림이나 어지럼증의 부작용이 생길 수 있어서 보통 하루 600밀리그램까지 권장한다. 인슐린이나 다른 경구용 혈당강하제와 같이 복용 시에 저혈당 효과를 일으킬 수 있어서 주의가 필요하다.[35]

6

갱년기

─── 갱년기는 노화로 인해 난소기능이 떨어지면서 성호르몬 분비가 급감하여 신체적, 정신적 변화를 겪으며 폐경기 이후의 시기로 바뀌는 기간이다. 평균 연령은 50세 전후다. 우리나라 여성의 평균 기대수명이 86세임을 고려할 때 50세 전후의 갱년기는 이후의 삶에 큰 영향을 미칠 수 있어 초고령 사회를 앞둔 상황에서 갱년기의 적절한 관리가 필요하다. 갱년기 증상은 2~3년 정도에 그치기도 하지만 길게는 5년 이상 지속되기도 한다. 한 통계에 따르면 2019년 기준 우리나라 60세 이상 여성 중 갱년기 환자는 37%에 이를 정도로 많다.

갱년기에 접어든 여성이 처음 느끼는 증상은 보통 불규칙한 생리다. 그 외에 안면홍조, 빈맥, 발한 등의 증상이 나타난다. 성호르몬의 급격한 감소로 인한 신체 변화로 허탈감과 상실감으로 인한 우울증, 공황장애, 불면증, 무기력감 등이 생길 수 있다. 기억력과 집중력이 떨어지고 골다공증이 발생할 확률이 높아진다.

갱년기는 여성이라면 누구나 경험하는 시기이므로 자연스럽게 받아들일 필요가 있다. 부모가 갱년기를 겪는 시기에 자녀는 사춘기를 겪는 경우가 많아 집안 갈등이 커질 수 있다. 가족끼리 대화를 나누며 서로 교류하고 배려하는 것이 중요하다.

갱년기 증상으로 고통스럽다면 참지 말고 적극적으로 병원 진료를 받거나 도움이 되는 기능성 성분을 섭취하여 시니어의 시기로 부드럽게 이행하는 것이 필요하다.

세인트존스워트

세인트존스워트St. John's wort는 우리나라에서는 서양고추나물, 성요한풀이라고도 한다. 성 요한 축일인 6월 24일경에 만개한다고 하여 성 요한의 풀이라는 뜻의 이름이 붙었다. 수천 년간 민간요법과 상처 치유에 사용되었고 우울증에도 효과가 있다. 하이퍼리신hyperi-

세인트존스워트

cin, 하이퍼포린hyperforin과 플라보노이드 성분이 작용하고, 모노아민과 가바의 재흡수를 억제하여 항불안 효과가 있고, 항우울제처럼 세로토닌의 활성도를 높이는 것으로 알려져 있다. 폐경기 증상의 안면홍조, 우울감, 기력 저하에 도움이 된다. 일반의약품인 훼라민큐에도 포함되어 있다.[36, 37]

하루 권장 섭취량: 500~1,000밀리그램

이소플라본

아시아인은 서양식 식단에 비해 많은 양의 이소플라본(식물성 에스트로겐)을 섭취하고 있다. 미국인이 하루에 평균 3밀리그램 미만의 이소플라본을 섭취할 때 아시아인은 하루에 약 40~80밀리그램을 섭취한다. 가장 안전하고 좋은 단백질과 이소플라본을 얻을 수 있는 방법은 콩, 두부, 템페 등 다양한 음식으로 섭취하는 것이다. 붉은토끼풀Red Clover 추출물도 이소플라본의 충분한 급원으로 갱년기에 부족한 에스트로겐을 채울 수 있다. 안면홍조와 야간발한에 도움이 된다고 알려져 있다.[38]

하루 권장 섭취량: 80~160밀리그램

승마

승마Black cohosh는 북미가 원산지로 미나리의 한 계열이다. 전통적으로 미국 인디언이 여성의 여러 문제에 사용해왔다. 글라이코사이드, 플라보노이드, 아로마틱 성분으로 구성되어 있으나 정확한 허브의 작용은 아직 밝혀지지 않았다. 임상연구를 통해 갱년기 증상 완화에 도움이 된다고 밝혀졌다. 주로 혈관운동 증상과 우울증에 많이 사

승마

용되고 있다. 국내에서는 클리마토플란정이라는 갱년기에 사용하는 전문 의약품에 생귀나리아, 세피아, 이그나시아 성분과 같이 포함되어 있다.[39]

홉

홉hop은 강력한 식물성 에스트로겐 성분의 일종으로 신체의 에스트로겐 수용체에 결합하여 활성화된다. 항암과 항산화 효과가 있다. 홉이 갱년기 혈관운동 증상과 안면홍조를 개선하고 삶의 질을 향상한다는 연구결과가 보고되었다. 간혹 드물게 홉에 알레르기 반응을 일으키는 경우가 있다.[40]

하루 권장 섭취량: 500~1,000밀리그램

피크노제놀

피크노제놀pycnogenol은 해양소나무 껍질 추출물로서 강력한 항산화제인 안토시아니딘의 풍부한 공급원이다. COX 1/COX 2, NF -

kB를 억제하여 염증을 낮추고, 갱년기 여성의 혈관운동 증상을 현저히 줄이고 삶의 질을 향상하는 것으로 나타났다. 산화스트레스 완화를 통해 관상동맥질환을 일으킬 수 있는 혈관 내피의 염증을 줄이는 것으로 보고되었다.[41, 42]

하루 권장 섭취량: 200밀리그램

마카

마카Maca는 페루 원주민이 즐겨 사용하던 것으로 안데스에서 수세기 동안 불임, 빈혈, 여성호르몬 관리에 사용된 식물이다. 페루의 인삼이라고 불린다. 브로콜리, 양배추, 콜리플라워 등과 유사한 십자화과 식물로 주요 사용 부위는 뿌리의 성분이다. 페루에서부터 일본, 미국, 유럽으로 퍼져나가 사용되기 시작하였고 국내에서도 인지도가 올라가고 있다. 원래는 리비도를 증가시키고 난임에 도움이 된다고 알려져 있다. 갱년기 여성의 쿠퍼만 지수에서 삶의 질을 향상하고, 우울증을 줄이고, 불면증과 혈압을 개선하는 데 도움이 되는 것으로 알려져 있다.[43, 44, 45]

마카

7

관절

─── 퇴행성관절염은 퇴행성 질환의 일종이다. 관절의 노화나 과다한 사용 등의 복합적인 이유로 연골이 마모되거나 찢어지면서 서서히 증상이 유발된다. 2019년 기준 국내 퇴행성관절염 환자는 400만 명을 넘으며 여성이 남성보다 발병률이 높다. 초기에는 온도의 영향을 받아 보통 관절이 차갑거나 굳어져 있는 아침이나 겨울에 해당 관절을 움직이면 통증을 느낀다. 병이 진행되면 움직임과 상관없이 지속적으로 통증이 나타나기도 한다. 일시적으로는 나아질 수 있으나 장기적으로 봤을 때는 시간이 지남에 따라 천천히 악화된다.

치료는 대부분 물리치료와 냉온치료 등으로 관절염의 증상을 완화하고 진행 속도를 늦추는 보전적 치료를 시행하지만 일상생활이 불가능할 정도로 심할 경우 수술을 하기도 한다. 퇴행성관절염은 증상을 완화할 순 있지만 이미 마모된 관절을 재생할 수는 없다. 통증과 운동기능의 제한으로 삶의 질이 떨어지고 줄어든 활동량으로 체중이 증가하거나 우울감 느끼는 경우가 많다. 정상 체중 유지, 적절한 운동, 바른 자세 유지 등 일상생활에서 바른 습관을 통해 예방하는 것이 중요하다.

관절염이 생기고 난 뒤에라도 도움이 되는 영양성분을 섭취하고 생활습관을 신경 써서 관리하면 진행 속도를 최대한 늦출 수 있다.

식이유황

식이유황(메틸설포닐메탄 MSM)은 항염증으로 유명한 유기황 화합물 성분으로 근육통, 관절통, 염증을 줄이는 역할을 하는 것으로 알려져 있다. 미국식품의약국에서 일반적으로 안전하다고 승인된 물질 GRAS로서 무릎의 골관절염이 있는 환자에게 하루 3그램 투여 후 통증이 줄고 움직임이 좋아졌다는 연구가 있다.[46, 47, 48, 49]

하루 권장 섭취량: 최대 4그램

글루코사민

글루코사민glucosamine은 인간이나 동물의 조직에서 생기는 화합물이다. 아직 정확한 기전은 알려져 있지 않지만 염증 감소와 연골 형성과 관절조직 보호에 도움이 된다고 한다. 주로 경구로 복용하며 크림을 통해 국소적으로 흡수시켜 사용하기도 한다.[50]

하루 권장 섭취량: 총 1,500밀리그램을 500밀리그램씩 3번 복용한다.

보스웰리아

보스웰리아Boswellia는 우리나라에는 인도유향으로 알려져 있다.

학명은 보스웰리아 세라타Boswellia serrata이며 나무껍질의 진액에 들어 있는 보스웰릭산 성분이 루코트리엔 등을 억제하여 염증을 줄인다고 알려져 있다. 관절염이나 근육통에 널리 사용되어 왔다. 아시아, 아프리카 등의 민속의학에서 오랫동안 사용되었으며 『동의보감』에도 사용한 기록이 있다. 보스웰리아에는 네 가지의 산 성분이 있는데 그중 AKBA(Acetyl − 11 − keto − β − boswellic acid)가 항염증 작용이 가장 큰 것으로 알려져 있다.

하루 권장 섭취량: 최대 1,000밀리그램으로 300밀리그램씩 3번 복용한다.

피크노제놀

피크노제놀pycnogenol은 해양소나무 껍질 추출물로서 강력한 항산화제인 안토시아니딘의 풍부한 공급원이다. COX 1/COX 2, NF − kB를 억제하여 염증을 줄임으로써 관절의 뻣뻣함과 통증을 완화하여 진통제 사용량을 줄일 수 있다.[51]

피크노제놀

하루 권장 섭취량: 총 150밀리그램을 50밀리그램씩 3번 복용한다.

커큐민

커큐민curcumin은 커리의 주원료인 강황에 함유된 성분의 하나로서 강력한 항염증과 항산화 물질이다. 일부 관절염 증상 비교연구에서는 진통소염제보다도 효과가 좋았다고 하며 관절 증상 외에도 다양한 항산화 효과가 있어 기존의 치료법에 대한 보조적인 영양치료로 적극적으로 권장할 수 있다.

하루 권장 섭취량: 총 1,500밀리그램을 500밀리그램씩 3번 복용한다.

커큐민

8

기억력

━━━ 인지기능장애는 뇌의 기억력, 언어력, 판단력, 사고력 등 전반적으로 떨어지는 상태를 말한다. 정도가 심해지면 치매로 발전할 수 있다. 인지기능장애는 일상생활에는 큰 무리가 없지만 치매는 일상생활에 심각한 어려움을 겪는다. 일반인과 비교해 인지기능장애를 가진 경우 치매 발병률이 5배 더 높기에 초기에 발견하고 적극적으로 치료하는 것이 중요하다.

중앙치매센터의 자료를 보면 2020년 우리나라 치매 환자 수는 65세 이상에서 약 10%에 육박하며 앞으로 점점 증가할 것으로 보고 있다. 발생 원인은 다양하고 복잡하다. 다음과 같은 이유로 생길 수 있다. 첫째 알츠하이머나 파킨슨병 등의 퇴행성질환. 둘째 고혈압이나 뇌경색 등의 질병. 셋째 우울증과 같은 심리적 원인. 넷째 지속적인 알코올 섭취 다섯째 엽산, 비타민 B12, 티아민 등의 영양소 부족. 노화도 위험 이유이지만 노화에 따른 자연스러운 인지기능 감

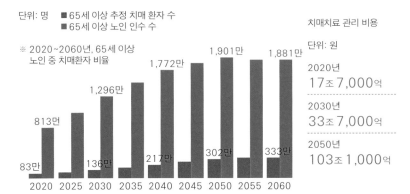

국내 치매 환자 수 추이

단위: 명　■65세 이상 추정 치매 환자 수
　　　　　■65세 이상 노인 인수 수

치매치료 관리 비용

※ 2020~2060년, 65세 이상
　노인 중 치매환자 비율

단위: 원

2020년
17조 7,000억

2030년
33조 7,000억

2050년
103조 1,000억

1,901만
1,881만
1,772만
1,296만
813만
83만　136만　217만　302만　333만

2020　2025　2030　2035　2040　2045　2050　2055　2060

(출처: 중앙치매센터, 대한민국 치매현황 2020)

소는 인지기능장애로 보지 않는다.

그중에서 알츠하이머성 치매가 절반 이상으로 가장 많다. 베타아밀로이드 단백질과 변성된 타우 단백질이 뇌 신경세포에 축적되면서 신경세포를 연결하는 시냅스가 끊어지고, 그로 인해 신경회로망이 망가지면서 뇌의 신경세포들이 점점 퇴화하여 뇌 조직이 소실되어 뇌가 위축된다. 주된 증상은 기억력 저하다. 그런데 기억력 저하가 나타나지 않고 다른 증상만 나타날 수도 있다. 치매는 특정 사건을 경험한 것 자체를 잊어버리고, 점차 정도가 심해지며 기억력뿐만 아니라 판단력도 같이 저하된다는 점에서 일반적인 건망증과는 다르다.

진단은 인지기능장애를 일으킬 수 있는 내과적 질환 검사, 인지기능 검사, 영상학적 검사 등을 통해 이루어진다. 동년배에 비해 인지기능이 떨어지거나 최근에 확연하게 인지기능 저하를 느꼈다면 빠르게 검사를 받아 초기에 진단하여 적극적으로 관리해야 한다. 아직은 치매 원인치료제가 없지만 향후 10~20년 내에는 나올 것으로 예상된다. 현재는 초기에 진단하여 뇌 신경세포가 많이 손상되기 전에 치료하고 생활습관과 식습관을 교정하여 진행 속도를 늦출 수 있다.

은행잎 추출물

은행잎 추출물Ginkgo biloba extract은 중국에서 기원한 나무로 수천 년간 다양한 용도로 사용되었다. 주로 뇌기능과 혈관 건강을 위해서 사용되었다. 플라보노이드가 들어 있어 강력한 항산화 효과가 있다. 또한 염증을 줄이고, 혈액순환을 좋게 하고, 인지기능 악화를 예방하고, 치매의 증상을 늦추고, 뇌기능을 증진한다고 알려져 있다.[53, 54]

하루 권장 섭취량: 100~200밀리그램

비타민 B12

비타민 B12(코발라민)은 나이가 들수록 위산이 잘 분비되지 않는 고령자나 채식주의자에게 비타민 B12의 결핍이 종종 관찰된다. 여러 연구에 따르면 비타민 B12의 부족은 인지기능 저하와 연관될 수 있음이 밝혀졌다. 비타민 B12의 보충은 다른 여러 건강상의 이점을 동반하고 부작용이 거의 없으므로 고령자라면 보충하는 것이 도움이 된다.[55]

후퍼진 A

후퍼진 Ahuperzine A는 학명이 후페르지아 세라타Huperzia serrata라고 하는 이끼에서 추출한 알칼로이드 화합물 성분이다. 알츠하이머성 치매와 기억력 감퇴에 사용된다고 알려져 있다. 아세틸콜린 분해 요소를 억제하여 아세틸콜린의 수치를 높이는 기전을 통해 작용하는 것으로 알려져 있다. 후퍼진 단독으로도 인지기능 개선에 어느 정도 효과가 있다고 알려졌지만 기존의 치매 약물들과 결합하여 복용할 경우의 효과에 관한 연구들이 진행되고 있다.[56]

하루 권장 섭취량: 200~400mcg

백설

백설bacopa은 인도의 아유르베다 의학에서 전통적으로 사용하던 식물로서 은혜로운 허브라고 불리는 바코파 몬니에리Bacopa monnieri에서 추출하였다. 특히 뇌에 항산화 효과가 있다고 알려진 바코사이드라는 화합물을 함유하고 있다.[57]

하루 권장 섭취량: 300~600밀리그램

백설

9

알레르기

전 세계적으로 알레르기가 증가하는 추세다. 주로 우유, 밀가루, 계란, 대두, 땅콩, 견과류, 생선, 갑각류, 과일 등과 같은 식품이 주요 원인이고 개, 고양이, 나무, 꽃가루 등과 같은 외부 환경적인 요인에 의한 알레르기도 많다. 서울지역 초등학생의 식품알레르기 평생 증상 유병률 추이를 조사한 결과 2000년 9.5%, 2005년 12.0%, 2012년 14.4%로 나타났다. 의사 진단 유병률 또한 2000년 5.2%, 2005년 6.4%, 2012년 6.6%로 연도별로 증가하는 경향을 보였다.[58]

소아기의 식품 알레르기는 연령이 증가함에 따라 대부분이 자연 소실된다고 여겨져 왔다. 그러나 자연소실이 감소하여 성인이 되어도 남아 있는 경우가 늘고 있다. 이는 장내미생물 불균형, 불규칙한 식생활습관, 위생가설로 인한 면역 이상에 의한 원인 등 여러 가지 복합적인 기전으로 인해 점점 증가하고 있다. 특히 급성 식품 알레르기는 원재료의 정확한 확인이 어려운 단체급식, 외식으로 인한 응급

상황 발생이 증가하고 있어 관리와 주의가 필요하다.

머위

머위Butterbur extract는 유럽, 아시아, 북미 지역에서 발견되는 데이지의 일종이다. 냉장고가 없던 시절 더운 날씨에 버터를 감싸는 데 머위의 큰 잎을 사용하였다고 한다. 그래서 버터버라는 이름이 붙었다고 한다. 중세에는 전염병과 감염성 질환, 기침, 피부 알레르기 등을 치료하는 데 사용되었다. 편두통과 알레르기 환자가 복용하여 증상이 호전되었다는 연구결과가 있다.[59]

하루 권장 섭취량: 총 150밀리그램을 50밀리그램씩 3번 복용한다.

머위

케르세틴

케르세틴quercetin은 양파의 껍질, 사과, 베리류, 포도류 등에서 자연적으로 발견되는 항산화 물질이다. 염증성 사이토카인 감소, 히스타민 방출 억제, 비만세포 안정화, Th1/Th2 안정성 조절 등의 기능이 있어 알레르기에 작용한다.[60]

하루 권장 섭취량: 300밀리그램

브로멜라인

브로멜라인bromelain은 파파야와 파인애플의 줄기와 과즙에 있다. 브로멜라인 효소 성분은 염증을 줄이고 소화를 돕고 알레르기 증상을 완화한다. 이 효소는 단백질을 분해하는 프로테아제와 같은 역할을 하여 알레르겐을 분해하는 데 도움이 되고 부비동염과 알레르기를 줄인다고 알려져 있다.[61]

하루 권장 섭취량: 300밀리그램씩 하루 3번 복용한다.

식이성 섬유   비타민 C

비타민   망간

비타민 B6   브로멜라인

10

생리통과 월경전증후군

━━━ 월경전증후군PMS, premenstrual syndrome은 월경 시작 약 일주일 전부터 여러 심리적, 신체적 증상을 동반하는 증후군을 말한다. 여성의 20~50% 정도가 월경전증후군을 겪고 있다. 개인마다 증상의 정도가 다양한데 주로 피로감, 긴장, 초조, 불안감, 예민함, 불면증, 우울감, 부종, 소화불량, 근육통, 요통, 복통, 유방통 등 다양한 증상과 더불어 식욕의 증가와 단 음식을 찾는 등의 입맛 변화도 동반한다. 그 증상이 심해 일상생활이 어려울 때 월경전불쾌장애PMDD, premenstrual dysphoric disorder로 구분하는데 자살충동 등 위험한 상황으로 진행할 수 있어 반드시 적극적인 조치가 필요하다. 이러한 증상은 폐경 전후에 심해질 수 있다.

원인은 아직 명확하지 않다. 생리 전 호르몬 분비량의 변화에 유전적으로 민감한 경우나 세로토닌 등 신경전달물질의 변화로 추측한다. 스트레스, 우울감, 기분장애 등이 있는 경우에 더 많이 관찰되며 이외에도 마그네슘이나 칼슘 등의 영양분 부족도 원인이 될 수 있다.

증상이 심하지 않으면 스트레스를 피하고 충분한 휴식, 수면, 운동, 충분한 영양소 섭취, 금주, 금연, 설탕 섭취 줄이기 등으로 어느 정도 증상을 완화할 수 있다. 불편감이 계속된다면 나에게 맞는 기능성 성분을 확인하여 복용하거나 병원 진료를 통한 상담과 약 처방도 도움이 된다.

체이스트베리

체이스트베리Chaste berry는 여성의 생리주기와 월경전증후군과 관련하여 가장 널리 사용되는 성분 중 하나다. 지중해 지역과 아시아가 원산지로 월경전증후군과 관련된 유방통, 복부팽만감, 두통, 우울감 등의 신체증상에 항우울제와 거의 동등한 효과를 나타내는 것으로 알려져 있다.[62]

체이스트베리

비타민 B6(피리독신)

우울감을 비롯한 월경전증후군 증상 완화에 도움이 되는 것으로 보고되었다. 입덧 완화에도 널리 쓰인다.[63, 64]

하루 권장 섭취량: 100~200밀리그램

오메가3

염증 감소와 면역 조절 기능으로 널리 알려진 오메가3는 월경전증후군과 동반되는 우울감, 불안감, 긴장감, 집중력 저하와 같은 신경 정신적인 부작용을 줄일 수 있는 것으로 연구결과가 나왔다.[65]

하루 권장 섭취량: 총 2,000밀리그램을 1,000밀리그램씩 2번 복용한다.

마그네슘

필수 미네랄로 신경과 근육조직을 이완하여 긴장을 줄이고 근육 경련을 예방하며 안정시키는 효과가 있다. 유방통, 하복부 통증, 두통, 불안감, 불면증, 우울증에 도움이 된다.[66]

하루 권장 섭취량: 300~500밀리그램

칼슘

칼슘 보충 시 월경전증후군 발현이 줄어든다는 연구가 많이 보고되었다. 칼슘이 풍부한 멸치와 우유와 같은 음식으로 보충하고 부족하다면 칼슘보충제를 먹는 것도 도움이 된다.[67, 68]

하루 권장 섭취량: 500~1,000밀리그램

11

간 기능 회복

───── 서양과 비교해 우리나라를 비롯한 아시아에는 B형 간염이 많아 만성 간질환이 1% 정도이다. 특히 40~60대는 대략 4%에 이른다. C형 간염은 B형 간염보다 드물지만 70세 이상에서 1.6%에 달한다. 이런 바이러스성 간질환은 간암으로 진행할 가능성이 커 적극적인 추적관찰이 필요하다. 이외에도 과다한 음주로 인한 알코올 간질환은 12%에 달하며 여성의 비율이 늘고 있는 추세다. 음주로 인함이 아니라 식생활습관, 스트레스, 비만 등으로 발생하는 비알코올성 지방간은 인구의 30%까지 보고된다. 대체로 원인을 교정하면 회복되지만 진단이나 치료가 늦는 경우 비알코올 지방간염으로 진행하여 간경변증이나 간암과 같은 심각한 질환으로 이행될 수 있다.

간은 신체의 면역과 대사 과정을 조절하고 섭취한 영양분을 여러 조직에서 활용할 수 있도록 합성, 분해, 저장을 돕는 중요한 역할을 하며 외부에서 들어온 유해물질과 체내에서 생성된 불순물의 독성을 해독하는 기능이 있다. 간은 간세포가 파괴되어 기능이 반 이상 저하되어도 특별한 증상이 없는 경우가 많아 침묵의 장기로 알려져 있다. 그래서 미리미리 정기검진을 통해 세심하게 확인해야 한다. 바쁜 현대인을 위해 무리하는 간이 지치지 않도록 간 해독과 간세포 회복을 돕는 영양제를 복용하는 것도 도움이 될 수 있다.

실리마린

실리마린silymarin은 국화과 서양엉경퀴의 일종인 밀크시슬Milk thistle에서 추출한다. 전통적으로 간질환, 담낭질환, 암이나 독소에 중독 시 해독하는 목적으로 2,000년 이상 사용한 기록이 있다. 실리마린은 전문 의약품인 레가론 캡슐과 실리만 캡슐 등으로 나와 있을 정도로 간을 회복시키는 데 확실한 효과가 있다. 지방간이 있거나 간수치 상승 시에 치료 목적으로 처방한다. 간세포 재생, 간의 염증 감소 등 간을 보호하는 주요 효능 외에도 항산화, 항염증, 뇌 인지기능

실리마린

향상 등의 여러 이점이 있다.[69, 70]

하루 권장 섭취량: 200~400밀리그램

비타민 E

산화스트레스는 비알코올성 지방간을 일으키는 요인 중 하나이기 때문에 항산화제가 도움이 될 수 있다. 특히 강력한 항산화제로서 널리 알려진 비타민 E는 간 수치를 낮추고 지방간, 간의 염증, 간의 섬유화를 줄이는 것으로 알려졌다.[71, 72]

하루 권장 섭취량: 800 IU

오메가3

염증성 사이토카인의 분비를 줄이고 인슐린 저항성을 개선하고 간의 중성지방 축적을 줄여 간 손상을 막는다.[73]

하루 권장 섭취량: 1~3그램

커큐민

커큐민은 강력한 항산화, 항염증, 생리활성 기능을 통해 지방간의 진행을 막는다. 미토콘드리아가 간 기능을 호전하며 간 수치를 낮추는 데 도움이 된다.

하루 권장 섭취량: 500~1,000밀리그램

S – 아데노실메티오닌

메틸기 도너로서 유명한 S – 아데노실메티오닌SAM-e은 시스타틴과 이에 따른 글루타치온의 합성을 위한 전구체로 간 미토콘드리아의 글루타치온을 올리고 간세포조직의 산화스트레스를 줄이며, 항염증 사이토카인을 조절하여 간세포를 보호하고 지방간을 줄인다. 만성 간질환 환자는 SAM - e의 합성이 제한되어 있어서 보충해야 할 필요가 있다.[74]

하루 권장 섭취량: 600~1200밀리그램

마늘

우리나라 사람들이 즐겨 먹는 식재료 중 하나다. 알싸한 맛과 향을 지녀서 요리에 많이 쓰인다. 알리신을 비롯한 여러 유용한 성분을 포함하고 있어서 항암, 항염증 작용을 한다고 알려져 있다. 마늘은 강력한 항산화제의 일종으로 간 기능을 보호한다고도 알려져 있다. 최근 연구를 보면 비알콜성 지방간 환자가 800밀리그램의 마늘 파우더를 복용하여 간 수치가 개선되었다고 한다.

간 손상 시 처방하는 전문 의약품인 펜넬 캡슐에도 마늘유가 포함되어 있을 정도로 손상된 간세포 회복에 도움이 된다는 결과가 많이 보고되었다.[75]

12

다이어트

──── 우리나라는 체질량지수BMI 25 이상을 비만으로 정의할 때 2020년 기준 남성 48%, 여성 27% 정도가 비만으로 남성의 비율이 높게 나타났다. 비만은 단순히 외형적인 문제보다 저농도의 전신 염증을 일으킨다. 인슐린 저항성으로 인한 대사증후군 및 각종 질병의 원인이 되므로 적정 체중을 유지하는 것이 중요하다.

다이어트에 도움이 되는 성분은 크게 세 가지 기전으로 나뉜다. 첫째 식욕을 억제하여 칼로리 섭취를 줄이도록 하는 기전이다. 둘째 지방과 같은 영양분의 흡수를 억제하여 총칼로리 흡수를 줄이도록 하는 기전이다. 셋째 더 많은 칼로리를 태우도록 하여 체지방 감소를 촉진하는 기전이다.

다이어트와 관련된 보조제 중 드라마틱하게 식욕이 억제되고 빠른 속도로 체지방이 분해되는 확실한 효과가 있는 제품은 없다고 보면 된다. 부분적으로 보조적인 효과만 있을 뿐이다. 살이 급격히 빠지는 성분의 보조제가 있다면 비만한 사람의 입장에서는 단기적으로 좋은 일이지만, 장기적인 건강상의 관점에서 보면 유해한 제품일 수 있다. 보조제는 좋은 식습관과 운동습관을 지닌 상태에서 같이 병행하면 도움이 될 수 있는 성분이다. 그냥 저절로 살을 빼주는 성분이 아니라는 것을 알고 본인에게 맞는 보조제를 섭취해야 한다.

식이섬유

식욕을 줄이고 포만감을 늘려서 과다한 칼로리의 섭취를 막고, 식후 혈당을 낮추고, 인슐린 저항성을 줄여서 비만을 낮추는 데 도움이 된다. 식품이나 식이섬유보충제 등을 통해 하루에 14그램 정도의 식이섬유를 섭취하면 10%의 칼로리 섭취를 줄일 수 있으며 3개월간 약 2킬로그램의 체중 감소 효과가 있다는 연구도 있다. 혈청 콜레스테롤 감소 효과도 있어 이상지질혈증이나 당뇨를 동반한 비만군에서는 일상적인 식사 중에 식이섬유 섭취량을 올리도록 한다.[76, 77]

하루 권장 섭취량: 25그램 이상

알파리포산

알파리포산alpha lipoic acid은 붉은 고기, 내장, 채소류와 같은 식품에서 발견되는 강력한 항산화제의 일종으로 미토콘드리아 내부에서 생성되어 음식을 에너지로 바꾸는 데 도움이 된다. 신경기능의 노화와 염증을 늦추는 강력한 항산화 효과가 있어서 당뇨병성 신경증에도 쓰인다. 근육세포 내 낀 지방을 줄이는 기전을 통해 혈당을 낮추는 데 기여하고 인슐린 저항성을 줄이는 효과가 있어 당뇨와 비만에도 사용된다. 드라마틱하게 체중을 줄이는 효과는 없지만 고도비만이나 당뇨를 동반한 비만의 경우 체중 감소를 위해 유용하게 사용될 수 있다. 메타 분석에서도 위약에 비해 크진 않지만 의미 있는 단기적인 체중 감소가 관찰되었다.[78, 79, 80, 81]

하루 권장 섭취량: 250~600밀리그램(최대 1,200밀리그램)

카르니틴

카르니틴L-carnitine은 쇠고기, 닭고기, 생선 등과 같은 동물성 단백질 식품에 주로 들어 있는 아미노산의 일종이다. 지방을 에너지로 바꾸는 기전을 통해 체중 감량에도 쓰인다. 국내에는 전문 의약품으로 엘칸정이 있다. L-카르니틴이 330밀리그램 함유되어 있고 카르니틴 결핍증, 협심증, 급성 심근경색에 효과가 있다. 카르니틴은 근육에 산소를 공급하고 세포 안의 미토콘드리아에 지방산을 넣어 에너지를 만드는 데 도움이 되는 차량의 엔진과도 같은 중요한 역할을 한다. 지방산을 에너지로 바꾸는, 즉 지방을 태우는 역할을 돕기 때문에 에너지 생산을 효과적으로 하게 하여 다이어트에 도움이 된다. 여러 메타분석에서도 다이어트에 도움이 된다고 알려져 있다.[82, 83]

하루 권장 섭취량: 1,500~2,000밀리그램을 2~3번 나누어 복용한다.

시서스

시서스Cissus는 쿼드랑굴라리스Cissus quadrangularis라는 식물의 일종으로 항산화제와 비타민 C가 풍부하며 관절 및 뼈의 통증 조절, 호흡기질환 치료제로 오랜 기간 사용되어 왔다. 최근에는 다이어트 보조제로 유명하다. 비만군에서 시서스를 약 6~10주 복용하였을 때 복

시서스

용하지 않은 군에 비해 체중 감소에 조금 더 도움이 되는 것으로 나타났으나 차이는 크지 않았다. 장기간의 더 규모 있는 연구로 확인하는 것이 필요하다.[84]

하루 권장 섭취량: 500~1,500밀리그램을 나누어 복용한다.

녹차 추출물

녹차는 차나무Camellia sienesis의 잎으로 만든다. 녹차에 있는 항산화제인 폴리페놀의 성분인 카테킨과 에피갈로카테킨 갈레이트EGCG가 체중 감소의 기능이 있다고 알려져 있다. 지방세포의 형성을 막고, 에너지 대사를 올리며, 지방의 연소를 촉진하는 호르몬에 영향을 주어 특히 복부 비만에 효과가 있다고 알려져 있다. 또한 식욕을 억제하는 효과도 있다.

하루 권장 섭취량: 카테킨 300~800밀리그램, 에피갈로카테킨 갈레이트EGCG 100~300밀리그램. 에피갈로카테킨 갈레이트EGCG는 과량 복용 시 간 수치 상승이 보고되고 있어 식품의약품안전처는 하루

섭취량을 최대 300밀리그램까지 권고한다.[85, 86]

공액리놀렌산

오메가6 지방산의 일종으로 천연 트랜스지방 중 하나다. 몸의 대사를 촉진하고 체지방 감소에 효과가 있는 것으로 알려져 있다. 하지만 장기간 섭취 시 오히려 지방간을 일으키는 현상 등이 관찰된다. 동물 연구에서는 다이어트 효과가 보이나 사람을 대상으로 한 연구에서는 체중 감소 효과가 뚜렷하지 않거나 크지 않았다. 다른 보충제와 같이 단기간 복용하는 것을 추천한다.[87]

하루 권장 섭취량: 3그램

하이드록시시트릭산

하이드록시시트릭산HCA은 가르시니아 캄보지아Garcinia cambogia라는 열매의 껍질에서 추출한다. 체중 감량 보조제로 널리 알려져 있다. 지방 생산에 필요한 효소를 억제하여 몸의 체지방 생성을 줄이는

가르시니아 캄보지아

기전과 식욕을 줄이는 효과를 통해 비만에 효과가 있다.[88, 89]

하루 권장 섭취량: 500~1,500밀리그램

흰강낭콩 추출물

흰강낭콩 추출물White kidney bean extract은 멕시코와 아르헨티나 같은 남미에서 유래되었다. 흰강낭콩 추출물이 알파-아밀라제를 억제하기 때문에 탄수화물 흡수를 줄이는 데 효과가 있다고 알려져 있다. 탄수화물을 많이 섭취하는 우리나라 사람들에게 도움이 될 수 있다.[90, 91]

하루 권장 섭취량: 식사 전에 500~1,000밀리그램을 복용한다.

흰강낭콩

13

소아·청소년

<u>　　　</u> 소아·청소년에서 건강기능식품, 소위 말하는 영양제의 복용
이 점점 증가하는 추세다. 2018년 『미국의사협회 저널JAMA』에 발표
된 내용에 따르면 19세 미만 청소년의 약 3분의 1 이상이 건강기능
식품을 정기적으로 복용하는 것으로 나타났다. 특히 종합비타민, 미
네랄 제제, 면역보충제, 오메가3 지방산, 멜라토닌과 같은 수면보조
제를 주로 섭취하였다.

　우리나라도 소아·청소년의 건강기능식품 섭취가 증가하고 있다.
2015년 「어린이들의 건강기능식품 섭취실태 및 선호도 연구」(서울
시, 경기도 중심)에 따르면 과거에 섭취했거나 현재 섭취하고 있는 경
우가 85%에 육박하였다. 특히 영·유아에서 유산균이나 비타민 D,
아연 등의 복용에 대한 고객(부모)의 인식이 개선되어 주변에서도 영
양제를 복용하는 아이들의 비율이 늘어나고 있다. 오프라인 약국, 병
원, 마트, 백화점뿐 아니라 모바일 쇼핑이 익숙한 30~50대의 경우

건강기능식품 섭취 품목

	만 4~6세		만 7~9세		만 10~12세		합계	
종합비타민	57	(31.3)	25	(31.6)	17	(29.8)	99	(31.1)
유산균 함유	45	(24.7)	13	(16.5)	4	(7.0)	62	(19.5)
홍삼	26	(14.3)	11	(13.9)	12	(21.1)	49	(15.4)
오메가3	17	(9.3)	17	(21.5)	4	(7.0)	38	(11.9)
칼슘	20	(11.0)	7	(8.9)	6	(10.5)	33	(10.4)
비타민 C	12	(6.6)	5	(6.3)	10	(17.5)	27	(8.5)
기타	3	(1.6)	1	(1.3)			4	(1.3)
클로렐라					2	(3.5)	2	(.6)
알로에	2	(1.1)					2	(.6)
루테인					1	(1.8)	1	(.3)
HCA, CLA					1	(1.8)	1	(.3)

*다중응답을 허용하였음.
전성화. "어린이들의 건강기능식품 섭취실태 및 선호도 연구." 국내석사학위 논문 중앙대학교 의약식품대학원, 2015. 서울

인터넷쇼핑, 홈쇼핑 또는 인스타마켓 등을 통한 구입이 늘어나고 있다. 또한 부모가 건강기능식품을 섭취해봤거나 관심이 있을수록 자녀의 섭취 경험이 높게 나타났다. 소아·청소년의 건강기능식품 섭취 품목은 종합비타민, 유산균, 홍삼, 오메가3, 칼슘, 비타민 C, 기타 순으로 나타났다.

건강기능식품 구매동기

만약에 소아·청소년이 완전히 균형 잡힌 건강한 식단을 통해 모든 비타민과 미네랄을 충분히 필요한 만큼 섭취하고 있다면 이런 보충제로서 건강기능식품은 필요하지 않을 수도 있다. 하지만 대부분의 소아·청소년은 서구식 식습관의 영향과 초가공식품, 배달음식, 패스

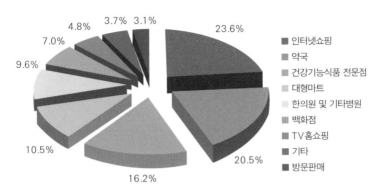

건강기능식품 구매에 필요한 정보를 얻는 경로

4.8% 3.7% 3.1%
7.0%
9.6%
23.6%

- 인터넷쇼핑
- 약국
- 건강기능식품 전문점
- 대형마트
- 한의원 및 기타병원
- 백화점
- TV홈쇼핑
- 기타
- 방문판매

10.5%
16.2%
20.5%

전성화. "어린이들의 건강기능식품 섭취실태 및 선호도 연구." 국내석사학위 논문 중앙대학교 의약식품대학원, 2015. 서울

트푸드의 발달로 인해 단순 탄수화물과 지방을 많이 섭취한다. 이러한 식단은 칼로리는 충분하지만 영양학적으로는 매우 불균형하다. 또한 높은 학업 스트레스를 비롯한 각종 스트레스와 이로 인한 수면장애, 불안장애 등에 노출이 되어 있으며, 야외활동 시간은 서구 아이들과 비교하여 낮은 편이어서 비타민 D 등의 합성 기회도 낮다.

그래서 많은 부모가 건강기능식품을 병행 섭취하게 하여 더 건강한 청소년기를 보낼 수 있도록 노력한다. 소아·청소년용 건강기능식품을 구입하면서 부모들이 기대하는 바는 여러 가지가 있다. 주로 전반적인 건강 유지와 개선, 부족한 식이 보충, 질병 예방, 면역력 강화, 감기 예방 등을 위해 구입한다.

코로나19 이후의 조사 결과를 보면 면역력 강화 부분의 중요성이 더욱 강조되어 구입하는 주요 동기의 하나로 작용하고 있다. 2020년 5월 한국건강기능식품협회가 자녀를 둔 성인 남녀 1,900여 명을 대상으로 설문조사를 한 결과 응답자들이 가장 염려하는 자녀 건강 문제는 면역력 증진(27.9%)으로 나타났다.

또한 자녀의 면역력을 높이기 위한 여러 가지 방법 중에서 '건강기능식품을 섭취하게 한다'는 응답이 39.4%로 압도적으로 많았다. 그 밖에 식단 및 음식을 조절해준다(10.3%), 충분한 휴식을 취하게 노력한다(8.4%), 꾸준히 운동을 시킨다(7.9%) 등이 뒤를 이었다. 또 자녀의 건강관리에 쓰는 비용은 한 달 평균 약 6만 7,000원으로 조사됐다. 영양제 구입은 대부분 광고, 입소문, 주변의 추천 등으로 결정하였다. 의사, 약사 등 의료 전문가의 정확한 맞춤형 추천으로 구입하는 경우는 18% 이하로 나타나 그 수치가 낮은 편이었다.

여러 통계와 연구 자료들을 통해 많은 부모가 건강기능식품의 필요성을 충분히 인식한다는 것을 알 수 있다. 이는 진료 현장에서도 잘 느낄 수 있다. 소아·청소년의 경우 대부분 부모님과 같이 진료를 보러 오는데 기본적으로 집에 건강기능식품을 갖추어둔 경우가 많았다. 비타민의 경우 규칙적으로 매일매일 복용하진 못해도 최대한 매일 복용하려고 노력하는 경우가 흔했다.

추천할 만한 건강기능식품과 주의할 점

일반적으로 외래에서 소아·청소년에게 추천할 수 있는 보편적인 건강기능식품은 비타민 B, 비타민 C, 비타민 D, 마그네슘, 오메가3 등이다. 식단에서 부족한 비타민과 미네랄이 보충되어 면역기능 조절, 성장, 건강 유지에 효과를 볼 수 있도록 한다.

비타민은 전반적인 신체의 성장, 대사, 효소에 관여하며 항산화 작용을 하며 질병 예방에 도움이 된다. 특히 수용성 비타민뿐만 아니라 지용성 비타민인 비타민 D는 기본적인 뼈 건강, 성장 발달 외에도

코로나바이러스 감염 시 중증률을 낮춰준다고 하여 최근 더욱 관심을 받고 있다. 대부분의 아이들이 혈액 검사에서 비타민 D가 부족한 경우가 많아 잘 보충해주는 것이 필요하다. 미네랄 중 가장 기본인 마그네슘은 아이의 기분, 주의력, 에너지 생성, 면역, 뼈와 치아 건강 등에 중요한 역할을 한다. 아연은 면역, 뇌의 정상적인 성장 발달, 학습에 도움이 되는 것으로 알려져 비타민과 같이 기본적으로 많이 권장한다. 오메가3는 가공식품, 배달음식, 곡물로 사육한 육류 등의 섭취로 인해 오메가6가 과도하게 증가함에 따라 깨진 오메가 밸런스를 회복하여 항염증과 항산화 기능이 원활해지도록 돕는다.

아이들은 성인과 달리 알약을 잘 삼키지 못하기 때문에 건강기능식품이 젤리, 추어블, 액상 등의 형태로 나온다. 이런 경우 비타민과 미네랄의 유효 성분은 소량 들어가 있고 젤리의 형태나 단맛을 내기 위한 부형제와 첨가물이 많은 경우가 있어 오히려 너무 많은 당분이나 원치 않는 첨가물에 노출될 수 있다. 영양기능 정보를 확인하여 구입하도록 한다. 알약을 삼킬 수 있는 초등학교 이후의 나잇대는 작은 사이즈의 알약을 먹는 것이 더 좋다.

아이들은 맛있고 달콤한 젤리류나 액상류로 된 건강기능식품을 과다 섭취하여 문제가 되기도 한다. 지용성 비타민과 관련하여 독성이 보고된 사례가 있는데 비타민 D의 급성 중독으로 인해 고칼슘혈증으로 입원한 경우였다. 아이들은 일반식품과 건강기능식품을 구분하지 못하기 때문에 부모의 주의가 필요하다.

신경성 복통이나 변비, 과민성 장증후군과 같이 장이 예민한 소아·청소년의 경우는 유산균이나 가루 또는 추어블 형태의 소화효소제를 추천한다. 비만으로 고민하는 소아·청소년의 경우는 일종의 영양실조 상태와 유사하므로 건강기능식품을 적절히 섭취한 군에서 오히려 비만도가 낮았다는 연구결과가 있기에 적극적으로 필요한 성분을 보충해주는 것이 좋다.

긴장도나 불안도가 높거나 잠이 들기까지 오랜 시간이 걸리는 소아·청소년은 가바, 테아닌, 트립토판, 캐모마일과 같은 허브류 등의 성분이 들어간 건강기능식품을 추천한다. 하지만 아이들마다 특정 성분이 잘 맞지 않거나 알레르기 등이 있을 수 있으므로 가능한 한 한 가지씩 추가하고, 최소 용량에서 반응을 보고 용량을 조금씩 올리는 것이 좋다.

건강한 음식을 통한 올바른 영양 섭취가 중요

건강기능식품은 분명히 큰 도움이 되고 어떤 경우 아이의 성장과 발달에 요긴하게 쓰일 수 있다. 하지만 이보다 더 중요한 것으로 세 가지를 강조하고 싶다. 첫째 통곡물, 과일, 채소, 콩류, 견과류, 충분한 단백질 섭취, 오메가3불포화지방 섭취 등의 홀푸드 바탕의 건강한 식습관을 가질 수 있도록 하는 것이다. 둘째 설탕, 단당류 위주의 탄수화물, 트랜스지방, 식품첨가물, 나트륨이 과다한 음식 등의 섭취를 줄이는 것이다. 셋째 충분한 수면을 통해 건강한 생활습관을 지니는 것이다.[94, 95, 96]

비타민과 미네랄의 주요 작용, 권장량, 공급원

비타민

비타민	주요 작용	권장량	공급원
비타민 A	시각, 면역 기능, 골 성장, 세포 분화, 태아 발달, 생식 등에 작용한다.	우리나라 성인의 경우 하루 권장량은 약 600~750마이크로그램RE다.	기름기 많은 생선, 달걀 노른자, 치즈, 두부, 견과류, 씨앗, 곡물, 콩과 식물 등
비타민 B1 (티아민)	효소 반응과 에너지 생성 과정에 관여하며 특히 탄수화물 대사에 중요한 역할을 한다. 뇌신경 세포인 아세틸콜린을 생성하는 데 역할을 한다.	치료용으로는 하루 50~200밀리그램 투여, 치매의 경우 하루 8그램까지 가능하다.	맥주효모, 맥아효모, 현미, 해바라기씨, 백미, 잣, 콩, 돼지고기 등
비타민 B2 (리보플래빈)	에너지 대사 과정에서 FAD 생성 등 생체의 산화, 환원 반응계에서 작용하는 여러 효소의 기능에 관여한다. 또한 간의 P450 효소를 통한 약물 및 독극물 대사를 촉진하며, 지질 대사에도 관여한다. 글루타티온의 항산화 작용에도 관여한다.	평균 섭취량은 남성의 경우 하루 2밀리그램, 여성의 경우 하루 1.5밀리그램이다. 치료용으로는 하루 50~100밀리그램까지 고용량 투여가 가능하다.	동물 내장, 맥주효모, 아몬드, 버섯, 달걀, 시리얼 등
비타민 B3 (니아신)	니아신의 조효소 형태인 니코틴아미드 아데닌 다이뉴클레오타이드 NAD, nicotinamide adenine dinucleotide와 니코틴아미드 아데닌 다이뉴클레오타이드 인산 NADP, nicotinamide adenine dinucleotide phosphate은 체내에서 수많은 산화, 환원 반응에 관여한다. L－트립토판의 대사에 B6, 리보플래빈 등과 같이 관여하여 세로토닌, 멜라토닌의 생성을 돕는다.	펠라그라를 방지하는 최소 용량은 1밀리그램이다. 즉 60밀리그램의 트립토판에서 1밀리그램의 니아신이 합성되므로 이 정도의 트립토판에 해당되는 음식을 섭취하는 것이 좋다. 그러나 일반적인 성인의 평균 섭취량은 남성 30밀리그램, 여성 20밀리그램으로 충분한 편이다.	맥주효모, 쌀겨, 우유, 소고기, 돼지고기, 달걀, 생선, 너트류 등

비타민	주요 작용	권장량	공급원
비타민 B5 (판토텐산)	코엔자임A 형성에 필수적인 영양소다. 코엔자임A는 지방, 탄수화물, 단백질을 대사하여 미토콘드리아에서 ATP 에너지를 만드는 데 도움이 되고 신경전달물질 및 신경세포의 합성에도 관여한다. 수많은 약물과 독물의 간 대사에도 필요한 작용을 한다. 혈색소의 합성에도 관여한다.	최소 필요량은 하루 4~7밀리그램이다. 치료 목적으로는 50~1,000밀리그램이며 보충제로 흔히 복용하는 용량은 50~250밀리그램이다.	맥주효모, 동물 내장, 버섯 등
비타민 B6 (피리독신)	피리독신의 80~90%는 근육 내에 존재하는데 100여 가지의 효소 반응에 관여한다. 아미노산에서 다른 케토산으로 아미노기의 전이, 황을 함유하는 아미노산에서 SH군 제거, 아미노산에서 이산화탄소 제거 및 아미노기의 제거 등 효소를 돕는 조효소로 아미노산과 단백질 대사에 광범위하게 작용한다.	최소 필요량은 하루 1.3밀리그램 정도다. 치료 목적의 사용량은 하루 30~500밀리그램이다.	바나나, 흰강낭콩, 해바라기씨, 밀배아, 소고기 등
비타민 B9 (엽산)	가장 대표적인 기능으로는 단일탄소 대사의 핵심적인 역할을 하면서 핵산과 아미노산에 필수적인 다양한 대사에서 단일탄소체의 수용체나 제공자로서 작용한다.	가임여성의 권장량은 하루 400~1,000마이크로그램이다.	시금치 등 녹색채소, 맥주효모, 쌀배아, 콩가루, 밀배아, 동물 단백질 등
비타민 B12 (코발라민)	엽산과 함께 단일탄소 대사의 핵심적인 역할을 한다. B12는 신경계에서 중요한 역할을 하는데, 신경세포 및 콜린 생성에 필요하고 신경전달물질을 만드는 데도 관여한다.	치료 목적이나 질병 예방 목적으로 사용할 경우 하루 용량 1,000~5,000마이크로그램을 권장한다.	소고기, 소간, 닭고기, 생선, 달걀 등
비타민 C	전자를 쉽게 내어줌으로써 체내 산화물을 환원하는 항산화 역할을 한다. 특히 지질에 대한 항산화 과정에 중요한 역할을 한다. 또한 콜라겐 합성에 관여하며 타이로신, 스테로이드 합성 등에 역할을 한다. 백혈구 활성도 및 면역 매개물의 조절에도 관여한다.	비타민 C의 하루 영양 권장량은 하루 75~90밀리그램이다. 흡연자나 노령자는 더 많이 요구된다. 라이너스 폴링 박사는 하루 1~20그램까지 고용량 비타민 C 요법을 함으로써 감기 등을 예방하고 나아가 암의 치료에 도움이 될 수 있다고 했다.	오렌지, 감귤류, 레몬, 토마토, 고추, 피망, 키위, 감자, 브로콜리, 양배추, 시금치 등

비타민	주요 작용	권장량	공급원
비타민 D	가장 대표적인 기능으로 칼슘 흡수에 필요한 단백질의 합성을 자극함으로써 장에서 칼슘과 인의 흡수를 촉진한다. 또한 혈액의 칼슘과 인의 농도가 증가되면 칼슘과 인을 결합하여 뼈에 침착시키는 작용을 한다.	면역 강화를 위해서라면 2,000~4,000IU을 매일 공급하도록 한다. 만약 고도 비만 환자라면 4,000~7,000IU를 복용하도록 한다.	청어와 연어 등 등푸른생선과 돼지고기, 표고버섯, 목이버섯 등. 비타민 D가 강화된 우유도 비타민 D 농도 유지에 도움이 된다.
비타민 E	생체에서의 중요한 기능은 항산화제로서 세포 내에서 산화되기 쉬운 물질이다. 특히 세포막을 구성하고 있는 불포화지방산의 산화를 억제함으로써 세포막의 손상과 나아가 조직의 손상을 막는다.	우리나라 성인의 경우 권장 섭취량은 12밀리그램이고 최대 섭취량은 540밀리그램이다. 보통 종합 비타민에는 보통 35IU(25밀리그램)가 들어 있고, 비타민 E 단독 영양제 경우 보통 400IU(285밀리그램)가 많다.	밀배아유, 해바라기씨, 해바라기씨유, 홍화씨유, 아몬드, 참기름, 땅콩기름, 밀배아, 옥수수유, 땅콩, 올리브유, 콩기름 등
비타민 K	칼슘과 결합하여 혈액의 응고를 일으키는 과정에서 주된 역할을 한다. 뼈의 무기질 침착에도 역할을 한다. 뼈 형성 세포인 오스테오칼신이 무기질을 형성하기 위해서는 3개의 글루탐산 잔여물의 비타민 K – 의존성 감마 – 카르복실화가 필요하다.	필요 섭취량RDA은 하루 10~45밀리그램이다. 결핍증 치료 시 하루 100~500밀리그램을 권장한다.	순무잎, 브로콜리, 상추, 양상추, 소고기간, 소고기, 돼지고기간, 돼지고기, 시금치, 물냉이, 아스파라거스, 치즈, 버터, 귀리, 녹색 완두콩, 전밀, 녹색 콩, 달걀, 옥수수유, 복숭아 등

미네랄

미네랄	주요 작용	권장량	공급원
칼슘	뼈와 치아의 기본 골격을 유지하는 데 필수적인 미네랄이다. 트로핀 C와 결합하여 근육을 수축하게 한다. 호르몬과 신경전달물질의 분비에 관여하며 혈액응고인자의 조효소로도 작용한다. 이외에 세포 내 2차 신호 전달자로 이온 수송과 세포신호 전달에서 중요한 역할을 한다.	골다공증 예방 목적으로는 하루 1,200밀리그램 섭취가 권장되며 비타민 D와 함께 복용하면 칼슘 흡수율을 높일 수 있다.	마른 멸치, 뱅어포, 참깨, 탈지분유, 전지분유, 미꾸라지, 가오리, 치즈, 북어, 케일 등
마그네슘	300개 이상의 효소 작용에 관여한다. 미토콘드리아에서 ATP 생산, 세포 신호 전달, DNA 및 RNA 생합성, 뼈 형성 등 각종 생리 작용에 필수적인 요소다. 또한 심장세포의 안정화, 혈압과 세포 내 칼슘 및 칼륨 수치 조절 기능 등 중요한 역할을 한다.	변비 완화가 목적인 경우 수산화 마그네슘(MgO)을 1~2그램 분복한다. 근육 경련의 경우 500밀리그램 정도를 복용한다. 심혈관질환이나 당뇨 개선이 목적인 경우 400~500밀리그램 복용을 권한다.	시리얼, 귀리 겨, 현미, 아몬드, 시금치, 근대, 리마콩, 밀, 땅콩, 완두콩, 바나나 등
아연	정상적인 성장을 위한 필수 영양소다. DNA 합성, RNA 작용, 세포분열 등에 중요한 역할을 한다. 또한 면역 기능을 높인다. 면역세포인 T세포와 B세포의 합성에 관여하고 바이러스로 인한 세포면역에도 중요한 역할을 한다. 이외에 상처 치유에도 도움이 된다.	하루 권장 섭취량은 남성 10밀리그램, 여성 8밀리그램이다. 최대 섭취량은 35밀리그램이다. 건강기능식품일 경우 식품의약품안전처가 권고하는 1일 섭취량은 2.55~12밀리그램이다.	굴, 소고기, 돼지고기, 조개류, 통곡류, 콩류, 견과류, 씨앗류 등
구리	신체에서 다양한 기능을 한다. 미토콘드리아에서 ATP 에너지를 만드는 데 필요하며 심장이나 혈관 같은 결합조직을 유지하는 데도 필요하다. 철분 대사에서도 중요한 역할을 하여 구리 부족 시 저장 철을 이용하지 못해 빈혈이 생길 수 있다. 또한 중추신경계에 작용하여 신경전달물질 합성에 필수적이며 항산화 역할에서도 중요한 역할을 한다.	하루 권장 섭취량은 0.9밀리그램이다.	동물 내장, 해산물, 코코아, 씨앗, 견과류 등

미네랄	주요 작용	권장량	공급원
셀레늄	대표적인 기능은 글루타티온과 함께 결합하여 작용하는 항산화 역할이다. 또한 갑상선 호르몬 생성에서 중요한 역할을 한다. NK 세포 활성에도 관여한다.	하루 권장량은 50~200마이크로그램이다. 한국영양학회에 따르면 한국인의 하루 섭취량은 40~50마이크로그램에 불과하다.	브라질너트 1알(4그램)에 약 76.68마이크로그램(USDA 기준)의 셀레늄이 들어 있다. 굴(77마이크로그램/100그램), 참치(90.6마이크로그램/100그램), 황다랑어(92마이크로그램/84그램), 소고기(33마이크로그램/84그램), 닭고기(22마이크로그램/84그램), 시금치(11마이크로그램/1컵) 등

| 참고문헌 |

1장 개인맞춤 영양 연구는 어디까지 발전했는가

1. Topol, E. J., The A.I. Diet. The New York Times March 2, 2019, 2019.

2. Topol, E., Deep medicine. 2019.

3. Zeevi, D.; Korem, T.; Zmora, N.; Israeli, D.; Rothschild, D.; Weinberger, A.; Ben-Yacov, O.; Lador, D.; Avnit-Sagi, T.; Lotan-Pompan, M.; Suez, J.; Mahdi, J. A.; Matot, E.; Malka, G.; Kosower, N.; Rein, M.; Zilberman-Schapira, G.; Dohnalova, L.; Pevsner-Fischer, M.; Bikovsky, R.; Halpern, Z.; Elinav, E.; Segal, E. Personalized Nutrition by Prediction of Glycemic Responses. Cell 2015, 163, (5), 1079-1094.

4. Jumpertz von Schwartzenberg, R.; Turnbaugh, P. J. Siri, What Should I Eat? Cell 2015, 163, (5), 1051-1052.

5. Ridaura, V. K.; Faith, J. J.; Rey, F. E.; Cheng, J.; Duncan, A. E.; Kau, A. L.; Griffin, N. W.; Lombard, V.; Henrissat, B.; Bain, J. R.; Muehlbauer, M. J.; Ilkayeva, O.; Semenkovich, C. F.; Funai, K.; Hayashi, D. K.; Lyle, B. J.; Martini, M. C.; Ursell, L. K.; Clemente, J. C.; Van Treuren, W.; Walters, W. A.; Knight, R.; Newgard, C. B.; Heath, A. C.; Gordon, J. I. Gut microbiota from twins discordant for obesity modulate metabolism in mice. Science 2013, 341, (6150), 1241214.

6. Turnbaugh, P. J.; Ley, R. E.; Mahowald, M. A.; Magrini, V.; Mardis, E. R.; Gordon, J. I. An obesity-associated gut microbiome with increased capacity for energy harvest. Nature 2006, 444, (7122), 1027-31.

7. Duncan, S. H.; Belenguer, A.; Holtrop, G.; Johnstone, A. M.; Flint, H. J.; Lobley, G. E. Reduced dietary intake of carbohydrates by obese subjects results in decreased concentrations of butyrate and butyrate-producing bacteria in feces. Appl Environ Microbiol 2007, 73, (4), 1073-8.

8. Eran Segal, E. E., The Personalized Diet: The Pioneering Program to Lose Weight and Prevent Disease. 2017.

9. Leshem, A.; Segal, E.; Elinav, E. The Gut Microbiome and Individual – Specific Responses to Diet. mSystems 2020, 5, (5).

10. Bailey, T.; Bode, B. W.; Christiansen, M. P.; Klaff, L. J.; Alva, S. The Performance and Usability of a Factory – Calibrated Flash Glucose Monitoring System. Diabetes Technol Ther 2015, 17, (11), 787 – 94.

11. Berry, S. E.; Valdes, A. M.; Drew, D. A.; Asnicar, F.; Mazidi, M.; Wolf, J.; Capdevila, J.; Hadjigeorgiou, G.; Davies, R.; Al Khatib, H.; Bonnett, C.; Ganesh, S.; Bakker, E.; Hart, D.; Mangino, M.; Merino, J.; Linenberg, I.; Wyatt, P.; Ordovas, J. M.; Gardner, C. D.; Delahanty, L. M.; Chan, A. T.; Segata, N.; Franks, P. W.; Spector, T. D. Human postprandial responses to food and potential for precision nutrition. Nature Medicine 2020, 26, (6), 964 – 973.

12. Howard, R.; Guo, J.; Hall, K. D. Imprecision nutrition? Different simultaneous continuous glucose monitors provide discordant meal rankings for incremental postprandial glucose in subjects without diabetes. The American Journal of Clinical Nutrition 2020, 112, (4), 1114 – 1119.

13. Kashyap, P. C.; Chia, N.; Nelson, H.; Segal, E.; Elinav, E. Microbiome at the Frontier of Personalized Medicine. Mayo Clinic proceedings 2017, 92, (12), 1855 – 1864.

14. Levi, I.; Gurevich, M.; Perlman, G.; Magalashvili, D.; Menascu, S.; Bar, N.; Godneva, A.; Zahavi, L.; Chermon, D.; Kosower, N.; Wolf, B. C.; Malka, G.; Lotan – Pompan, M.; Weinberger, A.; Yirmiya, E.; Rothschild, D.; Leviatan, S.; Tsur, A.; Didkin, M.; Dreyer, S.; Eizikovitz, H.; Titngi, Y.; Mayost, S.; Sonis, P.; Dolev, M.; Stern, Y.; Achiron, A.; Segal, E. Potential role of indolelactate and butyrate in multiple sclerosis revealed by integrated microbiome – metabolome analysis. Cell reports. Medicine 2021, 2, (4), 100246 – 100246.

15. Boddy, S. L.; Giovannelli, I.; Sassani, M.; Cooper – Knock, J.; Snyder, M. P.; Segal, E.; Elinav, E.; Barker, L. A.; Shaw, P. J.; McDermott, C. J.

The gut microbiome: a key player in the complexity of amyotrophic lateral sclerosis (ALS). BMC medicine 2021, 19, (1), 13 – 13.

16. Zheng, D.; Liwinski, T.; Elinav, E. Interaction between microbiota and immunity in health and disease. Cell research 2020, 30, (6), 492 – 506.

17. Temelkova – Kurktschiev, T. S.; Koehler, C.; Henkel, E.; Leonhardt, W.; Fuecker, K.; Hanefeld, M. Postchallenge plasma glucose and glycemic spikes are more strongly associated with atherosclerosis than fasting glucose or HbA1c level. Diabetes Care 2000, 23, (12), 1830 – 1834.

18. Nordestgaard, B. G.; Varbo, A. Triglycerides and cardiovascular disease. The Lancet 2014, 384, (9943), 626 – 635.

19. Spector, T., SPOON FED. 2020.

20. Gardner, C. D.; Trepanowski, J. F.; Del Gobbo, L. C.; Hauser, M. E.; Rigdon, J.; Ioannidis, J. P. A.; Desai, M.; King, A. C. Effect of Low – Fat vs Low – Carbohydrate Diet on 12 – Month Weight Loss in Overweight Adults and the Association With Genotype Pattern or Insulin Secretion: The DIETFITS Randomized Clinical Trial. Jama 2018, 319, (7), 667 – 679.

21. Asnicar, F.; Berry, S. E.; Valdes, A. M.; Nguyen, L. H.; Piccinno, G.; Drew, D. A.; Leeming, E.; Gibson, R.; Le Roy, C.; Khatib, H. A.; Francis, L.; Mazidi, M.; Mompeo, O.; Valles – Colomer, M.; Tett, A.; Beghini, F.; Dubois, L.; Bazzani, D.; Thomas, A. M.; Mirzayi, C.; Khleborodova, A.; Oh, S.; Hine, R.; Bonnett, C.; Capdevila, J.; Danzanvilliers, S.; Giordano, F.; Geistlinger, L.; Waldron, L.; Davies, R.; Hadjigeorgiou, G.; Wolf, J.; Ordovás, J. M.; Gardner, C.; Franks, P. W.; Chan, A. T.; Huttenhower, C.; Spector, T. D.; Segata, N. Microbiome connections with host metabolism and habitual diet from 1,098 deeply phenotyped individuals. Nature Medicine 2021, 27, (2), 321 – 332.

22. Celis – Morales, C.; Livingstone, K. M.; Marsaux, C. F.; Macready, A. L.; Fallaize, R.; O'Donovan, C. B.; Woolhead, C.; Forster, H.; Walsh, M. C.; Navas – Carretero, S.; San – Cristobal, R.; Tsirigoti, L.; Lambrinou, C. P.;

Mavrogianni, C.; Moschonis, G.; Kolossa, S.; Hallmann, J.; Godlewska, M.; Surwillo, A.; Traczyk, I.; Drevon, C. A.; Bouwman, J.; van Ommen, B.; Grimaldi, K.; Parnell, L. D.; Matthews, J. N.; Manios, Y.; Daniel, H.; Martinez, J. A.; Lovegrove, J. A.; Gibney, E. R.; Brennan, L.; Saris, W. H.; Gibney, M.; Mathers, J. C. Effect of personalized nutrition on health – related behaviour change: evidence from the Food4Me European randomized controlled trial. Int J Epidemiol 2017, 46, (2), 578 – 588.

23. Kaiser, J. NIH's 'precision nutrition' bet aims for individualized diets. Science 2021, 371, (6529), 552.

24. Nutrition for Precision Health, powered by the All of Us Research Program. June 21, 2022; Available from: https://commonfund.nih.gov/nutritionforprecisionhealth.

25. 국가 통합 바이오 빅데이터 구축 사업. Available from: https://bighug.kdca.go.kr/bigdata.

26. 식품의약품안전처, 나에게 맞는 건강기능식품 구매 가능해져. 규제샌드박스 규제 특례 선정, 개인맞춤형 건강기능식품 시범 운영. 2020.

27. 식품의약품안전처, 〈생활습관병 환자, 고령층〉 식약처장, 건강 취약계층 대상 맞춤형 식단·영양관리 정책방향 논의. 2022.

28. Brennan, L. and B. de Roos, Nutrigenomics: lessons learned and future perspectives. The American Journal of Clinical Nutrition, 2021.

29. Mendes – Soares, H., et al., Assessment of a Personalized Approach to Predicting Postprandial Glycemic Responses to Food Among Individuals Without Diabetes. JAMA Netw Open, 2019. 2(2): p. e188102.

30. Brand – Miller, J. and A. Buyken, Mapping postprandial responses sets the scene for targeted dietary advice. Nature Medicine, 2020. 26(6): p. 828 – 830.

31. Ordovas, J.M., et al., Personalised nutrition and health. BMJ, 2018. 361: p. bmj.k2173.

2장 개인맞춤 영양 산업은 어디까지 성장했는가

1. 2021 농림식품기술기획평가원이 발행하는 식품R&D 이슈보고서 중 김종훈 교수가 집필한 "메디푸드 및 고령친화식품 동향 보고서"

2. Frost & Sullivan 분석, 2019

3장 왜 유전체에 따른 맞춤영양을 해야 하는가

1. 김경철. 유전체, 다가온 미래의학. 메디게이트뉴스. 2019

2. 김경철. 인류의 미래를 바꿀 유전자 이야기. 세종출판사. 2021

3. GenesNutr, 2013, http://pubmed.ncbi.nlm.nih.gov/23737080/

4. https://pubmed.ncbi.nlm.nih.gov/31552564/

5. http://pubmed.ncbi.nlm.nih.gov/20541252/

6. https://www.nature.com/articles/s41598 – 021 – 99952 – z

7. https://phgkb.cdc.gov/PHGKB/hNHome.action

8. 김경철, 김해영. 바이러스를 이기는 영양과 음식. 사람의 집 2022

9. https://pubmed.ncbi.nlm.nih.gov/23720494/

10. José M. Ordovas. Genetic interactions with diet influence the risk of cardiovascular disease. Am J Clin Nutr . 2006 Feb;83(2):443S – 446S. https://pubmed.ncbi.nlm.nih.gov/16470010/

11. https://pubmed.ncbi.nlm.nih.gov/15735069/

12. https://www.ncbi.nlm.nih.gov/pmc/articles/PMC3351825/

13. https://www.ncbi.nlm.nih.gov/pmc/articles/PMC3342508/

14. ThrombHaemost. 2016 November 30; 116(6): 1041 – 1049

15. Zahra Bahadoran et al. Dietary L – arginine intake and the incidence of coronary heart disease: Tehran lipid and glucose study. Nutr Metab (Lond). 2016 Mar 15;13:23.

16. https://bmcmedicine.biomedcentral.com/articles/10.1186/

1741－7015－9－71

17. https://pubmed.ncbi.nlm.nih.gov/26555680/

18. 김경철 기고, 동아일보 2019

19. Anna De Filippis et al. Gastrointestinal Disorders and Metabolic Syndrome: Dysbiosis as a Key Link and Common Bioactive Dietary Components Useful for their Treatment. Int. J Mol Sci. 2020 Jul 13;21(14):4929. https://doi.org/10.3390/ijms21144929

20. Maren Weischer et al. Short telomere length, myocardial infarction, ischemic heart disease, and early death. Arterioscler Thromb Vasc Biol. 2012 Mar;32(3):822－9. https://pubmed.ncbi.nlm.nih.gov/22199369/

21. https://www.bmj.com/content/349/bmj.g6674

22. https://pubmed.ncbi.nlm.nih.gov/24051140/

23. Bruno Bernardes de Jesus et al. The telomerase activator TA－65 elongates short telomeres and increases health span of adult/old mice without increasing cancer incidence. Aging Cell. 2011 Aug; 10(4): 604－621.

24. 김경철 등. Epigenetics and Aging. Springer. 2017

25. Laura Wedd , Ryszard Maleszka. DNA Methylation and Gene Regulation in Honeybees: From Genome－Wide Analyses to Obligatory Epialleles. Adv Exp Med Biol. 2016;945:193－211

26. Dana C. Dolinoy et al. The agouti mouse model: an epigenetic biosensor for nutritional and environmental alterations on the fetal epigenome. Nutr Rev. 2008 Aug; 66(Suppl 1): S7－11. https://www.ncbi.nlm.nih.gov/pmc/articles/PMC2822875/

4장 기능의학 데이터로 개인맞춤 질병 예방을 한다

1. David S. Jones, MD. The Institute for Functional Medicine 2005.

2. Richard S. Lord. Laboratory Evaluation for Integrative and functional

Medicine 2nd edition. Metametrixinstitute.

3. Ma Antonia Jiménez – Santos et al. Coenzyme Q10 supplementation improves metabolic parameters, liver function and mitochondrial respiration in rats with high doses of atorvastatin and a cholesterol – rich diet. Lipids Health Dis. 2014 Jan 25;13:22

4. William Albrecht, https://mineralbalancing.org

5. Kyong – Chol Kim et al. High Calcium – Magnesium Ratio in Hair Is Associated with Coronary Artery Calcification in Middle – Aged and Elderly Individuals. Biol Trace Elem Res. 2017 Sep;179(1):52 – 58

6. Kim BT et al. Hair calcium concentration is associated with calcium intake and bone mineral density. Int J Vitam Nutr Res. 2013;83(3):154 – 61

7. Kyong – Chol Kim et al. An association between heart rate variability and serum cortisol, dehydroepiandrosterone – sulfate, as an index of stress status and adrenal insufficiency. Journal of Korean Institute for Functional Medicine 2019. vol 2 28 – 34

5장 개인맞춤 영양으로 질병을 치료한다

1. Seungyeop Lee, Dong – Kwon Rhee, Effects of ginseng on stress – related depression, anxiety, and the hypothalamic – pituitary – adrenal axis, Journal of Ginseng Research, Volume 41, Issue 4, 2017, pp. 589 – 594, ISSN 1226 – 8453, https://doi.org/10.1016/j.jgr.2017.01.010.

2. Meng X, Li Y, Li S, Zhou Y, Gan RY, Xu DP, Li HB. Dietary Sources and Bioactivities of Melatonin. Nutrients. 2017 Apr 7;9(4):367. doi: 10.3390/nu9040367. PMID: 28387721; PMCID: PMC5409706.

3. Xie Z, Chen F, Li WA, Geng X, Li C, Meng X, Feng Y, Liu W, Yu F. A review of sleep disorders and melatonin. Neurol Res. 2017 Jun;39(6):559 – 565. doi: 10.1080/01616412.2017.1315864. Epub 2017 May 1. PMID: 28460563.

4. Bent S, Padula A, Moore D, Patterson M, Mehling W. Valerian for sleep: a systematic review and meta-analysis. Am J Med. 2006 Dec;119(12):1005-12. doi: 10.1016/j.amjmed.2006.02.026. PMID: 17145239; PMCID: PMC4394901.

5. Gottesmann C. GABA mechanisms and sleep. Neuroscience. 2002;111(2):231-9. doi: 10.1016/s0306-4522(02)00034-9. PMID: 11983310.

6. Nguyen M, Gregan A. S-adenosylmethionine and depression. Aust Fam Physician. 2002 Apr;31(4):339-43. PMID: 12043126.

7. Opie RS, Itsiopoulos C, Parletta N, Sanchez-Villegas A, Akbaraly TN, Ruusunen A, Jacka FN. Dietary recommendations for the prevention of depression. Nutr Neurosci. 2017 Apr;20(3):161-171. doi: 10.1179/1476830515Y.0000000043. Epub 2016 Mar 2. PMID: 26317148.

8. Liao, Y., Xie, B., Zhang, H. et al. Efficacy of omega-3 PUFAs in depression: A meta-analysis. Transl Psychiatry 9, 190 (2019). https://doi.org/10.1038/s41398-019-0515-5

9. Apaydin, E. A., Maher, A. R., Shanman, R., Booth, M. S., Miles, J. N., Sorbero, M. E., & Hempel, S. (2016). A systematic review of St. John's wort for major depressive disorder. Systematic reviews, 5(1), 148. https://doi.org/10.1186/s13643-016-0325-2

10. Amsterdam JD, Panossian AG. Rhodiola rosea L. as a putative botanical antidepressant. Phytomedicine. 2016 Jun 15;23(7):770-83. doi: 10.1016/j.phymed.2016.02.009. Epub 2016 Feb 24. PMID: 27013349.

11. Lopresti AL, Drummond PD. Efficacy of curcumin, and a saffron/curcumin combination for the treatment of major depression: A randomised, double-blind, placebo-controlled study. J Affect Disord. 2017 Jan 1;207:188-196. doi: 10.1016/j.jad.2016.09.047. Epub 2016 Oct 1. PMID: 27723543.

12. Boyle NB, Lawton C, Dye L. The Effects of Magnesium Supplementation on Subjective Anxiety and Stress-A Systematic

Review. Nutrients. 2017;9(5):429. Published 2017 Apr 26. doi:10.3390/nu9050429

13. Mao JJ, Li QS, Soeller I, Rockwell K, Xie SX, Amsterdam JD. Long‑Term Chamomile Therapy of Generalized Anxiety Disorder: A Study Protocol for a Randomized, Double‑Blind, Placebo‑Controlled Trial. J Clin Trials. 2014 Nov;4(5):188. doi: 10.4172/2167‑0870.1000188. Epub 2014 Oct 9. PMID: 29057164; PMCID: PMC5650245.

14. Shafiee M, Arekhi S, Omranzadeh A, Sahebkar A. Saffron in the treatment of depression, anxiety and other mental disorders: Current evidence and potential mechanisms of action. J Affect Disord. 2018 Feb;227:330‑337. doi: 10.1016/j.jad.2017.11.020. Epub 2017 Nov 7. PMID: 29136602.

15. Scholey, A.; Gibbs, A.; Neale, C.; Perry, N.; Ossoukhova, A.; Bilog, V.; Kras, M.; Scholz, C.; Sass, M.; Buchwald‑Werner, S. Anti‑Stress Effects of Lemon Balm‑Containing Foods. Nutrients 2014, 6, 4805‑4821. https://doi.org/10.3390/nu6114805

16. Kasper S, Müller WE, Volz HP, Möller HJ, Koch E, Dienel A. Silexan in anxiety disorders: Clinical data and pharmacological background. World J Biol Psychiatry. 2018 Sep;19(6):412‑420. doi: 10.1080/15622975.2017.1331046. Epub 2017 Jun 19. PMID: 28511598.

17. Becker, A., Felgentreff, F., Schröder, H. et al. The anxiolytic effects of a Valerian extract is based on Valerenic acid. BMC Complement Altern Med 14, 267 (2014). https://doi.org/10.1186/1472‑6882‑14‑267

18. Khanna R, MacDonald JK, Levesque BG. Peppermint oil for the treatment of irritable bowel syndrome: a systematic review and meta‑analysis. J Clin Gastroenterol. 2014 Jul;48(6):505‑12. doi: 10.1097/MCG.0b013e3182a88357. PMID: 24100754.

19. Black CJ, Yuan Y, Selinger CP, Camilleri M, Quigley EMM, Moayyedi P, Ford AC. Efficacy of soluble fibre, antispasmodic drugs, and gut‑

brain neuromodulators in irritable bowel syndrome: a systematic review and network meta – analysis. Lancet Gastroenterol Hepatol. 2020 Feb;5(2):117 – 131. doi: 10.1016/S2468 – 1253(19)30324 – 3. Epub 2019 Dec 16. PMID: 31859183.

20. Siah, K. T., Wong, R. K., &Ho, K. Y. (2014). Melatonin for the treatment of irritable bowel syndrome. World journal of gastroenterology, 20(10), 2492 – 2498. https://doi.org/10.3748/wjg.v20.i10.2492

21. Quezada SM, Cross RK. Cannabis and Turmeric as Complementary Treatments for IBD and Other Digestive Diseases. Current Gastroenterology Reports. 2019 Jan;21(2):2. DOI: 10.1007/s11894 – 019 – 0670 – 0. PMID: 30635796.

22. Riva A, Giacomelli L, Togni S, Franceschi F, Eggenhoffner R, Zuccarini MC, Belcaro G. Oral administration of a lecithin – based delivery form of boswellic acids (Casperome®) for the prevention of symptoms of irritable bowel syndrome: a randomized clinical study. Minerva Gastroenterol Dietol. 2019 Mar;65(1):30 – 35. doi: 10.23736/S1121 – 421X.18.02530 – 8. PMID: 30676012.

23. Habtemariam S. Berberine and inflammatory bowel disease: A concise review. Pharmacol Res. 2016 Nov;113(Pt A):592 – 599. doi: 10.1016/j.phrs.2016.09.041. Epub 2016 Sep 30. PMID: 27697643.

24. Skrovanek, S., DiGuilio, K., Bailey, R., Huntington, W., Urbas, R., Mayilvaganan, B., Mercogliano, G., &Mullin, J. M. (2014). Zinc and gastrointestinal disease. World journal of gastrointestinal pathophysiology, 5(4), 496 – 513. https://doi.org/10.4291/wjgp. v5.i4.496

25. Wang B, Wu G, Zhou Z, Dai Z, Sun Y, Ji Y, Li W, Wang W, Liu C, Han F, Wu Z. Glutamine and intestinal barrier function. Amino Acids. 2015 Oct;47(10):2143 – 54. doi: 10.1007/s00726 – 014 – 1773 – 4. Epub 2014 Jun 26. PMID: 24965526.

26. Yang, Chih – Huang; Albietz, Julie; Harkin, Damien G; Kimlin, Michael G; Schmid, Katrina L, Impact of oral vitamin D supplementation on the ocular surface in people with dry eye and/or low serum vitamin

D, Contact Lens and Anterior Eye, ISSN: 1367 – 0484, Vol: 41, Issue: 1, Page: 69 – 76, 2018

27. Downie LE, Ng SM, Lindsley KB, Akpek EK. Omega – 3 and omega – 6 polyunsaturated fatty acids for dry eye disease. Cochrane Database Syst Rev. 2019;12(12):CD011016. Published 2019 Dec 18. doi:10.1002/14651858.CD011016.pub2

28. Querques G, Forte R, Souied EH. Retina and omega – 3. J NutrMetab. 2011;2011:748361. doi:10.1155/2011/748361

29. Riva A, Togni S, Franceschi F, Kawada S, Inaba Y, Eggenhoffner R, Giacomelli L. The effect of a natural, standardized bilberry extract (Mirtoselect®) in dry eye: a randomized, double blinded, placebo – controlled trial. Eur Rev Med Pharmacol Sci. 2017 May;21(10):2518 – 2525. PMID: 28617532.

30. Age – Related Eye Disease Study 2 Research Group. Lutein + zeaxanthin and omega – 3 fatty acids for age – related macular degeneration: the Age – Related Eye Disease Study 2 (AREDS2) randomized clinical trial. JAMA. 2013 May 15;309(19):2005 – 15. doi: 10.1001/jama.2013.4997. Erratum in: JAMA. 2013 Jul 10;310(2):208. PMID: 23644932.

31. Arnold C, Winter L, Fröhlich K, Jentsch S, Dawczynski J, Jahreis G, Böhm V. Macular xanthophylls and ω – 3 long – chain polyunsaturated fatty acids in age – related macular degeneration: a randomized trial. JAMA Ophthalmol. 2013 May;131(5):564 – 72. doi: 10.1001/jamaophthalmol.2013.2851. PMID: 23519529.

32. Cybulska – Heinrich AK, Mozaffarieh M, Flammer J. Ginkgo biloba: an adjuvant therapy for progressive normal and high tension glaucoma. Mol Vis. 2012;18:390 – 402.

33. Wang ZQ, Cefalu WT. Current concepts about chromium supplementation in type 2 diabetes and insulin resistance. Curr Diab Rep. 2010 Apr;10(2):145 – 51. doi: 10.1007/s11892 – 010 – 0097 – 3. PMID: 20425574.

34. Deyno S, Eneyew K, Seyfe S, Tuyiringire N, Peter EL, Muluye RA, Tolo

CU, Ogwang PE. Efficacy and safety of cinnamon in type 2 diabetes mellitus and pre－diabetes patients: A meta－analysis and meta－regression. Diabetes Res Clin Pract. 2019 Oct;156:107815. doi: 10.1016/j.diabres.2019.107815. Epub 2019 Aug 16. PMID: 31425768.

35. Yilmaz Z, Piracha F, Anderson L, Mazzola N. Supplements for Diabetes Mellitus: A Review of the Literature. J Pharm Pract. 2017 Dec;30(6):631－638. doi: 10.1177/0897190016663070. Epub 2016 Sep 11. PMID: 27619931.

36. Uebelhack R, Blohmer JU, Graubaum HJ, Busch R, Gruenwald J, Wernecke KD. Black cohosh and St. John's wort for climacteric complaints: a randomized trial. Obstet Gynecol. 2006 Feb;107(2 Pt 1) : 247－55. doi: 10.1097/01.AOG.0000196504.49378.83. PMID: 16449108.

37. Geller, S. E., & Studee, L. (2005). Botanical and dietary supplements for menopausal symptoms: what works, what does not. Journal of women's health (2002), 14(7), 634－649. https://doi.org/10.1089/jwh.2005.14.634

38. Ghazanfarpour M, Sadeghi R, Roudsari RL, Khorsand I, Khadivzadeh T, Muoio B. Red clover for treatment of hot flashes and menopausal symptoms: A systematic review and meta－analysis. J ObstetGynaecol. 2016;36(3):301－11. doi: 10.3109/01443615.2015.1049249. Epub 2015 Oct 15. PMID: 26471215.

39. Franco OH, Chowdhury R, Troup J, Voortman T, Kunutsor S, Kavousi M, Oliver－Williams C, Muka T. Use of Plant－Based Therapies and Menopausal Symptoms: A Systematic Review and Meta－analysis. JAMA. 2016 Jun 21;315(23):2554－63. doi: 10.1001/jama.2016.8012. PMID: 27327802.

40. Aghamiri V, Mirghafourvand M, Mohammad－Alizadeh－Charandabi S, Nazemiyeh H. The effect of Hop (Humulus lupulus L.) on early menopausal symptoms and hot flashes: A randomized placebo－controlled trial. Complement Ther Clin Pract. 2016 May;23:130－5. doi: 10.1016/j.ctcp.2015.05.001. Epub 2015 May 12. PMID: 25982391.

41. YANG, H.‑M., LIAO, M.‑F., ZHU, S.‑Y., LIAO, M.‑N. and ROHDEWALD, P. (2007), A randomised, double‑blind, placebo‑controlled trial on the effect of Pycnogenol® on the climacteric syndrome in peri‑menopausal women. Acta Obstetricia et Gynecologica Scandinavica, 86: 978‑985. https://doi.org/10.1080/00016340701446108

42. Ismail R, Taylor‑Swanson L, Thomas A, Schnall JG, Cray L, Mitchell ES, Woods NF. Effects of herbal preparations on symptom clusters during the menopausal transition. Climacteric. 2015 Feb;18(1):11‑28. doi: 10.3109/13697137.2014.900746. Epub 2014 Jul 4. PMID: 24605800.

43. Stojanovska L, Law C, Lai B, Chung T, Nelson K, Day S, Apostolopoulos V, Haines C. Maca reduces blood pressure and depression, in a pilot study in postmenopausal women. Climacteric. 2015 Feb;18(1):69‑78. doi: 10.3109/13697137.2014.929649. Epub 2014 Aug 7. PMID: 24931003.

44. Meissner HO, Kapczynski W, Mscisz A, Lutomski J. Use of gelatinized maca (lepidiumperuvianum) in early postmenopausal women. Int J Biomed Sci. 2005 Jun;1(1):33‑45. PMID: 23674952; PMCID: PMC3614576.

45. Johnson A, Roberts L, Elkins G. Complementary and Alternative Medicine for Menopause. J Evid Based Integr Med. 2019;24:2515690X19829380. doi:10.1177/2515690X19829380

46. Kim LS, Axelrod LJ, Howard P, Buratovich N, Waters RF. 2006. Efficacy of methylsulfonylmethane (MSM) in osteoarthritis pain of the knee: a pilot clinical trial. Osteoarth Cartilage. 14(3):286‑294.

47. Butawan M, Benjamin RL, Bloomer RJ. Methylsulfonylmethane: Applications and Safety of a Novel Dietary Supplement. Nutrients. 2017 Mar 16;9(3):290. doi: 10.3390/nu9030290. PMID: 28300758; PMCID: PMC5372953.

48. Debbi EM, Agar G, Fichman G, Ziv YB, Kardosh R, Halperin N, Elbaz A, Beer Y, Debi R. Efficacy of methylsulfonylmethane supplementation

on osteoarthritis of the knee: a randomized controlled study. BMC Complement Altern Med. 2011 Jun 27;11:50. doi: 10.1186/1472 – 6882 – 11 – 50. PMID: 21708034; PMCID: PMC3141601.

49. Xiaoqian Liu, Jillian Eyles, Andrew J McLachlan, Ali Mobasheri, Which supplements can I recommend to my osteoarthritis patients?, Rheumatology, Volume 57, Issue suppl_4, May 2018, http://doi.org.ssl.ymlproxy.yonsei.ac.kr:8000/10.1093/rheumatology/key005

50. Towheed, Tanveer, et al. "Glucosamine therapy for treating osteoarthritis." Cochrane database of systematic reviews 2 (2005).

51. Reza Farid, Zahra Mirfeizi, Mahyar Mirheidari, Zahra Rezaieyazdi, Hassan Mansouri, Habib Esmaelli, Sherma Zibadi, Peter Rohdewald, Ronald Ross Watson, Pycnogenol supplementation reduces pain and stiffness and improves physical function in adults with knee osteoarthritis, Nutrition Research,Volume 27, Issue 11,2007,Pages 692 – 697,ISSN 0271 – 5317, https://doi.org/10.1016/j.nutres.2007.09.007.

52. Liu, Xiaoqian, et al. "Dietary supplements for treating osteoarthritis: a systematic review and meta – analysis." British journal of sports medicine 52.3 (2018): 167 – 175.

53. Johnson, A., Roberts, L., & Elkins, G. (2019). Complementary and Alternative Medicine for Menopause. Journal of evidence – based integrative medicine, 24, 2515690X19829380. https://doi.org/10.1177/2515690X19829380

54. Tan, Meng – Shan et al. 'Efficacy and Adverse Effects of Ginkgo Biloba for Cognitive Impairment and Dementia: A Systematic Review and Meta – Analysis'. 1 Jan. 2015 : 589 – 603.

55. A David Smith, Helga Refsum, Vitamin B – 12 and cognition in the elderly, The American Journal of Clinical Nutrition, Volume 89, Issue 2, February 2009, Pages 707S – 711S, https://doi.org/10.3945/ajcn.2008.26947D

56. Zhang, Hy. New insights into huperzine A for the treatment of Alzheimer's disease. Acta Pharmacol Sin 33, 1170 – 1175 (2012).

https://doi.org/10.1038/aps.2012.128

57. Stough C, Lloyd J, Clarke J, Downey LA, Hutchison CW, Rodgers T, Nathan PJ. The chronic effects of an extract of Bacopa monniera (Brahmi) on cognitive function in healthy human subjects. Psychopharmacology (Berl). 2001 Aug;156(4):481–4. doi: 10.1007/s002130100815.

58. Kim YH, Lee SY, Lee E, Cho HJ, Kim HB, Kwon JW, et al. The change in food allergy prevalence of elementary school children in Seoul since the last 20 years and the risk factor analysis. Allergy Asthma Respir Dis 2016;4(4):276–283.

59. Man LX. Complementary and alternative medicine for allergic rhinitis. Curr Opin Otolaryngol Head Neck Surg. 2009 Jun;17(3):226–31. doi: 10.1097/MOO.0b013e3283295791. PMID: 19262383.

60. Mlcek J, Jurikova T, Skrovankova S, Sochor J. Quercetin and Its Anti–Allergic Immune Response. Molecules. 2016 May 12;21(5):623. doi: 10.3390/molecules21050623. PMID: 27187333; PMCID: PMC6273625.

61. Rathnavelu, V., Alitheen, N. B., Sohila, S., Kanagesan, S., Ramesh, R."Potential role of bromelain in clinical and therapeutic applications (Review)". Biomedical Reports 5.3 (2016): 283–288.

62. Cerqueira RO, Frey BN, Leclerc E, Brietzke E. Vitex agnus castus for premenstrual syndrome and premenstrual dysphoric disorder: a systematic review. Arch Womens Ment Health. 2017 Dec;20(6):713–719. doi: 10.1007/s00737–017–0791–0. Epub 2017 Oct 23. PMID: 29063202.

63. Hofmeister S, Bodden S. Premenstrual Syndrome and Premenstrual Dysphoric Disorder. Am Fam Physician. 2016 Aug 1;94(3):236–40. PMID: 27479626.

64. Wyatt KM, Dimmock PW, Jones PW, O'Brien PM. Efficacy of vitamin B–6 in the treatment of premenstrual syndrome: systematic review. BMJ. 1999 May 22;318:1375–81.

65. Sohrabi N, Kashanian M, Ghafoori SS, Malakouti SK. Evaluation of the effect of omega-3 fatty acids in the treatment of premenstrual syndrome: "a pilot trial". Complement Ther Med. 2013 Jun;21(3):141-6. doi: 10.1016/j.ctim.2012.12.008. Epub 2013 Jan 16. PMID: 23642943.

66. Fathizadeh, N., Ebrahimi, E., Valiani, M., Tavakoli, N., & Yar, M. H. (2010). Evaluating the effect of magnesium and magnesium plus vitamin B6 supplement on the severity of premenstrual syndrome. Iranian journal of nursing and midwifery research, 15(Suppl 1), 401-405.

67. Shobeiri, F., Araste, F. E., Ebrahimi, R., Jenabi, E., & Nazari, M. (2017). Effect of calcium on premenstrual syndrome: A double-blind randomized clinical trial. Obstetrics & gynecology science, 60(1), 100-105. https://doi.org/10.5468/ogs.2017.60.1.100

68. Arab A, Rafie N, Askari G, Taghiabadi M. Beneficial Role of Calcium in Premenstrual Syndrome: A Systematic Review of Current Literature. Int J Prev Med. 2020 Sep 22;11:156. doi: 10.4103/ijpvm.IJPVM_243_19. PMID: 33312465; PMCID: PMC7716601.

69. Abenavoli L, Capasso R, Milic N, Capasso F. Milk thistle in liver diseases: past, present, future. Phytother Res. 2010 Oct;24(10):1423-32. doi: 10.1002/ptr.3207. PMID: 20564545.

70. Abenavoli L, Izzo AA, Milić N, Cicala C, Santini A, Capasso R. Milk thistle (Silybum marianum): A concise overview on its chemistry, pharmacological, and nutraceutical uses in liver diseases. Phytother Res. 2018 Nov;32(11):2202-2213. doi: 10.1002/ptr.6171. Epub 2018 Aug 6. PMID: 30080294.

71. Pacana, Tommy; Sanyal, Arun J. Vitamin E and nonalcoholic fatty liver disease, Current Opinion in Clinical Nutrition and Metabolic Care: November 2012 - Volume 15 - Issue 6 - p 641-648, doi: 10.1097/MCO.0b013e328357f747

72. Abdel-Maboud M, Menshawy A, Menshawy E, Emara A, Alshandidy M, Eid M. The efficacy of vitamin E in reducing non-alcoholic fatty liver

disease: a systematic review, meta‑analysis, and meta‑regression. Therap Adv Gastroenterol. 2020 Dec 7;13:1756284820974917. doi: 10.1177/1756284820974917. PMID: 33335561; PMCID: PMC7724271.

73. Cicero AFG, Colletti A, Bellentani S. Nutraceutical Approach to Non‑Alcoholic Fatty Liver Disease (NAFLD): The Available Clinical Evidence. Nutrients. 2018; 10(9):1153. https://doi.org/10.3390/nu10091153

74. Anstee, Quentin M. et al., S‑adenosylmethionine (SAMe) therapy in liver disease: A review of current evidence and clinical utility, Journal of Hepatology, Volume 57, Issue 5, 1097‑1109.

75. Soleimani D, Paknahad Z, Rouhani MH. Therapeutic Effects of Garlic on Hepatic Steatosis in Nonalcoholic Fatty Liver Disease Patients: A Randomized Clinical Trial. Diabetes Metab Syndr Obes. 2020;13:2389‑2397, https://doi.org/10.2147/DMSO.S254555

76. Miketinas DC, Bray GA, Beyl RA, Ryan DH, Sacks FM, Champagne CM. Fiber Intake Predicts Weight Loss and Dietary Adherence in Adults Consuming Calorie‑Restricted Diets: The POUNDS Lost (Preventing Overweight Using Novel Dietary Strategies) Study. J Nutr. 2019 Oct 1;149(10):1742‑1748. doi: 10.1093/jn/nxz117. PMID: 31174214; PMCID: PMC6768815.

77. Larry A. Tucker, Kathryn S. Thomas, Increasing Total Fiber Intake Reduces Risk of Weight and Fat Gains in Women, The Journal of Nutrition, Volume 139, Issue 3, March 2009, Pages 576‑581, https://doi.org/10.3945/jn.108.096685

78. Akbari M, Ostadmohammadi V, Lankarani KB, Tabrizi R, Kolahdooz F, Khatibi SR, Asemi Z. The effects of alpha‑lipoic acid supplementation on glucose control and lipid profiles among patients with metabolic diseases: A systematic review and meta‑analysis of randomized controlled trials. Metabolism. 2018 Oct;87:56‑69. doi: 10.1016/j.metabol.2018.07.002. Epub 2018 Jul 7. PMID: 29990473.

79. Rochette L, Ghibu S, Muresan A, Vergely C. Alpha‑lipoic acid:

molecular mechanisms and therapeutic potential in diabetes. Can J Physiol Pharmacol. 2015 Dec;93(12):1021 – 7. doi: 10.1139/cjpp – 2014 – 0353. Epub 2015 Sep 25. PMID: 26406389.

80. Kucukgoncu, S., Zhou, E., Lucas, K. B., and Tek, C. (2017) Alpha – lipoic acid (ALA) as a supplementation for weight loss: results from a meta – analysis of randomized controlled trials. Obesity Reviews, 18: 594 – 601. doi: 10.1111/obr.12528.

81. Namazi N, Larijani B, Azadbakht L. Alpha – lipoic acid supplement in obesity treatment: A systematic review and meta – analysis of clinical trials. Clin Nutr. 2018 Apr;37(2):419 – 428. doi: 10.1016/j.clnu.2017.06.002. Epub 2017 Jun 8. PMID: 28629898.

82. Pooyandjoo M, Nouhi M, Shab – Bidar S, Djafarian K, Olyaeemanesh A. The effect of (L –)carnitine on weight loss in adults: a systematic review and meta – analysis of randomized controlled trials. Obes Rev. 2016 Oct;17(10):970 – 6. doi: 10.1111/obr.12436. Epub 2016 Jun 22. PMID: 27335245.

83. Talenezhad N, Mohammadi M, Ramezani – Jolfaie N, Mozaffari – Khosravi H, Salehi – Abargouei A. Effects of l – carnitine supplementation on weight loss and body composition: A systematic review and meta – analysis of 37 randomized controlled clinical trials with dose – response analysis. Clin Nutr ESPEN. 2020 Jun;37:9 – 23. doi: 10.1016/j.clnesp.2020.03.008. Epub 2020 Apr 18. PMID: 32359762.

84. Oben, J.E., Ngondi, J.L., Momo, C.N. et al. The use of a Cissus quadrangularis/Irvingia gabonensis combination in the management of weight loss: a double – blind placebo – controlled study. Lipids Health Dis 7, 12 (2008). https://doi.org/10.1186/1476 – 511X – 7 – 12

85. Hursel R, Viechtbauer W, Westerterp – Plantenga MS. The effects of green tea on weight loss and weight maintenance: a meta – analysis. Int J Obes (Lond). 2009 Sep;33(9):956 – 61. doi: 10.1038/ijo.2009.135. Epub 2009 Jul 14. PMID: 19597519.

86. Huang, J., Wang, Y., Xie, Z. et al. The anti – obesity effects of green

tea in human intervention and basic molecular studies. Eur J Clin Nutr 68, 1075 – 1087 (2014). https://doi.org/10.1038/ejcn.2014.143

87. Whigham LD, Watras AC, Schoeller DA. Efficacy of conjugated linoleic acid for reducing fat mass: a meta – analysis in humans. Am J Clin Nutr. 2007 May;85(5):1203 – 11. doi: 10.1093/ajcn/85.5.1203. PMID: 17490954.

88. Maia – Landim, A., Ramírez, J.M., Lancho, C. et al. Long – term effects of Garcinia cambogia/Glucomannan on weight loss in people with obesity, PLIN4, FTO and Trp64Arg polymorphisms. BMC Complement Altern Med 18, 26 (2018). https://doi.org/10.1186/s12906 – 018 – 2099 – 7

89. Andrea Maia – Landim, Carolina Lancho, María S. Poblador, José L. Lancho, Juan M. Ramírez, Garcinia cambogia and Glucomannan reduce weight, change body composition and ameliorate lipid and glucose blood profiles in overweight/obese patients, Journal of Herbal Medicine, Volume 26, 2021, 100424,ISSN 2210 – 8033, https://doi.org/10.1016/j.hermed.2021.100424.

90. Barrett, M.L., Udani, J.K. A proprietary alpha – amylase inhibitor from white bean (Phaseolus vulgaris): A review of clinical studies on weight loss and glycemic control. Nutr J 10, 24 (2011). https://doi.org/10.1186/1475 – 2891 – 10 – 24

91. Nolan R, Shannon OM, Robinson N, Joel A, Houghton D, Malcomson FC. It's No Has Bean: A Review of the Effects of White Kidney Bean Extract on Body Composition and Metabolic Health. Nutrients. 2020; 12(5):1398.

92. Qato DM, Alexander GC, Guadamuz JS, Lindau ST. Prevalence of Dietary Supplement Use in US Children and Adolescents, 2003 – 2014. JAMA Pediatr. 2018;172(8):780 – 782. doi:10.1001/jamapediatrics.2018.1008

93. 전성화. "어린이들의 건강기능식품 섭취실태 및 선호도 연구." 국내석사학위논문 중앙대학교 의약식품대학원, 2015. 서울

94. 이희경, 황정민 "1 – 8세 소아에서의 건강보조제 사용실태" 순천향대학교 의

과대학 소아과학교실 2015

95. Barrueto F Jr, Wang-Flores HH, Howland MA, Hoffman RS, Nelson LS. Acute vitamin D intoxication in a child. Pediatrics. 2005 Sep;116(3):e453-6. doi: 10.1542/peds.2004-2580. PMID: 16140692.

96. Vitamin and Mineral Supplementation in Children. Arch Pediatr Adolesc

부록

1. 김경철, 김해영. 바이러스를 이기는 영양과 음식. 2022. 사람의집

2. 집갑성, 임종민. 일차진료아카데미 영양제 처방가이드. 2019. 엠디월드

3. 대한가정의학비타민연구회. 비타민과 미네랄: 근거 중심 접근. 2004. 군자출판사

개인맞춤 영양의 시대가 온다

초판 1쇄 인쇄 2022년 9월 19일
초판 1쇄 발행 2022년 9월 26일

지은이 김경철 김지영 김해영
펴낸이 안현주

기획 류재운 **편집** 안선영 **마케팅** 안현영
디자인 표지 최승협 본문 장덕종

펴낸곳 클라우드나인   **출판등록** 2013년 12월 12일(제2013-101호)
주소 우) 03993 서울시 마포구 월드컵북로 4길 82(동교동) 신흥빌딩 3층
전화 02-332-8939   **팩스** 02-6008-8938
이메일 c9book@naver.com

값 20,000원
ISBN 979-11-91334-89-0 03320

* 잘못 만들어진 책은 구입하신 곳에서 교환해드립니다.
* 이 책의 전부 또는 일부 내용을 재사용하려면 사전에 저작권자와 클라우드나인의 동의를 받아야 합니다.

* 클라우드나인에서는 독자 여러분의 원고를 기다리고 있습니다. 출간을 원하시는 분은 원고를 bookmuseum@naver.com으로 보내주세요.

* 클라우드나인은 구름 중 가장 높은 구름인 9번 구름을 뜻합니다. 새들이 깃털로 하늘을 나는 것처럼 인간은 깃펜으로 쓴 글자에 의해 천상에 오를 것입니다.